ZDTh

Zeitschrift für Dialektische Theologie

Heft 78 · Jahrgang 39 · Nummer 2/2023

Die Nahen und die Fernen

Kirche, Nation, Menschheit

EVANGELISCHE VERLAGSANSTALT
Leipzig

Zeitschrift für Dialektische Theologie   ISSN 0169-7536
Journal of Dialectical Theology

Gründer
Gerrit Neven (Kampen)

Herausgeber
Georg Plasger (Siegen), Gregor Etzelmüller
(Osnabrück) und Günter Thomas (Bochum)
Erweiterter Herausgeberkreis:
Kait Dugan (Princeton), Marco Hofheinz
(Hannover), Bruce McCormack (Princeton),
Edward van 't Slot (Amsterdam) und Matthias
Wüthrich (Zürich)

Layout
Anna Lena Schwarz (Siegen)

Redaktionsanschrift
Universität Siegen
Prof. Dr. Georg Plasger
D - 57068 Siegen
zdth@uni-siegen.de

Abonnementskosten:
Preise inkl. MwSt.: Einzelheft & Einzel-
heft zur Fortsetzung: € 25,00, Rabatt für
Mitglieder der Karl Barth-Gesellschaft
e.V. & für Studierende: 25 %, jeweils zzgl.
Versandkosten (Nachweis erforderlich). Die
Fortsetzung läuft immer unbefristet, ist aber
jederzeit kündbar.

Bestellservice: Leipziger Kommissions- und Großbuchhandelsgesellschaft (LKG)
Frau Sabine Menke, An der Südspitze 1-12, 04579 Espenhain
Tel. +49 34206 65-116, Fax +49 34206 65-110. E-Mail: sabine.menke@lkg.eu

Cover: Kai-Michael Gustmann, Leipzig
Satz: Anna Lena Schwarz, Siegen
Drucken und Binden: Beltz Grafische Betriebe GmbH, Bad Langensalza
ISBN 978-3-374-07435-8
www.eva-leipzig.de

Inhalt / Content

Vorwort 5

52. Internationale Karl Barth-Tagung
Die Nahen und die Fernen

Niklaus Peter
Das Wirkliche ins Licht stellen 9

Wolf Krötke
Zwei Schritte vorwärts – drei Schritte seitwärts, oder:
Du stellst meine Füße auf weiten Raum 11

Marco Hofheinz
„For the Healing of the Nations…"
Karl Barths kritische Theorie der „Nahen und Fernen" als
Beitrag zur politischen Ethik 17

Arne Rasmusson
The Church among the Nations:
Karl Barth on Church, Peoplehood, and State 58

Siegfried Weichlein
Weltbürgertum und Nationalstaat
Wie geht das zusammen? 85

Aleida Assmann
Die Suche nach einem neuen Wir 109

Ellen Ueberschär
Blinder Fleck Europa
Protestantismus, Nation und Deutsche Wiedervereinigung 124

Aufsätze

Kai-Ole Eberhardt
„Lutherworte" zum Reformationsjubiläum von 1917
Eine theologiegeschichtliche Studie zur Lutherentdeckung
Friedrich Gogartens und dem fruchtbaren Scheitern einer
Lutherausgabe 137

Rezensionen / Reviews 173

Verzeichnis der Autorinnen und Autoren 177

Vorwort

Liebe Leserin, lieber Leser,

vor Ihnen liegt jetzt die neue Ausgabe unserer Zeitschrift für Dialektische Theologie, die im Hauptteil die Vorträge der Internationalen Barth-Konferenz im Juli 2022 enthält. Das – immer wieder neu – aktuelle Thema lautete: „Die Nahen und die Fernen. Kirche, Nation, Menschheit" und stellt mit der Trias eine Zuordnung von Herausforderungen dar, die die Barthsche Theologie deutlich markiert. Als „Kirchliche" Dogmatik ist sie – gleichsam als Kerngeschäft ihrer Tätigkeit – nicht ohne Kirche denkbar, ja sogar „Funktion der Kirche" (KD I/1, 1.) Wie aber ist die Relation der Kirche zum umstrittenen Begriff der Nation zu sehen – und wie die Beziehung der Kirche zur Menschheit?

Die Aufsätze in diesem Heft beschäftigen sich auf verschiedene und spannende Weisen mit diesen Fragestellungen. Übrigens sollten die Vorträge im Jahr 2022 nach dem Ende der Pandemie erstmals wieder auf dem Leuenberg in der Schweiz stattfinden – aber leider ist die Tagungsstätte auf dem Leuenberg bei Hölstein in der Schweiz, die über Jahrzehnte die Karl Barth-Tagungen prägte, geschlossen worden. Da die Zeit nicht ausreichte, ein neues Tagungszentrum zu organisieren, wurden die Vorträge online gehalten; an einigen universitären Standorten in Deutschland und in der Schweiz fanden seminaristische Veranstaltungen statt, in denen die Vorträge gemeinsam gehört und dann auch Arbeitsgruppen durchgeführt wurden.

Den Beginn des Heftes bilden zwei Texte, die aus Anlass des Todes von Wolf Krötke am 23. Juni 2023 hineingenommen wurden. Wolf Krötke war den Leuenberger Barth-Konferenzen seit vielen Jahren verbunden, war lange Zeit Mitglied des Vorbereitungskreises und hat durch manche Vorträge und Beiträge die Tagungen und auch unsere Zeitschrift bereichert. Wir drucken den Nachruf, den Niklaus Peter in der Neuen Zürcher Zeitung geschrieben hat, ab sowie einen kleinen Text von Wolf Krötke selbst, in dem er seine Erfahrungen im Gefängnis in der DDR reflektiert. Hinzu kommt noch ein Aufsatz von Kai-Ole Eberhardt zu Friedrich Gogartens „Lutherentdeckung".

Allen Leserinnen und Lesern wünsche ich im Namen des Herausgeberteams eine fruchtbare Lektüre,

Georg Plasger

52. Internationale Karl Barth-Tagung

Die Nahen und die Fernen

Niklaus Peter

Das Wirkliche ins Licht stellen

Der Theologe Wolf Krötke ist 85-jährig gestorben[1]

Es gibt Menschen, bei denen Lebenserfahrung das Denken formt, prägt und auf eine gute Weise auch härtet. Solchen Menschen zu begegnen, ist ein Geschenk. Für mich war es die Begegnung mit dem Berliner Theologen Wolf Krötke, der zu den großen, aufrechten und überzeugenden Professoren und Kirchenmenschen der ehemaligen DDR zählt. Er ließ sich nie mit der Kommunistischen Partei oder der Stasi ein, blieb jedoch im Osten und wirkte als Seelsorger und Lehrer. Deshalb wurde er kurz nach dem Mauerfall und der Wende an die Humboldt-Universität berufen, um dort als systematischer Theologe und Dekan die grundlegende Erneuerung mitzugestalten.

Nüchterne Fröhlichkeit

Aufgrund seiner Erfahrungen mit dem real existierenden Sozialismus war Wolf Krötke auf menschlichen Realismus geeicht. Schon als Theologiestudent musste er wegen eines im Hörsaal liegengebliebenen „staatsgefährdenden" Spottverses auf den „wissenschaftlichen Marxismus-Leninismus" fast zwei Jahre ins Zuchthaus Waldheim. Der christliche Glaube war ihm hier gegen alle Demütigungen eine Hilfe, ja ein „menschlich machender Reichtum". Eine Erfahrung, die Gefängnisgenossen abging und ihn bewog, in der DDR Pfarrer zu werden. Christen seien in einer solchen Gesellschaft nötig. Er setzte sein Studium an staatlich nicht anerkannten kirchlichen Hochschulen fort, zuletzt am Ostberliner Sprachenkonvikt, wurde Pfarrer, Studentenpfarrer und schließlich Dozent.

Trotz allen erfahrenen Repressionen spürte man bei ihm, dass er seine Zuversicht und eine Art nüchterner Fröhlichkeit nie verlor. Gegen den

---

1 Erstmals erschienen in der Neuen Zürcher Zeitung am 27.06.2023.

ideologischen Anspruch auf totalen Wahrheitsbesitz ebenso wie gegen einen wohlfeilen Relativismus, der die wichtigsten Perspektiven unseres Lebens entwertet, war für ihn der christliche Glaube dadurch ausgezeichnet, dass er „das Wirkliche ins Licht stellt".

Das ist der Kern seiner Gotteslehre, die den schönen Titel trägt: „Gottes Klarheiten. Eine Neuinterpretation der Lehre von den Eigenschaften Gottes" (2001). Menschen werden, so seine Überzeugung, durch Gottes Wort und die Weise, wie es die Wirklichkeit erhellt, „selber wahr [. . .] und verlässlich im Hinblick auf Gott und auf die Welt, dass sie sich nicht mehr in eine lügenhaft zurechtgestellte Wirklichkeit zurückziehen müssen".

Ein unheiliger Ort

Krötke war klar verortet und zugleich unabhängig. So konnte er, der er ein großer Kenner der Theologie Karl Barths und Dietrich Bonhoeffers war, auf theologischen Kongressen mit seiner charakteristischen, fast knarrenden Stimme aufstehen, mit präzisen Argumenten und Zitaten quasi gegen einen ganzen Saal Umdeutungen und Zurechtbiegungen Barths und Bonhoeffers kritisieren, ob sie nun aus linker oder rechter Ecke kamen.

Sein persönlichster Text, geschrieben für eine Sendereihe des Deutschlandfunks über Orte religiöser Erfahrung, heißt „Zwei Schritte vorwärts, drei Schritte seitwärts"[2], ein Bericht über jene vier Monate Stasi-Untersuchungshaft wegen des genannten Spottverses. Er sei kein Freund der heute so beliebten Theorie „heiliger Räume", sagte er einmal, denn jene enge Zelle, die nur zwei Schritte vor und drei seitwärts erlaubt habe, sei ein ausgesprochen unheiliger Ort gewesen.

Aber dank einem Schatz an Gedichten und biblischen Texten, die er sich aus dem Gedächtnis habe abrufen können, habe sich ihm damals ein innerer, weiter Raum mit Worten der Gotteserfahrung geöffnet: „Sie haben mir die wenigen Quadratmeter vor dem Brettergestell zu einem Ort gemacht, an dem Gott unsere Füße auf weiten Raum stellt, wie Luther den 31. Psalm so wunderbar übersetzt hat."

Am Freitag vergangener Woche ist Wolf Krötke im 85. Altersjahr seinem Krebsleiden erlegen.

---

2   In diesem Heft auf den Seiten 11–16 zu finden.

Wolf Krötke

Zwei Schritte vorwärts – drei Schritte seitwärts, oder:

Du stellst meine Füße auf weiten Raum[1]

Es gibt Orte, die bleiben für uns Menschen nicht dort, wo sie auf der Landkarte sind. Sie wandern mit uns mit. Wo ich aufwuchs, wo ich zur Schule ging, wo die wichtigen Entscheidungen in meinem Leben fielen, da haben sich Orte in mein Leben eingegraben, ohne die ich gar nicht Wolf Krötke wäre. Wenn du wissen willst, wer jemand ist, dann musst du fragen, wo jemand ist, hat mich ein weiser Philosoph gelehrt. Er hatte Recht. Unser Leben wird unser eigenes konkretes Leben, indem wir kleinen Menschen im großen Raum der Welt an bestimmten Orten einwohnen. Ein Mensch, der keine Orte anzugeben wüsste, an denen sein Leben sein ganz besonderes Profil gewann, wäre ein gespenstisches Wesen.

Doch solche Orte, die sich mit unserem Lebensweg verbinden, sind objektiv betrachtet oftmals keine besonderen Orte. Nur wenn ganz berühmt gewordene Menschen dort gewohnt haben, pflegen die Städte sich selbst mit deren Namen zu schmücken. Die Lutherstadt Wittenberg oder die Schillerstadt Marbach laden dann zur ehrfürchtigen Betrachtung der Gebäude und Lokalitäten ein, in denen der „große Sohn der Stadt" weilte und wirkte. Aber in der Regel wird es doch so sein, dass die Rückkehr an die Orte, an denen wir selbst einmal gelebt haben, eher enttäuschend verläuft. Man merkt es ihnen nicht an, was wir hier einmal getan, gedacht und gefühlt haben. Mich wundert immer wieder, dass ich mich an bestimmten Orten, die zu meiner Biographie gehören, überhaupt wohlfühlen konnte.

Die Orte, die zu unserem Leben gehören, garantieren also überhaupt nicht das Ortserlebnis, das wir an ihnen einmal hatten und das in unserer Erinnerung lebendig bleibt. Das gilt auch für die Orte unserer Gotteserfah-

1   Erstmals erschienen in: Klaus Möllering (Hg.), *Wo mein Glaube zu Hause ist. Eine Heimatkunde für Himmelssucher*, Leipzig 2006, 203–211. Wir danken der Ev. Verlagsanstalt Leipzig für die Genehmigung des Nachdrucks.

rung. Sie sind als solche nicht dadurch „heilig" geworden, dass sich in unserer Erinnerung mit ihnen ein bestimmtes Innewerden Gottes verbindet. Ich bin darum skeptisch, ob sie zur „Heimatkunde für Himmelssucher" taugen. Der Ort, der mir einfällt, wenn man mich fragt, wo mir der Glaube an Gott besonders wichtig wurde, eignet sich ganz bestimmt nicht dafür. Er ist alles andere als „heilig". Ich habe ihn noch einmal gesehen, als die Bürgerrechtsbewegung im Jahre 1989 das Staatssicherheitsdienstgefängnis in Leipzig besetzte. Sie haben gefilmt, was sie dort antrafen. Ganz sicher bin ich mir freilich nicht, ob es wirklich meine Zelle war, in die ich da noch einmal blicken konnte. Sie sahen ja alle gleich aus. Ein breites Brettergestell zum Schlafen, das den ganzen hinteren Teil des Raumes ausfüllte. Darüber ein sogenanntes „Fenster": Es war mit Glasziegeln zugemauert, die in der Mitte versetzt waren, so dass ein wenig Luft hindurch kam. Ansonsten ließ dieses „Fenster" nur dämmriges Licht in die Zelle dringen. Man konnte nicht wissen, welches Wetter draußen war. Entzug des Himmels. Nur das Einbrechen der Nacht war bemerkbar. Vor dem Brettergestell dann höchstens zwei Meter Freiraum nach vorne und drei Meter seitwärts. Rechts in der Ecke der stinkende „Kübel". Vor mir die Tür mit dem Guckloch und ohne Klinke.

Diesen Raum von zwei–drei Schritten vor und neben dem Brettergestell habe ich tatsächlich mit mir genommen, als ich nach über vier Monaten endlich aus dieser Zelle raus war. Jedenfalls ertappe ich mich auch heute noch immer dabei, wie ich von meiner Arbeit am Schreibtisch aufstehe und in meinem Arbeitszimmer hin und her wandere. Ein bisschen hat das ganz gewiss mit dem Druck zu tun, der sich auf einen Theologen wie mich legt, wenn er einen Gedanken formulieren will und ihn nicht herausbringt. Da entspannt das Herumwandern und nimmt den Druck. Doch die zwei Schritte vorwärts und die drei Schritte seitwärts, die mir jene Zelle gestattete, sind mir dabei auch irgendwie gegenwärtig.

Sie fallen mir jedenfalls ein, wenn ich mir bewusst mache, was ich da tue. Es waren damals die einzigen Schritte, die ich gehen konnte. Heute kann ich mich frei bewegen und sonstwie motorisiert durch die Gegend flitzen. Aber einen solchen besonderen Raum, in dem ich jene zwei, drei Schritte vorwärts und seitwärts mache, erreiche ich damit nie. Das ist merkwürdig. Denn jene Zelle war ja so eingerichtet, dass sie zermürben sollte. Ich habe Menschen kennengelernt, die in ihr Platzangst bekamen. Der hintere Teil des Raumes war tagsüber tabu. Für die Benutzung des Brettergestells gab es strenge Vorschriften. Es war verboten, sich vor 22 Uhr darauf zu legen. Es war sogar verboten, im Sitzen zu schlafen. Hast du das gewagt, dann scheuchte dich ein wütender Sachse, der hinter dem Guckloch lauerte, mit der Androhung irgendwelcher Konsequenzen auf.

Nur stundenlang am Rande jenes Brettergestells zu sitzen macht stumpfsinnig, wenn man nichts hat außer sich selbst. Bücher oder Zeitungen gab es nicht. Also habe ich den Raum vor mir mit zwei Schritten vorwärts und drei Schritten seitwärts in Angriff genommen. Durch das Guckloch sah ich sicher aus wie eines dieser armen Tiere, die in einem vergitterten Zookäfig ohne Unterlass im Kreise laufen. Im Unterschied zu den Verhältnissen im Zoo musste ich auch noch aufpassen, dass ich nicht in einer Ecke vor der Tür stehen blieb. Da konnte mich der Mann hinter dem Guckloch nicht mehr sehen und war dann sofort samt seinen „Konsequenzen" auf dem Plan. Und dennoch habe ich mich nicht wie ein Käfig-Tier gefühlt.

Ich war damals gerade mal neunzehn Jahre alt, als mich der Staatssicherheitsdienst im Frühjahr 1958 in Gestalt von ein paar martialischen Männern in Ledermänteln nächstens aus der Wohnung meiner Eltern holte. Sie fesselten mich, verfrachteten mich in einen „EMW" und transportierten mich von Dessau aus schweigend nach Leipzig. Das Stasi-Gefängnis befand sich sinniger Weise direkt neben der Theologischen Fakultät im Petersteinweg, wo ich 1957 begonnen hatte, Theologie zu studieren. Aber mit der Theologie war es nun aus. Mir wurde „Hetze und staatsgefährdende Propaganda" sowie „Herstellung und Verbreitung von Hetzschriften" zur Last gelegt. Wie albern das war, soll hier nicht thematisiert werden. Für mich bedeutete es jedenfalls, dass ich nach einem Verhör bis in die Morgendämmerung in jene Zelle gesperrt wurde, die nun für eine zunächst unabsehbare Zeit „mein Raum" in dieser Welt war.

Verlassen durfte ich ihn einmal in der Woche zum Duschen, alle zwei Tage zum so genannten „Hofgang" und dann – mal in der Nacht, mal am Tage – zu den stundenlangen Verhören. Die fanden aber manchmal wochenlang auch gar nicht statt. Das gehörte zur Zermürbungstaktik. Im Übrigen herrschte den ganzen Tag lang eine unheimliche Stille in dem Bau. Manchmal leiteten die Heizungsrohre Schreie von irgendwo her weiter. Der Zellennachbar versuchte, durch Klopfen an die Wand Kontakt zu mir aufzunehmen. Doch kurz nachdem ich so halbwegs das simple Morse-Alphabet verstanden hatte und meinen Namen klopfen konnte, hatten sie mich schon erwischt.

Mein Raum ist nun die Wand. Ich musste mich dicht davorstellen. Hände auf den Rücken. Grau-grüne Ölfarbe dicht vor mir – das Einzige für die Augen. Hinter mir von Menschen besetzter Raum, denen es Freude macht, mich auf die zwanzig Zentimeter zurückzuschrumpfen, die ein Mensch braucht, um überhaupt da zu sein auf dieser Erde. Strafe dafür, dass ich mehr beansprucht hatte durch eine Wand hindurch, die Signale aufnimmt. Der „Hofgang" ist gestrichen, das heißt die Viertelstunde, in denen sie mich in ein von hohen Betonmauern umgebenes Rechteck von schätzungsweise drei mal sechs Quadratmetern führen, aus dem heraus ich den Himmel über mir sehen kann. Aber ich muss dabei an Menschen auf Wachtürmen vorbeisehen, die ihre Maschinenpistolen bereithalten. Sie freuen sich, wenn es ausgerechnet in diesen fünfzehn Minuten anfängt zu regnen. Der Staatsfeind wird nass gemacht.

Ich habe mich nicht sonderlich gegrämt über diese Strafe. Denn der Blick in den Himmel stachelt in einer solchen Situation die Sehnsucht nach draußen so sehr an, dass es weh tut. Das muss nicht sein. Später habe ich außerdem erfahren, dass sie sich Schlimmeres ausgedacht haben, um Menschen, die Regungen eigenen Lebens zeigten, zur Null zu machen. Vor allem aber war mir da schon der Raum, den ich vor dem Brettergestell hatte, auf eigenartige Weise als mein Raum lieb geworden.

Für jemanden, der niemals in einer solchen Situation war, klingt das vielleicht ein wenig eigenartig: Ständig im Kreis umherzulaufen, ist eigentlich in der Tat nicht besonders prickelnd. In der Gesellschaft der „Knastologen", mit denen ich nach meiner Verurteilung im Zuchthaus zusammengesperrt war, sind mir geradezu zwanghafte Kreiswanderer begegnet. Ihnen wurde nachgesagt, dass sie eine Knastmacke haben. Vielleicht habe ich ja auch eine bekommen. Wer weiß. Doch wenn ich heute von meinem Schreibtisch aufstehe, um einen Gedanken durch Gehen zu befreien, dann ist mir der Anfang dieses Gehens in jener Zelle als das genaue Gegenteil einer Zwangshandlung im Gedächtnis.

Das hat einen einfachen Grund: Nachdem ich, um mich zu bewegen, auch eine Weile lang im Kreise getrottet war, habe ich begonnen, mir dabei alle Texte aufzusagen, die ich auswendig konnte. Es waren erstaunlich viele. Denn damals besaß ich ein geradezu wunderbares, wenn auch etwas einseitig ausgeprägtes Gedächtnis, mit dem mich Gott gesegnet hatte. Mein Kopf war ein „zwitscherndes Vogelnest" (wie Heinrich Heine das ausgedrückt hat) von Gedichten, Balladen, Romanen, voll Kunst und Kitsch, voll Sang und Klang unterschiedlich wertvoller Art. Goethe, Schiller und Uhland waren meine Favoriten. Wilhelm Busch und Eugen Roth haben dafür gesorgt, dass mir das Lachen und Schmunzeln nicht verging. Meine Wege vor dem Brettergestell wurden so nach und nach zu Wegen in einen Horizont hinein, den der Sachse hinter dem Guckloch und die Menschen, die mich verhörten, nicht hatten. Er blieb auch bei mir, wenn ich mich wieder hingesetzt hatte.

Aber es waren nicht nur Texte dieser Art, mit denen ich mich da freilief. Ich habe das große Glück gehabt, in einem Elternhaus aufzuwachsen, in dem die Bibel, Kirchenlieder und sehr viele Luther-Texte gewissermaßen zum Alltag gehörten. Es hat Phasen in meiner Kindheit und Jugend gegeben, da hat mir das ganz und gar nicht gefallen. Alle, die in einem solchen Elternhause groß geworden sind, kennen sicher dieses Abstandnehmen von der Frömmigkeit der Eltern. Und dennoch hat sich dadurch vieles gleichsam nebenbei meinem Gedächtnis eingeprägt. Anderes – besonders in der Sprache Luthers – hat mich aber auch angerührt, so dass ich es bewusst auswendig gelernt habe. Ich konnte einige Gleichnisse Jesu, Teile der Bergpredigt und ziemlich viele Psalmen aus dem Kopf erzählen. Den Kleinen Katechismus vermochte ich regelrecht runterzuschnurren. Vor allem aber hatten es mir die Passionslieder von Paul Gerhardt angetan.

Sie werden heute heftig kritisiert, weil sie angeblich einen Gott verherrlichen, der Leiden und Tod eines Menschen fordert, ehe er liebt. Auf diesen Gedanken bin ich überhaupt nicht gekommen, als ich mit dem Lied „Ein Lämmlein geht und trägt die Schuld [...]" vor dem Guckloch ausgeschritten bin. Ich mag die geistlich dumme Kritik an diesem Lied vom „Lämmlein" Jesus Christus bis heute nicht. „Im Durst soll's sein mein Wasserquell, in Einsamkeit mein Sprachgesell" – allein um dieses Verses willen liebe ich dieses Lied. Denn „Sprachgesell" – das sind mir alle diese Worte der Gotteserfahrung, die den Raum eines Menschen weiten, der in die Hände von anderen Menschen gefallen ist, tatsächlich geworden. Sie haben mir die wenigen Quadratmeter vor dem Brettergestell zu einem Ort gemacht, an dem Gott unsere Füße auf weiten Raum stellt, wie Luther den 31. Psalm so wunderbar übersetzt hat.

Ich habe diesen Raum mitgenommen in den Gerichtssaal, wo auf entsprechenden Wink des sogenannten Richters eine künstlich empörte Menge die Verurteilung des „Staatsfeindes" forderte, unter ihnen Abgeordnete der Theologischen Fakultät. Er hat mir Luft verschafft bei der Fahrt in der „Grünen Minna" durch Leipzig. In der saß ich gefesselt in einem engen Kasten, in dem mir die Luft auszugehen drohte.

Ich habe mir mit diesem Raum die Brust auf dem Leipziger Hauptbahnhof geweitet. Einen blauen Drillichanzug hatte ich an, mit gelben Streifen an Armen und Beinen und auf dem Rücken. Eine ebenso verzierte Kappe saß auf dem Kopf. In einem Trupp von ungefähr dreißig Leuten wurde ich mit einem anderen Verurteilten zusammengekettet. Eskortiert von Wachen mit Maschinenpistolen und Hunden wurden wir an einer gaffenden Menge vorbei den Bahnsteig entlanggeführt. Sie hatten den Gefängniswaggon an einen Personenzug angehängt, der in das schöne Städtchen Waldheim in Sachsen mit seinem berüchtigten Zuchthaus fuhr. Es war eine gespenstische Szene, in der man normalerweise in den Boden versinken möchte. Doch ich erinnere mich ziemlich genau, dass mir das Herz überhaupt nicht schwer wurde.

Das alles ist lange her. Ich habe nur wenigen Menschen davon erzählt. Wenn ich es aber getan habe, sind daraus sehr oft lustige Geschichten geworden. Das ist nicht einfach Zufall. Denn das Absurde ist immer auch komisch und lachhaft. Dafür habe ich mir als ein Mensch, der gerne lacht, in meinem weiten Raum in der Zelle einen Sinn bewahrt. Ich konnte dann tatsächlich über alles lachen, als ich dort wieder raus war. So hatte diese Zeit keine Chance, sich dunkel in mein Leben einzugraben. Was geblieben ist, sind die zwei, drei Schritte vorwärts und seitwärts, die mich noch immer ins Freie führen. Natürlich haben die auch zum Aufschreiben dieser Erinnerungen gehört.

Marco Hofheinz

„For the Healing of the Nations…"

Karl Barths kritische Theorie der „Nahen und Fernen" als Beitrag zur politischen Ethik

In memoriam Wolf Krötke (1938–2023) und Hartmut Ruddies (1946–2020)

„Der Patriotismus ist noch nichts Negatives –
und doch macht er mich oft mißtrauisch.
Denn nur ein Schritt trennt ihn vom Nationalismus,
und es ist wiederum bloß ein Schritt,
der zwischen Nationalismus und Chauvinismus liegt."[1]

1. Einleitung

Dem niederländischen Pastor und Gesangbuchautor Fred Kaan (1929–2009) verdanken wir das Lied „For the Healing of the Nations" (1965). In der ersten Strophe heißt es: „For the Healing of the nations, / Lord, we pray with one accord; / for a just and equal sharing of the things that earth affords; / to a life of love in action / help us rise and pledge our word."[2] Auf dem Hintergrund zweier katastrophaler, in ihren Schrecken und ihrem Grauen nicht zu ermessenden Weltkriege schreibt Kaan dieses bekannte Ökumene-Lied. Hier artikuliert sich die Gewissheit, dass die Nationen, die sich auf den Schlachtfeldern vor allem Europas begegneten und ihre Gräber schaufelten, der Heilung bedürfen. Dies betrifft insbesondere die deutsche Nation, von deren Boden beide Kriege ausgingen, in elementarer Weise. Denn hier hatte sich der Nationalismus in seiner grausamsten Form gezeigt. Hier wurde offenkundig, zu was der Nationalismus als Form der „kollektiven Selbstanbetung"[3] fähig ist.

---

1   Marcel Reich-Ranicki, *Mein Leben*, München ⁶2012, 547.
2   *Ancient and Modern: Hymns and Songs for Refreshing Worship*, London 1968, Nr. 635. https://hymnary.org/text/for_the_healing_of_the_nations (Zugriff: 9.7.2022).
3   Ernest Gellner, *Nationalismus und Moderne*, übers. von Meino Büning, Berlin 1991, 88.

Auch Barth verfasst seine Abhandlung über die „Nahen und Fernen"[4] in KD III/4 auf dem Hintergrund zweier Weltkriege und eines durch sie tief erschütterten theologischen Denkens.[5] Es ist nicht zu verstehen ohne „den bisher irrsinnigsten gesamteuropäischen Exzess des Nationalismus".[6] Ich lese diese politisch-ethische Abhandlung aus dem Jahr 1951,[7] also aus der unmittelbaren Nachkriegszeit stammend, als den Versuch Barths, sich an den theologischen Pathologien des Nationalen abzuarbeiten, um einen Beitrag – so meine titelgebende These – zur Heilung der Nationen zu liefern.[8] Barth möchte mit seinen theologischen Mitteln mithelfen und mitarbeiten an dem nicht nur europäischen, sondern dem großen internationalen Projekt der

---

4   KD III/4, 320–366. Dazu: Carys Moseley, *Nations and Nationalism in the Theology of Karl Barth*, Oxford 2013, 176–202; Derek Alan Woodard-Lehmann, Near and Distant Neighbours: Nation and State in Barth's Social Ethics, in: George Hunsinger / Keith L. Johnson (Hg.), *The Wiley Blackwell Companion to Karl Barth. Vol. 1: Barth and Dogmatics*, London 2020, 821–832.

5   Zum jungen Barth vgl. einführend: Arne Rasmusson, Church and Nation-State: Karl Barth and German Public Theology in the Early 20th Century, in: *Ned Geref Teologiese Tydskrif* 46 (3–4/2005), 511–524.

6   Dieter Schellong, Nationale Identität und Christentum, in: Wieland Eschenhagen (Hg.), *Die neue deutsche Ideologie. Einsprüche gegen die Entsorgung der Vergangenheit*, Darmstadt 1988, 139–162, 146. Moseley (*Nations and Nationalism* [Anm. 4], 13) geht so weit zu behaupten, dass „the development of major theological topics in his work such as pneumatology, ecclesiology, and the state cannot be understood properly without fully taking into account the depth and even the obsessiveness of Barth's theological opposition to nationalism."

7   Einführend zur politischen Ethik Barths: Marco Hofheinz / Kai-Ole Eberhardt, Der politische Barth, in: dies. (Hg.), *Römerbrief und Tageszeitung. Politik in der Theologie Karl Barths*, Zürich 2021, 1–28; Hans-Richard Reuter, Ethik des Politischen, in: Michael Beintker (Hg.), *Barth Handbuch*, Tübingen 2016, 397–404; George Hunsinger, The Political Views of Karl Barth, in: ders., *Conversational Theology: Essays on Ecumenical, Postliberal and Political Themes, with Special Reference to Karl Barth*, London u.a. 2015, 179–204.

8   Hartmut Ruddies (Religion und Nation. Reflexionen zu einem beschädigten Verhältnis, in: Ulrich Barth / Wilhelm Gräb [Hg.], *Gott im Selbstbewußtsein der Moderne. Zum neuzeitlichen Begriff der Religion. FS für Hans-Walter Schütte*, Gütersloh 1993, 196–221, 214) unterscheidet hinsichtlich des beschädigten Verhältnisses der christlichen Religion zur deutschen Nation zwischen den antinapoleonischen Befreiungskriegen und dem Ende des Zweiten Weltkrieges, also zwischen den Jahren 1815 und 1945, zwei Linien: „Die *Hauptlinie* […] war ohne Zweifel die Linie einer fortschreitenden Integration der Religion in das Syndrom der Nation, die *Nebenlinie* war – nicht erst seit der Dialektischen Theologie – die Linie der Vorordnung der Religion vor die Nation. Bis auf wenige Ausnahmepositionen war diese Linie der Vorordnung aber nicht identisch mit der Aufhebung jeder Beziehung von Religion und Nation."

Versöhnung der aus verschiedenen Nationen bzw. Völkern bestehenden einen Menschheit, der großen „Ökumene", wenn man so will.[9] Die Aufgabe, der sich Barth damit stellt, ist alles andere als leicht, wenn man bedenkt, dass der Nationalismus als Grundproblem der (europäischen) Nationenwerdung „das mächtigste Glaubenssystem des 19. und 20. Jahrhunderts"[10] darstellt.[11]

Barth weiß darum, dass die Ursachen von Krieg und Gewalt auch und gerade mit dem „beschädigten Verhältnis"[12] von Religion und Nation zu tun haben. Deshalb bedarf es auch der beharrlichen und geduldigen theologischen Aufarbeitung. Barth ist mit anderen Worten weit davon entfernt, in einem Anfall von titanistischer theologischer Selbstüberschätzung als der große Wunderheiler aufzutreten, der nun endlich das erhoffte Allheilmittel zu brauen vermag – den Zaubertrank gegen Nationalismus, Chauvinismus, Völkisches und was der Unerträglichkeiten mehr sind. Weder bildet der im Folgenden zu untersuchende Abschnitt „Die Nahen und die Fernen" die Rezeptur für ein solches Elixier, noch die gesamte „Kirchliche Dogmatik" den Kessel seiner Zubereitung.

Doch worum geht es eigentlich bei den „Nahen und den Fernen"? Erst ganz am Schluss seiner Ausführungen löst Barth das Rätsel dieses eigenwilligen terminologischen Rückgriffs auf, der sich Eph 2,13f. bedient. Dort heißt es in Barths eigener Übersetzung: „Jetzt aber, in Christus Jesus, seid ihr, die ihr einst fern wart, nahe gekommen in dem Blute Christi, denn Er ist unser Friede, der beide Teile zu einem Ganzen gemacht und die Scheidewand des

---

9 Zu Barth und der Ökumene vgl. Thomas Herwig, *Karl Barth und die Ökumenische Bewegung. Das Gespräch zwischen Karl Barth und Willem Adolf Visser 't Hooft auf der Grundlage ihres Briefwechsels 1930–1968*, Neukirchen-Vluyn 1998; Michael Welker, Karl Barth. Vom Kämpfer gegen die römische „Häresie" zum Vordenker für die Ökumene, in: Christian Möller (Hg.), *Wegbereiter der Ökumene im 20. Jahrhundert*, Göttingen 2005, 152–177; Michael Weinrich, *Karl Barth. Leben – Werk – Wirkung* (UTB 5093), Göttingen 2019, 40–44; 95–111; ders., Karl Barth und die Ökumene. Ein Prospekt, in: Susanne Hennecke (Hg.), *Karl Barth und die Religion (en). Erkundungen in den Weltreligionen und der Ökumene* (KKR 74), Göttingen 2018, 221–237.

10 Norbert Elias, *Studien über die Deutschen. Machtkämpfe und Habitusentwicklung im 19. und 20. Jahrhundert*, hg. von Michael Schröter, Frankfurt a.M. 1992, 194.

11 Zur Aktualität der Herausforderung vgl. einführend Florian Höhne / Torsten Meireis (Hg.), *Religion and Neo-Nationalism in Europe* (ethik und gesellschaft 7), Baden-Baden 2020; Hans-Richard Reuter, Katechonten des Untergangs. Nation und Religion im Denken der deutschen Neuen Rechten, in: *BThZ* 35 (2018), 13–34.

12 So der Untertitel von H. Ruddies' (Religion und Nation [Anm. 8], 196–221) lesenswertem Aufsatz.

Zaunes, die Feindschaft abgebrochen hat in seinem Fleische".[13] Doch zunächst einmal bestimmt Barth weder das Verhältnis zwischen Nahen und Fernen christologisch, noch identifiziert er die Nahen und die Fernen als Juden und Heiden (wie im Epheserbrief),[14] sondern als das eigene Volk und als die „Menschheit"[15], das „Menschenvolk[] überhaupt"[16]. Barth gebraucht also, und bereits das ist eine bemerkenswerte Tatsache, gar nicht oder zumindest kaum den Nationbegriff, wenn er sich zum Problem Nation und Nationalismus äußert. Und doch adressiert er es zugleich in und mit dieser terminologischen Vermeidung wirkmächtig.

Diese Eigentümlichkeit des Sprachgebrauchs Barths in seiner Rede von Volk und Nation wird im nächsten Abschnitt behandelt (2.). Anschließend soll Barths Wahrnehmung der positiven und kritischen Aufgabe politischer Ethik vorgestellt werden, und zwar anhand der Strategien, die er in Auseinandersetzung mit der Lehre von den Schöpfungsordnungen aufbietet (3.). Ein Fazit mit einer kritischen Würdigung von Barths Darstellungen schließt die Ausführungen ab (4.).

2. Eigentümlichkeiten des Sprachgebrauchs Karl Barths in seiner Rede von Volk und Nation

Bereits Hartmut Ruddies hat beobachtet, dass Barth die Begriffe Nation und Volk *promiscue* gebraucht.[17] In der Tat scheint es auf den ersten Blick so, als würde Barth beide Begriffe unterschiedslos verwenden. Dies ist etwa in den friedensethischen Passagen der frühen „Münsteraner Ethik" und der späteren „Kirchlichen Dogmatik" auch tatsächlich der Fall.[18]

So charakterisiert Barth in beiden Werken die neuzeitliche Kriegsideologie in der Weise, dass dort Volk und Nation das eigentliche Subjekt der Kriegsführung bilden:

---

13 KD III/4, 366. Dort z.T. kursiv.

14 Vgl. zu Eph 2,11–22 Bertold Klappert, *Miterben der Verheißung. Beiträge zum jüdisch-christlichen Dialog* (NBST 25), Neukirchen-Vluyn 2000, bes. 230f.

15 KD III/4, 322. Dort kursiv.

16 Vgl. KD III/4, 323. Dort kursiv.

17 Vgl. Ruddies, Religion und Nation (Anm. 8), 221.

18 Zur Friedensethik Barths vgl. Marco Hofheinz, *„Er ist unser Friede". Karl Barths christologische Grundlegung der Friedensethik im Gespräch mit John Howard Yoder* (FSÖTh 144), Göttingen 2014.

> „Ich bin zwar dabei, aber doch eigentlich nur indirekt: nicht ich will, sondern: das Vaterland, der König, das Volk, die Nation, der Staat will. Nicht, *ich* rufe, sondern ‚*es* braust ein Ruf wie Donnerhall', und auf diesen Ruf hin und ethisch gedeckt durch ihn mache ich mich nun auf, um auf unbekannte Menschen, die mir nichts zuleide getan haben, zu zielen und zu schießen. Und der Vorteil dieser indirekten Vorstellung von der Sache ist nicht nur der, daß ich dadurch ethisch gedeckt bin, sondern daß sie mich in die Lage versetzt, mein Tun – ich tue ja, was ich tue, nicht für mich, sondern für mein Volk, und ich tue es unter Einsatz meines eigenen Lebens – nun ethisch geradezu positiv zu werten: als Dienst, ja als Opferdienst meinem Volke gegenüber, auf den dann geradezu Joh. 15,13 anwendbar wird: ‚Niemand hat größere Liebe denn die, daß er sein Leben läßt für seine Freunde.'"[19]

Mit Blick auf die neuzeitliche Ideologie[20] kommt Barth auch 25 Jahre später in der „Ethik der Schöpfungslehre" seiner „Kirchlichen Dogmatik" zu dem die materiellen Interessen des Krieges bloßlegenden Ergebnis:

> „Es war [...] in älteren Zeiten leichter, sich selber durch allerlei Vorstellungen über Ehre, Recht, Freiheit und Größe der in ihren Fürstenhäusern und Obrigkeiten repräsentierten Nation, über auf dem Spiel stehende höchste menschliche Werte, über die materielle Seite der Sache hinwegzutäuschen, dem Krieg mehr oder weniger den Charakter eines Kreuzzuges – vielleicht sogar ganz direkt den eines Glaubenskrieges oder doch Kulturkrieges – zu geben, wo es in Wirklichkeit, wenn nicht ausschließlich, so doch entscheidend, fast immer um Machtentfaltung zur Gewinnung von Macht in jenem sehr primitiven Sinn gegangen ist."[21]

Barth dekonstruiert bereits in der „Münsteraner Ethik" diese Kriegsideologie, die er als „[p]olitische Mystik"[22] identifiziert, wenn er feststellt:

> „Und das ist eben der Kern und Nerv der neuen, der Kriegsideologie im Zeitalter der allgemeinen Wehrpflicht, daß man sich und daß man dem Kriegsteilnehmer gegenüber dem Entscheidenden, was er als solcher zu leisten hat, die Augen verschließt und darüber hinaus auf das blickt, [...] was er als solcher

---

19 Karl Barth, *Ethik I. Vorlesung Münster Sommersemester 1928, wiederholt in Bonn, Sommersemester 1930* (GA II), hg. von Dietrich Braun, Zürich 1973, 261.

20 Die ideologiekritische Ausrichtung der „Münsteraner Ethik" hat bereits Dieter Schellong, Rez. zu K. Barth, Ethik I und II, in: *ThLZ* 105 (3/1980), 231–234, 233, betont.

21 KD III/4, 516. Wolfgang Lienemann, Christlicher Pazifismus. Zum Beispiel Karl Barth (1886–1968), in: Marco Hofheinz / Frederike van Oorschot (Hg.), *Christlich-theologischer Pazifismus im 20. Jahrhundert* (Studien zur Friedensethik 56), Baden-Baden / Münster 2016, 113–140.

22 KD III/4, 516.

tut, das Töten der Angehörigen der feindlichen Streitmacht. Die erste Aufgabe der ethischen Besinnung in bezug auf die Möglichkeit des Krieges wird in
der modernen Situation die sein müssen, jene Abstraktion aufzulösen, als ob
irgendwo im leeren Raum der Idee das Volk an sich Krieg führe, ich aber als
Kriegsteilnehmer bloß meinem Volke diene, und festzustellen: *ich* bin das Volk
(wie ich auch der Staat bin, der den Verbrecher tötet), *ich* führe Krieg und also:
ich töte."[23]

Auch in diesem Zitat zeigt sich, wie sehr besagte Kriegsideologie am
Volksbegriff hängt und diesen instrumentalisiert. Der Nationbegriff ist hier
gewiss nicht positiv besetzt, tritt aber als Nebenbegriff – auch in der Nu-
ancierung – hinter dem Volksbegriff zurück und überlässt ihm in negativer
Hinsicht den Vorrang.

Es fällt aber darüber hinaus auf, dass Barth in qualitativer wie quantita-
tiver Hinsicht eindeutig den Volksbegriff bevorzugt, ja dass der Volksbegriff
den Nationbegriff geradezu zum Verschwinden bringt. Dies ist in dem Abschnitt „Die Nahen und die Fernen" durchgängig der Fall. Dieser Umstand
verlangt nach einer Erklärung.

Eine solche liefert m.E. die Prägung des Volksbegriffs bei konservativen
Lutheranern in den 1920er Jahren, dessen Verwendung sich im sog. Kirchenkampf nochmal zuspitzt. Die Lehre von den Schöpfungsordnungen hing
damals am Volksbegriff, nicht etwa dem der Nation. Dieter Schellong hat
darauf hingewiesen, dass es der „Mythos Volk" war, „der das theologische
Bewußtsein dem Nationalsozialismus zugetrieben hat."[24] Das Volk wurde
als Schöpfungsordnung begriffen, wie das Interpretament des Volksnomos
zeigt, das damals prominent etwa der deutsch-nationale Publizist Wilhelm
Stapel (1882–1954) vertrat, der an Barths „Vertreibung" aus Deutschland beteiligt war,[25] aber auch Barths einstiger Weggefährte aus den frühen Tagen der

---

23 Barth, *Ethik I* (Anm. 19), 262.

24 Dieter Schellong, „Ein gefährlichster Augenblick". Zur Lage der evangelischen Theologie
    am Ausgang der Weimarer Zeit, in: Hubert Cancik (Hg.), *Religions- und Geistesgeschichte
    der Weimarer Republik*, Düsseldorf 1982, 104–135, 131. Vgl. speziell im Blick auf das
    Jahr 1933: Achim Detmers, Karl Barth 1933–1935. Eine kritische Auseinandersetzung
    mit Paul Silas Peterson, in: *ZDTh* 38 (1–2/2022), 243–297; Hartmut Lehmann, Im Feuer-
    sturm. Dietrich Bonhoeffer und Karl Barth definieren 1933 die Propria der christlichen
    Kirche gegenüber Nation, Volkstum und Rasse, in: *BThZ* 35 (1/2018), 34–56; Arne Ras-
    musson, „Deprive Them of Their Pathos": Karl Barth and the Nazi Revolution Revisited,
    in: *Modern Theology* 23 (3/2007), 369–391.

25 Vgl. zur Rolle Stapels Heinrich Assel, „Barth ist entlassen ..." Emanuel Hirschs Rolle im
    Fall Barth und seine Briefe an Wilhelm Stapel, in: *ZThK* 91 (1994), 445–475. Zur Leh-

„Dialektischen Theologie", Friedrich Gogarten (1887–1967). Barth zufolge war mit der Lehre vom Volknomos „eine Gleichung zwischen den jeweiligen politischen Ordnungen und dem Gesetz Gottes postuliert worden, die es erlaubte, ja forderte, auch die nationalsozialistische Herrschaft als Ausdruck des Gesetzes Gottes und damit seines gebietenden Willens zu interpretieren, auf den, so die Lesart Gogartens, das Evangelium erhellend und befreiend eingeht."[26] „Denn" – so Gogarten wörtlich – „das Gesetz ist uns in unserem Volkstum gegeben. Hier kann ich Stapel nur schlechtweg zustimmen".[27] Auch auf weitere nationalkonservative bzw. dem Nationalsozialismus zugewandte Theologen wie Paul Althaus (1888–1966) oder Emanuel Hirsch (1888–1972) sei hier verwiesen, die den Volksbegriff schöpfungstheologisch grundierten und selbst von der Kirche als „Volksordnung"[28] sprechen konnten, die ihren Dienst im deutschen Volke, etwa zur Erziehung „in der richtigen volklichen und politischen Haltung"[29] zu tun habe.[30]

---

re vom Volknomos bei Gogarten und Stapel vgl. Michael Weinrich, Karl Barths theologischer Kampf gegen die religiöse Versuchung des Nationalsozialismus, in: ders., *Die bescheidene Kompromisslosigkeit der Theologie Karl Barths. Bleibende Impulse zur Erneuerung der Theologie* (FSÖTh 139), Göttingen 2013, 396–417, 399–407. Fernerhin: Schellong, „Ein gefährlichster Augenblick" (Anm. 24), 119–122.

26 Michael Beintker, Barths Abschied von „Zwischen den Zeiten". Recherchen und Beobachtungen zum Ende einer Zeitschrift (2009), in: ders., *Krisis und Gnade. Gesammelte Studien zu Karl Barth*, hg. von Stefan Holtmann / Peter Zocher, Tübingen 2013, 86–107, 102.

27 Friedrich Gogarten, *Einheit von Evangelium und Volkstum?*, Hamburg 1933, 18.

28 So Emanuel Hirsch, zit. nach Kurt Dietrich Schmidt (Hg.), *Bekenntnisse und grundsätzliche Äußerungen zur Kirchenfrage, Bd. 2: Das Jahr 1934*, Göttingen 1935, 124.

29 A.a.O., 126. Dazu: Christofer Frey, *Zeit- und Problemgeschichte der Evangelischen Theologie im zwanzigsten Jahrhundert*, Bochum 1991, 190.

30 Zu den Positionen von Gogarten, Althaus und Hirsch vgl. genauer Arnulf von Scheliha, Volk ohne Religion. Kritische Betrachtungen zu einem Leitthema der Neuen Rechten, in: Johann Hinrich Claussen u.a. (Hg.), *Christentum von rechts*, Tübingen 2021, 113–146, bes. 124–134. Barth wandte sich bereits im Jahr 1931 in dem Vortrag „Die Not der evangelischen Kirche" gegen die Bindestrich-Theologien, die Christentum und Volkstum synthetisieren: „Was soll man davon denken, dass die Assoziation und der Bindestrich zwischen Christentum und Volkstum, evangelisch und deutsch, nachgerade in der Weise in den eisernen Bestand der mündlichen und gedruckten Rede unserer Kirche aufgenommen worden ist, dass man sagen muss: Das, dieser Bindestrich, ist heute das eigentliche Kriterium der kirchlichen Orthodoxie geworden." Karl Barth, Die Not der evangelischen Kirche (1931), in: ders., *Vorträge und kleinere Arbeiten 1930–1933* (GA III), hg. von Michael Beintker u.a., Zürich 2013, 73–122, 110f.

Barth hat nach dem Krieg den Volksbegriff aufgegriffen, um diese scharfe
Waffe seinen Gegnern zu entwenden und sie gewissermaßen umzuschmie-
den. Um es in etwas bellikoser Metaphorik zu umschreiben: Barth verfolg-
te die hermeneutische Strategie, den Volksbegriff (israel-)theologisch vom
biblischen Idiom der Nahen und Fernen her zurückzugewinnen statt um-
gekehrt einen vorgeordneten politischen Volksbegriffs das biblische Idiom
verdrängen und/oder erobern zu lassen. Barth löst also den Volksbegriff
nicht einfach auf,[31] indem er ihn schlicht ersetzt, aber er bevorzugt doch klar
das biblische Idiom der „Nahen und Fernen" und leitet von ihm ausgehend
seine Umprägungsstrategie ein.[32] Es geht um eine transformative Rede von
Volk und Nation. Barth möchte mit anderen Worten den Volksbegriff nicht
nationalistischer Schöpfungsordnungstheologie überlassen.

Zu dieser These von der kirchenkampfgeprägten Präferenz des Volksbegriffs möchte ich einige Indizien anführen:

1. Zunächst zu Barths Gebrauch des Nationbegriffs: Barth verwendet ihn
im Abschnitt zu den „Nahen und Fernen" lediglich ganz am Schluss im Petit-
Druck, und zwar bezeichnenderweise in dem israeltheologischen Zwischen-
abschnitt. Die Nationwerdung Israels wird dort allerdings eher pejorativ als
Versuchung und nicht als positiv besetzter Vorgang geschildert:

> „Gerade wenn es [scil. Israel; M.H.] sich als Nation unter den Nationen gebär-
> den und als solche stark und groß sein, es den Anderen mindestens gleichtun
> will, vergeht es sich doch gegen diesen Ratschluß [scil. den göttlichen Rat-
> schluss der Neuschöpfung Israels; M.H.] und damit gerade gegen das, was es als
> dieses eine Volk der Mitte wirklich auszeichnet."[33]

Auch die Rede von der „nationalen Substanz"[34] Israels ist nicht positiv
konnotiert. Man gewinnt den Eindruck, dass nicht etwa der Nationbegriff

---

31 Vgl. Nigel Biggar, *Between Kin and Cosmopolis. An Ethic of the Nation. The Didsbury
    Lectures*, Eugene 2014, 8: „[N]ational communities – or ‚peoples' – dissolve into near and
    far neighbors."

32 Hartmut Ruddies (Religion und Nation [Anm. 8], 215; dort z.T. kursiv) sieht den Volksbe-
    griff bei Barth geradezu rehabilitiert. Ruddies zufolge bildet der Barthsche Bestimmungs-
    versuch einen „der interessantesten", „weil Barth in einer offensichtlichen Reminiszenz an
    die revolutionären Ursprünge des modernen Nationbegriffes, in kritischer Auseinander-
    setzung mit der deutschen Tradition der Theologie der Schöpfungsordnungen und in der
    Form einer kritischen Theorie der Nation den Begriff des Volkes theologisch rehabilitiert
    und ihn zu einem notwendigen Thema der theologischen Existenz erklärt hat."

33 KD III/4, 360.

34 A.a.O., 361.

Israel adelt, sondern vielmehr Israel den Nationbegriff, wenn es bei Barth etwa heißt:

> „[E]s gibt einen unumkehrbaren Weg von den vielen Völkern [...] *vorwärts* zu dem einen Volk des einen Gottes, das nicht etwa eine Idee ist, sondern das zunächst als das eine Volk der Juden in so wunderlicher Gestalt als Nation unter den anderen Nationen geschichtliche Wirklichkeit geworden ist. ‚Das Heil kommt von den Juden‛"[35] (Joh 4,22).

2. Barths Nationbegriff ist insgesamt positiver konnotiert als der Volksbegriff. Insofern ist, anders als Ruddies behauptet, durchaus ein semantischer Unterschied im Sprachgebrauch feststellbar. Barth erachtet den Begriff der Nation als einen „linken" Begriff, der im Kontext der Französischen Revolution geprägt wurde.[36] Das geht aus seiner „Theologiegeschichte des 19. Jahrhunderts" hervor. Barth differenziert dort innerhalb der langen „Vorgeschichte" zwischen dem „absoluten Fürsten" und dem „absoluten Revolutionär", um dann feststellen zu können:

> „War es dort [scil. im Absolutismus; M.H.] der Fürst, so war es hier [scil. in der Revolution; M.H.] das Volk, die ‚Nation‛, wie man in dieser Zeit zu sagen begann, die in schlichter Umkehrung der Formen Ludwigs XIV. sich selbst zum Subjekt des Staates ernannte. So in typischer Weise geschehen zu Paris am 17. Juni 1789, an dem die Vertretung des sogenannten dritten Standes, d.h. aber die Vertretung der zahlenmäßig die überwiegende Mehrheit bildenden Teils der Bevölkerung Frankreichs, die sich als ‚Nationalversammlung‛ konstituierte, um drei Tage darauf sich mit einem gemeinsamen Schwur auf die Absicht festzu-

---

35 Ebd. Dort z.T. kursiv.

36 Ursprünglich war der Nationbegriff in der Tat ein Terminus der Linken, geradezu deren „identitymarker". Ruddies (Religion und Nation [Anm. 8], 199) betont hinsichtlich des „linken" Ursprungs der Nation: „[D]er französischen Nation wird bei den Jakobinern eine besondere Sendung zugeschrieben: die Befreiung der Menschheit vom Joch des Feudalismus. Damit ist das Prinzip des Selbstbestimmungsrechts des Volkes in die Welt eingetreten, und es ist wichtig, sich diesen revolutionären, demokratischen, universalistischen, *linken* Ursprung der Idee der Nation und des Nationalismus zu verdeutlichen. In Preußen, Bayern, in der Pfalz, in Köln, Hamburg und Königsberg übernahm man diese Forderungen und so kam es zur Rede von der Einheit der Deutschen Nation – das war revolutionär, und die Konservativen nannten es denn auch sogleich ‚Kronenraub und Nationalitätenschwindel.‛" Vgl. auch Hans Jürgen Luibl, Art. Nation (Th.), in: Werner Heun u.a. (Hg.), *Evangelisches Staatslexikon. Neuausgabe*, Stuttgart 2006, 1573–1578, 1574.

legen, aller Gewalt trotzend, nicht eher auseinanderzugehen, bis sie dem Staat eine neue Verfassung gegeben hätte."[37]

Im Jahr 1789 – so Barth – erklärte sich „der dritte Stand als mit der ‚Nation' identisch".[38] Auch die Souveränität meine in der französischen Erklärung der Menschen- und Bürgerrechte (August 1789) etwa im Vergleich zur Unabhängigkeitserklärung der Vereinigten Staaten von Amerika (Juni 1776) „eindeutig [...] die der Nation".[39]

3. Der Volksbegriff hingegen gilt Barth anders als der „linke" Nationbegriff als zutiefst kontaminiert. Er ist nach Barths Empfinden geradezu toxisch, insofern er in den 1920er Jahren und dann vor allem im Zusammenhang des sog. Kirchenkampfes von Barths Gegnern gebraucht wurde, um etwa die Einführung des Arierparagraphen zu rechtfertigen. Dies wird u.a. in Barths „Abschied" von der Zeitschrift „Zwischen den Zeiten" deutlich, in dem er mit Friedrich Gogarten abrechnet.[40] Zunächst fragt Barth noch suggestiv: „Wohin, wohin ging die Entwicklung, die, mit den Untersuchungen über den echten Begriff der Geschichte begonnen, über die Lehre vom Du und Ich zu dem immer massiver werdenden Dogma von den Ordnungen geführt hatte?"[41] Als Ziel der Reise bestimmt Barth dann ganz unverhohlen eine DC-Theologie, die Verrat am Evangelium betreibt:

> „Irgendeinmal im Lauf dieses Sommers las man dann im ‚Deutschen Volkstum' das Bekenntnis Gogartens zu dem Stapelschen Theologumenon, daß das Gesetz Gottes für uns identisch sei mit dem Nomos des deutschen Volkes. Daß Gogarten sich wenig später mitsamt seiner Umgebung auch kirchenpolitisch an die Seite von Ludwig Müller und Joachim Hossenfelder stellte, war und ist mir verhältnismäßig nebensächlich neben der Tatsache jenes [...] in aller Form wiederholten Bekenntnisses. [...] Ich halte den Stapelschen Satz über das Gesetz Gottes für den vollzogenen Verrat am Evangelium. [...] Gogarten steht dort, wo E. Hirsch, wo Wobbermin [...], wo sie alle, alle stehen."[42]

---

37 Karl Barth, *Die protestantische Theologie im 19. Jahrhundert. Ihre Vorgeschichte und Geschichte*, Zürich ⁵1985, 31.

38 A.a.O., 33.

39 A.a.O., 32.

40 Vgl. dazu Beintker, Barths Abschied von „Zwischen den Zeiten" (Anm. 26), 86–107.

41 Karl Barth, Abschied (1933), in: ders., *Vorträge und kleinere Arbeiten 1930–1933* (GA III), hg. von Michael Beintker u.a., Zürich 2013, 492–515, 499f.

42 A.a.O., 502f. 505. Zu Gogarten vgl. einführend Thorsten Dietz, Krisis und Geschick. Friedrich Gogartens Lutherlektüren, in: *Lutherjahrbuch* 86 (2019), 248–271; Gregor Etzelmüller, Der Denkweg Friedrich Gogartens als bleibende Mahnung, in: *ZDTh* 74 (2/2021), 148–161. Zur Identifizierung von Evangelium und Volkstum bei Gogarten vgl.

Explizit begründet Barth seine Abschiednahme mit der Sorge, „im nächsten Heft z.B. irgendeine sanft-kluge Verteidigung des Arierparagraphen auf Grund der Schöpfungsordnungen […] zu lesen zu bekommen."[43]

4. Barth trägt mit seiner Präferenz für den Volksbegriff unter den BK-Theologen keineswegs ein Alleinstellungsmerkmal. Auch im etwa zeitgleich entstandenen Ethik-Entwurf seines Berner Kollegen Alfred de Quervain (1896–1968) spiegelt sich ein entsprechender Sprachgebrauch wider. Für de Quervains theologische Entwicklung waren seine vom Kirchenkampf geprägten Elberfelder Jahre (1931–1938) von zentraler Bedeutung.[44] Seine damals gewonnenen theologischen Einsichten entfaltete er in den späteren Jahren. So greift auch er – wie Barth – auf diesem Kirchenkampf-Hintergrund den ordnungstheologisch zentralen Volkbegriff auf[45] und verhandelt den Hauptteil seiner politischen Ethik (mit dem Titel „Kirche, Volk, Staat") unter der Rubrik „Volk und Staat".[46] Auch de Quervain verzichtet dabei weitgehend auf den Nationbegriff. Barth grenzt sich freilich von de Quervain dahingehend ab, dass dieser die kosmopolitische Dimension vernachlässige

---

Dieter Schellong, Jenseits von politischer und unpolitischer Theologie. Grundentscheidungen der „Dialektischen Theologie", in: Jacob Taubes (Hg.), *Religionstheorie und Politische Theologie. Band 1: Der Fürst dieser Welt. Carl Schmitt und die Folgen*, München u.a. 1983, 292–315, bes. 313–315.

43 Barth, Abschied (Anm. 41), 507f.

44 So auch Werner Göllner, Alfred de Quervain, in: Wolfgang Lienemann / Frank Mathwig (Hg.), *Schweizer Ethik im 20. Jahrhundert. Der Beitrag theologischer Denker*, Zürich 2005, 105–131, 106.

45 Vgl. Alfred de Quervain, *Kirche, Volk, Staat. Ethik II. 1. Halbband*, Zollikon-Zürich 1945, 169–377. Vgl. zu de Quervains Staatslehre Werner Göllner, *Die politische Existenz der Gemeinde. Eine theologische Ethik des Politischen am Beispiel Alfred de Quervains* (Beiträge zur Theologischen Urteilsbildung 5), Frankfurt a.M. 1997, 217–227; 242–249.

46 Alfred de Quervain (*Ethik II/1* [Anm. 45], 289) sieht die Völker im Gegenüber zum Volk Gottes und urteilt mit starkem zeitgeschichtlichen Bezug: „[…] Gott liebt nicht die Seele Ägyptens, die deutsche Seele; er liebt die Verlorenen und in Christus Heimgeholten in Ägypten und in Deutschland. Abgelehnt wird also die unchristliche, den Glauben verachtende Hypostasierung des Volkes, der Glaube an die Volksseele, an das ewige Volk. Darum unsere Feststellung, daß Gott nicht die Idee des Volkes, sondern die Seinen in den Völkern liebt". Dort z.T. kursiv. Vom Volksnomos grenzt sich auch de Quervain (a.a.O., 294) scharf ab, indem er betont, dass das Evangelium und nicht ihr Volksgesetz die Völker vor die Entscheidung stelle. Vgl. auch ebd.: „Weil die Kirche Jesu Christi keine Völkermetaphysik, keine Volkstheologie kennt, darum betrachtet sie sich nicht als eine Zusammenfassung von Völkerindividualitäten."

bzw. – in Barths Worten – „den Bereich ‚Mensch und Menschheit' [nicht] von Anfang an ausdrücklich mit in Erwägung […] zieh[t]."[47]

5. Erleichtert dürfte Barth seine Favorisierung des Volksbegriffs der Umstand haben, dass es neben dem toxischen „Wording" rechter nationalistischer Kreise damals eben auch einen politisch liberalen Sprachgebrauch von „Volk" (Singular) und vor allem „Völkern" (Plural) gab, den die Verteidiger von Demokratie und Rechtsstaatlichkeit prägten. Man muss sich nur klarmachen, dass die damalige UNO, also diejenige zwischenstaatliche Organisation mit Sitz in Genf, die als „League of Nations" als Ergebnis der Pariser Friedenskonferenz nach dem Ersten Weltkrieg gegründet wurde, in Deutschland den Namen „*Völker*bund" trug. Barth war, darauf wird noch zurückzukommen sein, ihr glühender Verteidiger im Kontext des Zweiten Weltkrieges. Erwähnt sei auch, dass der berühmte Magdeburger Vortrag von Barths Freund Günther Dehn (1882–1970) den Titel „Kirche und Völkerverständigung"[48] trug. Er löste den sog. „Fall Dehn"[49] aus, in dem sich Dehn und Barth an seiner Seite „einer erregten Welle eines kriegsbereiten Nationalismus gegenüber"[50] vorfanden.[51] Man darf also, wie ausdrücklich festgehalten werden muss, nicht übersehen, dass in Barths Gebrauch des Begriffes „Volk" keineswegs die Semantik des „Völkischen" mitschwingt und schon gar nicht die rassistische Ideologie des Nationalsozialismus, wonach völkisch auf die Zugehörigkeit zu einem Volk als Teil einer vermeintlichen „Rasse" anspielt. Wenn Barth das Adjektiv „völkisch" gebraucht, dann nur pejorativ, wenn er etwa vom „Gefängnis und […] Bunker einer eigentlichen völkischen Borniertheit"[52] spricht.

---

47 KD III/4, 323.

48 Günther Dehn, *Kirche und Völkerversöhnung. Dokumente zum Halleschen Universitätskonflikt*, Berlin 1931.

49 Vgl. dazu Ernst Bizer, Der „Fall Dehn", in: Wilhelm Schneemelcher (Hg.), *Festschrift für Günther Dehn zum 75. Geburtstag am 18. April 1957 dargebracht von der Evangelisch-Theologischen Fakultät der Rheinischen Wilhelms-Universität Bonn*, Neukirchen-Moers 1957, 239–261.

50 Schellong, „Ein gefährlichster Augenblick" (Anm. 24), 133.

51 Vgl. Eberhard Busch, *Karl Barths Lebenslauf. Nach seinen Briefen und autobiographischen Texten*, München ⁴1986, 231; Christiane Tietz, *Karl Barth. Ein Leben im Widerspruch*, München 2018, 216–220.

52 KD III/4, 336.

3. Das Nessoshemd der Schöpfungsordnungen und Karl Barths politisch-ethische Strategien, es loszuwerden

Wenn man nun Barth auf die Finger schaut und sich fragt, was er eigentlich im Abschnitt „Die Nahen und die Fernen" macht, wie sein eigener Beitrag „for the healing of the nations" auf diesen im Vergleich zum Gesamt der „Kirchlichen Dogmatik" wenigen Seiten aussieht, dann kann man feststellen, dass er hier seinen theologischen Werkzeugkoffer auspackt, mit dem er dem Problem der Nation und des Nationalismus zu Leibe rücken möchte. Es geht ihm dabei vor allem um das Problem der schöpfungstheologischen (Über-)Legitimation von Volk und Nation durch die Lehre von den Schöpfungsordnungen.[53] Man kann den Abschnitt „Die Nahen und die Fernen" durchaus als einen Versuch lesen, das Nessoshemd der Schöpfungsordnungen loszuwerden.

Die mythologische Metapher vom Nessoshemd bietet sich deshalb an, weil sie die Dramatik des Umgangs mit einem sehr robusten theologischen Problem pointiert, zumal das Nessoshemd der Mythologie nach ja ein mit giftigem Blut getränktes Hemd ist, das man sich zwar anlegen, das man aber nicht mehr ablegen kann, da es einem gleich die ganze Haut herunterreißen würde. Der Held Herakles stirbt bekanntermaßen im Nessoshemd, gleichsam der postmortalen Rache des Kentauren Nessos erliegend. Ob es Karl Barth als theologischem Herakles, anders als es der Ausgang der griechischen Mythologie besagt, gelingt, das Nessoshemd der Schöpfungsordnun-

---

53 Hermann Dembowski (Barmen heute. Anstöße zum Verständnis und zur Aufnahme der Theologischen Erklärung von Barmen 1934, in: ders., *Wahrer Gott und wahrer Friede. Aufsätze und Vorträge zwischen Ost und West*, hg. von Heino Falcke / Henning Schröer, Leipzig 1995, 284–321, 297) verdeutlicht, dass sich der Widerspruch gegen die „Barmer Theologische Erklärung" (1934), der vor allem aus Kreisen lutherischer Theologie kam, neben der Lehre von Gesetz und Evangelium und der Zwei-Reiche-Lehre an der Lehre von den Schöpfungsordnungen festmachte: „Man berief sich auf den Unterschied von Gesetz und Evangelium: Das Gesetz ist neben und vor dem Evangelium Jesu Christi als eigenes Wort Gottes zu hören. Man berief sich auf die Lehre von den Schöpfungsordnungen: Unabhängig von Jesus Christus hat Gott in der Schöpfung der Welt Ordnungen eingestiftet, die göttliche Autorität haben und respektiert werden wollen: Ehe, Familie, Staat, Nation, Volk, Rasse. Man berief sich auf die Lehre von den zwei Reichen, die zu einer Lehre von zwei getrennten Bereichen wurde: Der Staat hat von Gott einen eigenständigen Auftrag, wie die Kirche, sie haben einander zu respektieren und nicht zu stören. Auch von Gottes Offenbarung durch Ereignisse der Geschichte konnte man reden."

gen doch abzustreifen, wäre zu fragen.[54] Fakt ist, dass Barth selbst ausweislich seiner „Münsteraner Ethik" einer Lehre von den Schöpfungsordnungen anhing, ein Umstand, der ihm nachträglich durchaus Qualen bereitete, so dass er die Münsteraner Ethik zu Lebzeiten nicht veröffentlicht wissen wollte.[55]

Die Etablierung ordnungstheologischer Denk- und Argumentationszusammenhänge erfolgte seit den 1920er Jahren vor allem auf dem Gebiet der Schöpfungslehre. Der Kampf um den Topos der Schöpfungsordnungen konnte dabei durchaus mit konfessionellem Rollentausch geführt werden, wie die Diskurskonstellationen (etwa der Piper-de Quervain-Kontroverse)[56] in den Raum- und Zeitdeutungskämpfen der Weimarer Republik verraten. Die Lehre von den Schöpfungsordnungen war mit anderen Worten kein lutherisches Sondergut. Barth musste, um das Problem bei der schöpfungstheologischen Wurzel zu packen, gleichsam beim ersten Glaubensartikel ansetzen. So spricht er eingangs auch zunächst von der „mitmenschlichen Natur des Menschen"[57] und seinen „wesensnotwendige[n] Beziehungen"[58], greift also Begrifflichkeiten und Vorstellungsgehalte auf, die damals schöpfungstheologisch vereinnahmt wurden. Barth hat ein großes problemgeschichtliches Interesse daran, das Thema „Volk und Nation" in der Ethik der

---

54 Vgl. dazu Wolf Krötke, Die Schöpfungsordnungen im Lichte der Christologie. Zu Karl Barths Umgang mit einem unabweisbaren Problem, in: ders., *Barmen – Barth – Bonhoeffer. Beiträge zu einer zeitgemäßen christozentrischen Theologie* (Unio und Confessio 26), Bielefeld 2009, 155–178. Zu den Schöpfungsordnungen vgl. auch David Fergusson, *Church, State and Civil Society*, Cambridge 2004, 120f.; Christian Link, *Schöpfung. Schöpfungstheologie in reformatorischer Tradition* (HST 7/1), Gütersloh 1991, 190–197.

55 Vgl. Dietrich Braun, Vorwort, in: Barth, *Ethik I* (Anm. 19), VII–XII, VII; Paul L. Lehmann, Die Ethikvorlesungen, in: *VuF* 30 (2/1985), 65–72, 68.

56 Vgl. Marco Hofheinz, Mit vertauschten Rollen? Die Kontroverse zwischen Otto Piper und Alfred de Quervain zur Schöpfungsordnung in den Raum- und Zeitdeutungskämpfen der Weimarer Republik. Eine problemgeschichtliche Untersuchung, in: ders., *Die Kunst des Zusammenlebens. Politisch-ethische Studien zur reformierten Theologie* (FRTh 13), Göttingen 2022, 164–219; ders., „Kampfbegriff Schöpfungsordnung". Die Kontroverse zwischen Otto Piper und Alfred de Quervain im Deutungszusammenhang der „konservativen Revolution" am Ende der Weimarer Republik, in: Marco Hofheinz / Hendrik Niether (Hg.), *Glaubenskämpfe zwischen den Zeiten. Theologische, politische und ideengeschichtliche Konzepte in der Weimarer Republik* (Weimarer Schriften zur Republik 22), Stuttgart 2022, 197–222.

57 KD III/4, 321.

58 Ebd.

Schöpfungslehre (KD III/4)[59] zu verorten und zunächst dort zu ver- und behandeln. Dass es zutiefst behandlungs- und therapiebedürftig ist, gilt für ihn als ausgemacht, und Barth bemüht gleich ein ganzes Set von verschiedenen Instrumenten, um dem Problem zu Leibe zu rücken. Bei Lichte betrachtet, weist der Abschnitt „Die Nahen und die Fernen" multiple Strategien der Auseinandersetzung auf. Im Folgenden möchte ich diese „Gerätschaften" aus Barths Werkzeugkoffer vorstellen.

3.1 Die phänomenologische Strategie der Konstruktion[60]

Barth nähert sich seinem Gegenstand zunächst phänomenologisch an. Er tut dies keineswegs voraussetzungslos, sondern stellt seine Annäherung an das Phänomen betont unter den Schlüsselbegriff nicht etwa der Ordnung, sondern dezidiert der Freiheit.[61] Bereits damit setzt er wohlkalkuliert eine Antithese, und zwar zur Ordnungstheologie im Protestantismus, die Schöpfungsordnungen im Sinne einer Obrigkeitsmetaphysik ausbuchstabierte und sich damit ein fundamentales Distanzdefizit gegenüber den Herrschenden einfing. Barth setzt die „Freiheit" dagegen und betont damit, dass es auch im Verhältnis und im Umgang mit Volk und Nation um die Folgen christlicher Freiheit geht – auch gegenüber Volk, Nation, Staat, also all den begrifflichen Größen, die mit dem Terminus/Prädikator „Schöpfungsordnungen" belegt wurden.

Ausweislich des Leitsatzes zu § 54 geht es auch im Abschnitt 54.3, der das Problem von Volk und Nation unter der Überschrift „Die Nahen und die Fernen" verhandelt, um Freiheit und zwar näherhin um „Freiheit in Gemeinschaft". Im Leitsatz heißt es:

---

59 Vgl. einführend zu Barths Ethik der Schöpfungslehre Alexander Maßmann, *Bürgerrecht im Himmel und auf Erden. Karl Barths Ethik* (ÖTh 27), Leipzig 2011, 199–254; Jonathan Lett, Barth on the Ethics of Creation, in: George Hunsinger / Keith L. Johnson (Hg.), *The Wiley Blackwell Companion to Karl Barth. Vol. 1: Barth and Dogmatics*, London 2020, 369–380.

60 Zur Konstruktion vgl. auch Günter Thomas, Karl Barths pneumatologischer Realismus und operativer Konstruktivismus, in: Werner Thiede (Hg.), *Karl Barths Theologie der Krise heute. Transfer-Versuche zum 50. Todestag*, Leipzig 2018, 87–101.

61 So zu Recht Wolfgang Lienemann, Karl Barth (1886–1968), in: ders. / Frank Mathwig (Hg.), *Schweizer Ethiker im 20. Jahrhundert. Der Beitrag theologischer Denker*, Zürich 2005, 33–56, 50.

„Indem Gott der Schöpfer den Menschen zu sich ruft, wendet er sich auch seinem Mitmenschen zu. Gottes Gebot sagt im Besonderen, dass der Mensch in der Begegnung von Mann und Frau, in der Beziehung zwischen Eltern und Kindern, auf dem Wege von den Nahen zu den Fernen den Andern mit sich selbst und mit sich selbst auch den Andern bejaht, in Ehren halten und erfreuen darf."[62]

Zur Freiheit in Gemeinschaft gehört neben der Beziehung von Mann und Frau, Eltern und Kind auch die von Nahen und Fernen. Barth fragt nach dem sozialen Leben als geformtem Leben, um den Verwirklichungsraum von menschlicher Freiheit zu erkunden. Er sucht nach solchen Konfigurationen, in denen sich Mitmenschlichkeit sozial ausgestaltet, in denen sich der Mensch also gleichsam vorfinden darf und nicht neu erfinden muss. Auch dies gehört nach Barth zur Freiheit.

Barth ermittelt drei Grundformen des sozialen Lebens als Gestalten von Freiheit, die er in spezifischer Weise voneinander abgrenzt: die Gemeinschaft von Frau und Mann, die Gemeinschaft von Eltern und Kindern und schließlich die von „Nahen und Fernen". Barth identifiziert sie als drei bzw. vier Bereiche, die er kreisförmig angeordnet sieht.[63] Die Abgrenzung, die Barth zwischen den Relationen Mann/Frau und Eltern/Kinder einerseits und Nahen und Fernen andererseits vornimmt, wird dreifach ausdifferenziert. Während das Gegenüber von Mann/Frau und Eltern/Kindern nicht umkehrbar sei, sei es das von Nahen und Fernen sehr wohl.[64] Ebenso sei diese Konstellation anders als die von Mann/Frau und Eltern/Kindern fließend[65] und auch aufhebbar[66], also, so Barth summarisch, nicht ursprünglich und nicht endgültig.[67] Es bestehe zwischen Nahen und Fernen „*kein* natürlich-notwendiges Gegenüber."[68]

So befremdend und problematisch diese Festlegung Barths bezogen auf das angeblich unumkehrbare, unaufhebbare und nichtfließende Verhältnis der Geschlechter ist,[69] zumal ja die neuere Genderforschung die Verkürzung

---

62 KD III/4, 127 (Leitsatz § 54).

63 Vgl. a.a.O., 321.

64 Vgl. a.a.O., 338f.

65 Vgl. a.a.O., 339f.

66 Vgl. a.a.O., 340.

67 Vgl. ebd.

68 Ebd.

69 Vgl. Ruth Hess, Die „‚A and B' discussion" – und darüber hinaus!, Grundlinien genderperspektivischer Barth-Rezeption/en, in: Martin Leiner / Michael Trowitzsch (Hg.), *Karl Barths Theologie als europäisches Ereignis*, Göttingen 2008, 348–366; Faye Bodley-Dange-

menschlicher Zweigeschlechtlichkeit auf biologische Deutungen herausgearbeitet und auf die kulturell imprägnierte Konstruktion der Geschlechtlichkeit hingewiesen hat, so bemerkenswert erscheint mir Barths Deutung doch hinsichtlich der Nationen zu sein. Denn was Barth Frau und Mann bzw. den Bezeichnungen „männlich" und „weiblich" nicht zugesteht, dass es sich um Pole mit vielen fließenden Übergängen dazwischen handelt, genau das bringt er im Blick auf die Nahen und Fernen, also hinsichtlich des Phänomens von Volk und Nation, pointiert zur Geltung: Es handelt sich um Konstrukte.[70]

Es liegt hier also nicht einfach eine fundamentale und essentielle natürliche Formung des sozialen Lebens vor,[71] sondern viel eher so etwas wie ein hochflexibler und durchaus kontingenter „Verantwortungszusammenhang".[72] Barths antiessentialistischer Impetus[73] erweist sich hier in der Ausrichtung

---

lo, *Sexual Difference, Gender, and Agency in Karl Barth's Church Dogmatics*, London 2019; dies., Barth and Gender, in: Paul Dafydd Jones / Paul T. Nimmo (Hg.), *The Oxford Handbook of Karl Barth*, Oxford 2019, 532–547; dies., Barth and Sexual Difference, in: George Hunsinger / Keith L. Johnson (Hg.), *The Wiley Blackwell Companion to Karl Barth. Vol. 2: Barth in Dialogue*, London 2020, 905–917.

70 Treffend bemerkt Aleida Assmann (*Die Wiedererfindung der Nation. Warum wir sie fürchten und warum wir sie brauchen*, München 2020, 302), dass „[m]it der Diagnose ‚Konstruktion' [..] das Thema Nation […] noch nicht vom Tisch, sondern erst eröffnet" ist.

71 Vgl. KD III/4, 341: „Es ist nicht so, daß sein [scil. des Menschen; M.H.] Sein in diesem Bereich [scil. der Nahen und Fernen; M.H.] zu seinem Wesen als menschliche Kreatur gehörte".

72 Karl Barth (KD III/4, 333) weist darauf hin, dass das Gebot als Heiligung der geschichtlichen Existenz eines Menschen die „geschichtliche Verantwortung als Glied seines Volkes in sich" schließt. Vom „Volk" als „vorgegebene[m] Verantwortungszusammenhang" hat auch Helmut Gollwitzer (Die Gestalt des Lobes Gottes in der politischen Welt der Bundesrepublik, in: ders., *Forderungen der Freiheit. Aufsätze und Reden zur politischen Ethik*, München 1964, 220–245, 234) unter expliziter Berufung auf den Abschnitt „Die Nahen und die Fernen" gesprochen. Treffend kann auch Günter Thomas, „…religiös aushungern!" Karl Barths Strategie gegen eine Sakralisierung der Nation und eine religiöse Aufladung der Lebensweitergabe, in: *ZDTh* 37 (2/2021), 198–228, 223 (in gekürzter engl. Version: ders., The Power of the Religio-Poietic Complex in Politics. Karl Barth's Strategies against the Nation Becoming Religiously Charged, in: Markus Höfner [Hg.], *Theo-Politics? Conversing with Barth in Western and Asian Contexts*, Lanham u.a. 2022, 106–128, 120) bemerken: „Nationen sind, so kann man heute formulieren, hoch flexible Rahmen, in denen sich menschliche Verantwortung entfaltet und christlicher Gehorsam eingeübt werden muss – aber sie bestimmen nicht den Inhalt dieses Gehorsams."

73 Vgl. auch Biggar, *Between Kin and Cosmopolis* (Anm. 31), 8: „Barth is surely right to puncture the pretension of nations to the status of something absolute or essential."

als ein deutlich entsakralisierender.[74] Barth kann etwa sagen: „Die Behauptung und Lehre, daß auch das Sein des Menschen in seinem Volk und in dessen Verhältnis zu anderen Völkern" eine gleichsam petrefakte Bestimmtheit der menschlichen Natur sei, „ist ein Werk phantasierender Willkür".[75] Das spezifische So-Sein eines Volkes und einer Nation lasse sich beileibe nicht aus dem Gebot Gottes ableiten.

Bemerkenswert sind Barths phänomenologische Ausführungen noch in einer zweiten, eng damit zusammenhängenden Hinsicht, und zwar in Bezug auf die Konstitutionsfaktoren von Volk und Nation. Barth nennt drei Faktoren, gewissermaßen Identitätsfokusse, nämlich Sprache,[76] Raum und Geschichte.[77] Barth widmet sich jedem dieser Fokusse und spricht ihnen ihr relatives Recht und ihre Bedeutsamkeit zu, ohne sie jedoch weder einzeln noch als Gesamt zu verabsolutieren.[78] Monolithische Vorstellungen von Nation weist Barth scharf zurück. Offenbar haben wir es eher mit Überlappungsphänomenen zu tun. Allein schon den Identitätsfokus „Geschichte" entschlüsselt Barth als gewissermaßen multikausal bzw. polyvalent: „Es waren und sind wirtschaftliche, soziale, kulturelle, politische – auch religiöse Faktoren die geschichtlichen Realitäten, die der Existenz der Völker und ihren Verschiedenheiten zugrunde liegen."[79] Barth relativiert letztlich alle Identitätsfokusse hinsichtlich seiner Ausgangsfrage, ob sie „Volk" und „Nation" ausmachen. Dadurch gelingt es Barth, ein deterministisches Nationenverständnis zu umgehen, so als ließen sich Menschen askriptiv als einer Na-

---

74 So auch Thomas, „…religiös aushungern" (Anm. 72), 223.

75 KD III/4, 344.

76 Zur Sprache hat der Schriftsteller Heinrich Böll einmal notiert: „Es gibt überhaupt keine höhere Form des Bekenntnisses zu einem Volk, als in seiner Sprache zu schreiben". Zit. nach Ralf Schnell, *Heinrich Böll und die Deutschen*, Köln 2017, 24.

77 Ben Möbius (Art. Nation [J], in: Werner Heun u.a. [Hg.], *Evangelisches Staatslexikon. Neuausgabe*, Stuttgart 2006, 1569–1573, 1571f.) unterscheidet sechs zu einem differenzierten Topoi-Katalog summierte Identitätsfokusse, nach denen das Phänomen Nation empirisch strukturiert untersucht werden könne: 1. den politisch-staatsbürgerlichen, 2. den kulturell-sprachlichen, 3. den abstammungsbezogenen, 4. den ökonomischen, 5. den volkseigenschaftsbezogenen und 6. den klassenzentrierten Identitätsfokus.

78 Stark relativierend bemerkt etwa Barth (KD III/4, 336; dort z.T. kursiv): „[W]ir haben nun – auf drei Linien – im Lichte der Begriffe der Sprache, des Raumes und der Geschichte – aufzufinden versucht, was positiv zu sagen ist. Man könnte hier wohl auch andere Linien ziehen. Man könnte Alles noch spezifizierter sagen und man könnte es an Hand von Beispielen illustrieren."

79 A.a.O., 332. Dort z.T. kursiv.

tion zugehörig bestimmen anhand „objektiv" verstandener Charakteristika wie eben Sprache, Raum und Geschichte.

Auch hier sehen wir eine Entsakralisierungstendenz bei Barth, insofern er Volk und Nation den Nimbus des „Objektiven" bzw. objektiv Festgelegten nimmt. Dazu passt bereits die zu Beginn seiner Ausführungen auffälligerweise äußerst vage Bestimmung des „eignen Volkes"[80], die jeden Determinismus meidet:

> „Wer gehört denn nicht, indem er Mensch ist, nach Gottes Willen und Anordnung zu einer solchen größeren Gruppe, die durch weitere Blutverwandtschaft und biologische Eigenart physisch, durch ihre Vergangenheit und von daher in der Gegenwart durch gemeinsame Sprache und Sitte und vielleicht durch den gemeinsam bewohnten Raum und doch durch einige dieser Merkmale verbunden, auch geschichtlich ein mehr oder weniger deutlich erkennbares Ganzes bildet?"[81]

Barth verschreibt sich weder dem Konzept der deterministischen Kulturnation noch dem der voluntaristischen Staatsnation, wenn man den klassischen Dual bemühen möchte, der sich seit Friedrich Meinecke (1862–1954)[82] politikwissenschaftlich als idealtypisch etabliert hat. Eine deterministische Festlegung scheidet für Barth ebenso aus wie ein voluntaristisches Nationenverständnis, demzufolge die Nation stets eine Willensnation darstellt, basierend auf freier Selbstbestimmung. Solchen Selbstschöpfungs-Hypothesen, nach denen etwa die Bewohner:innen der Insel Sylt eine Nation begründen können, steht Barth in ihrer Sprach-, Raum- und Geschichtsvergessenheit reserviert gegenüber.

Exkurs: Karl Barths theologiegeschichtliche Rekonstruktion der Lehre von den Schöpfungsordnungen

Zur phänomenologischen Strategie der Konstruktion gehört auch die theologiegeschichtliche Rekonstruktion, gewissermaßen die Rekonstruktion als Mittel der Dekonstruktion. Barth möchte einen traditionskritischen Befund

---

80 Vgl. a.a.O., 328: „[D]er Begriff des eigenen Volkes ist kein starrer, sondern ein fließender Begriff."

81 A.a.O., 322.

82 Friedrich Meinecke, *Weltbürgertum und Nationalstaat. Studien zur Genesis des deutschen Nationalstaats (1907)* (Gesammelte Werke 5), hg. von Hans Herzfeld, München 1962.

im Blick auf die Lehre von den Schöpfungsordnungen erheben. Dabei fällt im Blick auf die seitenlangen Ausführungen im Petitdruck[83] das zweistufige Vorgehen Barths auf: Zunächst versucht er genealogisch vorzugehen und die Abkunft des Topos von den Schöpfungsordnungen zu ermitteln. In einem zweiten Schritt zeichnet Barth dann, nachdem er auf dem genealogischen Weg keinen wirklich „Schuldigen" ausmachen konnte, einen Idealtypus der Schöpfungsordnungslehre nach, freilich unter negativem Vorzeichen.

Hinsichtlich des ersten Rekonstruktionsschritts ist es bemerkenswert, dass Barth etwa in Bezug auf die liberale Theologie keine Schuldzuweisung trifft und deren Vertretern von Schleiermacher[84] bis Troeltsch und Harnack keine „positive Vorbereitung"[85] unterstellt.[86] Barth entschuldigt geradezu den Neuprotestantismus[87], wenngleich er natürlich weiß, dass Theologie und Kirche „sowohl gegenüber der religiösen Überhöhung des Nationalen im 19. Jahrhundert als auch der nationalistischen und ‚völkischen' Verzerrung im Nationalsozialismus weitgehend hilflos [waren] und den religiösen Nationalismus"[88] verstärkten. Barth hält aber explizit fest, dass die Rede von den Schöpfungsordnungen nicht aus dem Deutschland des 19. Jahrhunderts stammt, sondern am ehesten noch in dieser Zeit bei dem Dänen N.F.S. Grundtvig (1783–1872) zu finden ist. Ausgeprägt und detailliert ausgeführt werde sie jedoch erst im Deutschland der Zwischenkriegszeit.[89]

Barth referiert sodann in einem zweiten Schritt die Lehre von den Schöpfungsordnungen in idealtypischer Manier und verweist dabei auf den Zentralbegriff des Volksnomos.[90] Ross und Reiter möchte er aber bewusst nicht nennen, da ohnehin bekannt sei, wer die Vertreter seien und er kein nament-

---

83 Vgl. KD III/4, 345–349.

84 Barth verteidigt insbesondere Schleiermacher gegen den „relativ gemäßigten Fürsprecher" (KD III/4, 349) der „Völkischen Bewegung", Heinrich Weinel, dessen Artikel „Völkische Bewegung II" (in: *RGG*² V, Tübingen 1931, 1617–1626) Barth immer wieder in der Abgrenzung als Beleg zitiert.

85 KD III/4, 347.

86 So auch Ruddies, Religion und Nation (Anm. 8), 221.

87 Vgl. KD III/4, 347.

88 Luibl, Art. Nation (Th) (Anm. 36), 1577.

89 Vgl. KD III/4, 346.

90 So a.a.O., 348. Barth paraphrasiert die Auffassung der Vertreter des Volksnomos wie folgt: „In der nationalen Art und Eigenschaft liegt […] ein Gesetz und eine Ordnung vor: der ‚*Volksnomos*', der als solcher nicht nur heilig, sondern die Grundform des göttlichen Gesetzes ist: ‚ein eingestiftetes Sollen aus lebendigem Walten Gottes, aus dem Alles seine Wahrheit und seinen Bestand, seine Urständigkeit als Kreatur hat."

liches „blaming" durchführen wolle.[91] So bleiben etwa Vertreter der Schöpfungsordnungen wie Paul Althaus, Friedrich Gogarten oder auch Emanuel
Hirsch mit seiner Heiligsprechung von Volk und Nation etwa in der Rede
vom Volk als geheiligter Lebensmacht unerwähnt,[92] die ihm durchaus vor
Augen standen.[93] Volk und Nation avancierten bei ihnen ohne Frage zu
quasireligiösen Größen. Barth spricht lapidar vom „Unsinn"[94], der entsteht,
wenn man die Differenz zwischen Schöpfung und Vorsehung, Gebot und
Fügung nicht beachtet. In dieser Unterscheidung bestehe indes die (reli-
gions-)kritische Aufgabe der Theologie.

3.2 Die gebotsethische Strategie der Dekonstruktion

Barth vertritt bekanntermaßen einen gebotsethischen Ansatz, der nun auch
in dem Abschnitt zu den „Nahen und Fernen" durchschlägt. Der vielkri-
tisierte Barthsche Aktualismus[95] entfaltet hier seine spezifische Kraft, und
zwar in einem kritisch-dekonstruktiven Sinne. Nachdem Barth zunächst
phänomenologisch positiv geredet hatte,[96] schließen sich nun kritische Ausführungen an.[97] Die *kritische* Aufgabe der Rede von „Nahen und Fernen"

---

91 Vgl. a.a.O., 345.

92 Vgl. Emanuel Hirsch, *Leitfaden zur christlichen Lehre*, Tübingen 1938, 234. Zum Volk
    als Lebensmacht bei Hirsch vgl. Heinrich Assel, Emanuel Hirsch. Völkisch-politischer
    Theologe der Lutherrenaissance, in: Manfred Gailus / Clemens Vollnhals (Hg.), *Für ein
    artgemäßes Christentum der Tat. Völkische Theologen im „Dritten Reich"*, Göttingen 2016,
    43–67; Michael Hüttenhoff, Volksverbundene Kirche. Die kontextuelle Ekklesiologie
    Emanuel Hirschs, in: Lucia Scherzberg (Hg.), *Vergangenheitsbewältigung im französi-
    schen Katholizismus und deutschen Protestantismus*, Paderborn u.a. 2008, 187–202.

93 So Krötke, Die Schöpfungsordnungen (Anm. 54), 156f.: „Wenn Barth auf ‚Schöpfungs-
    ordnungen' zu sprechen kam, dann stand ihm zeitlebens vor Augen, was ‚lutherische'
    Theologen wie P. Althaus, W. Elert, F. Gogarten, E. Hirsch und viele andere in den drei-
    ßiger Jahren unseres Jahrhunderts über die Geschichte, das Volk, die Rasse, den Boden,
    den Führer als Ausdruck der Ordnung Gottes gesagt haben. So, wie etwa der ‚Ansbacher
    Ratschlag' die Vorstellung von solchen ‚Ordnungen' in Anspruch nimmt, war für Barth
    diese zeitgeschichtliche Zuspitzung der Inbegriff des Verhängnisvollen für die Theologie,
    die Kirche, ja letztlich für die Welt."

94 KD III/4, 349.

95 Vgl. dazu einführend Maßmann, *Bürgerrecht im Himmel und auf Erden* (Anm. 59), 177–
    198; Hofheinz, *„Er ist unser Friede"* (Anm. 18), 380f.

96 So in KD III/4, 320–336.

97 Vgl. a.a.O., 336ff. In dieser Zuordnung zeigt sich übrigens einmal mehr ein dialektisches
    Verhältnis von positiver und kritischer Rede bei Barth.

erwächst der Ethik, allzumal der politischen Ethik, vom Gebot Gottes (als entscheidender Norm)[98] her, das seinerseits kritische (d.h. unterscheidende) Funktion hat.[99] Das Gebot Gottes als *mandatum concretissimum* kann eben nicht mit der Stetigkeit einer Ordnung gleichgesetzt werden. Das wäre geradezu ein naturalistischer Fehlschluss, der von einem Sein auf ein Sollen schließt, empirische Befunde normativ auflädt und dabei nicht bemerkt, dass er in ethisch-moralischer Hinsicht unversehens unter der Hume'schen Guillotine landet.[100] Gewiss zeigt sich Barth auch hier nicht als ein an meta-ethischen Diskursen Interessierter. Aber er besitzt doch einen wachen Sinn dafür, was passiert, wenn das Gottesprädikat „heilig" von Gott auf weltliche Dinge übertragen wird. Hier schreitet er entschieden-wuchtig ein: „Heilig" sind weder Sprache, noch Volk, noch Vaterland, sondern ist Gott alleine![101]

Barths gebotsethische Ausführungen sind, um ein wesentliches Merkmal zu nennen, topologisch grundiert. Barth bemüht nicht nur beiläufig Raum-Metaphern, sondern erklärt die Kategorie des Raumes bereits mit der gewählten Überschrift „Die Nahen und Fernen" hinsichtlich der Thematik von Volk und Nation für zentral. Es geht um deren Verortung im Raum von Gottes Schöpfung. Das Gebot Gottes des Schöpfers trifft den Menschen an einem konkreten Ort an,[102] ohne mit diesem identisch zu sein. Es trifft ihn gleichsam im Übergang, in der Bewegung, auf seinem Weg,[103] seiner *peregrinatio* von den Nahen zu den Fernen.[104] Es geht Barth bei diesem Treffen um das Ereigniswerden des Gebotes Gottes,[105] d.h. aber jeweils um die Konkretion, nicht die Abstraktion. Barth spricht von der konkreten „Platzanweisung"[106]

98　Vgl. a.a.O., 342.

99　Vgl. a.a.O., 336.

100 Gemeint ist David Humes Gesetz, wonach keine rein logische Ableitung von normativen aus deskriptiven Aussagen möglich ist. Vgl. David Hume, *A Treatise of Human Nature (1739/49)*, hg. von Lewis Amherst Selby-Bigge, bearb. von Peter H. Nidditch, Oxford 1985, III,I,1. Vgl. dazu einführend: Christofer Frey, *Theologische Ethik*, Neukirchen-Vluyn 1990, 41. 71f. Kritisch gegenüber Hume: Markus Mühling, *Systematische Theologie: Ethik. Eine christliche Theorie vorzuziehenden Handelns* (UTB 3748), Göttingen 2012, 76–83.

101 Vgl. KD III/4, 333.

102 Vgl. a.a.O., 323f.

103 Vgl. a.a.O., 337.

104 Vgl. a.a.O., 342.

105 Zur Ereigniswerdung des Gebotes Gottes vgl. Wolfgang Lienemann, Das Gebot Gottes als „Ereignis". Bibelgebrauch und freie Verantwortlichkeit in der Ethik Karl Barths, in: *ZDTh* 15 (2/1999), 155–177.

106 KD III/4, 353.

als dem Ort, an dem sich der Mensch vorfindet, wenn das Gebot Gottes Ereignis wird:

> „[D]as Sein im Verhältnis von Nahen und Fernen ist der Ort, wo Gottes Gebot den Menschen findet und in Anspruch nimmt; es ist der Rahmen, in welchem er ihm Gehorsam zu leisten hat. Auf Grund der göttlichen Ordination des Weltgeschehens hat er es gerade an seinem Ort zu hören und hat er ihm gerade in dem ihm damit gegebenen Rahmen Gehorsam zu leisten."[107]

Im Blick auf solche Orte kann Barth auch von Fügung sprechen. Platzanweisung meint Fügung, die wohlgemerkt vom Gebot Gottes zu unterscheiden ist: „[D]ie Fügung als solche [enthält] ja *keinen* Imperativ".[108] Göttliche Fügung meint im Rahmen der Vorsehung keine „ständige Bestimmtheit des Menschen", vielmehr „kann [sie] sich aber, indem sie fortgeht, wandeln."[109] Wer sich in einem bestimmten Volk vorfindet, hat nach Barth nicht dieser Fügung zu gehorchen, sondern dem Gebot Gottes. Im Sinne einer solch relativierenden, ja dekonstruierenden Rede von den gefügten Orten erhalten die Themen „Nation" und „Volk" ihren gebotsethischen Sinn.

Es geht dabei stets nicht nur um das eigene Volk, sondern zugleich auch das Menschenvolk.[110] Das Gebot Gottes trifft uns nach Barth immer so an, dass wir in beiden Beziehungen stehen: in Relation zu den Nahen und den Fernen. Hier zeigt sich ein dialektisches Verhältnis, das der Barthschen Konzeption im Gegensatz zu den starren ordnungstheologischen Konzeptionen ihren beweglichen Charakter verleiht. Nähe und Ferne erweisen sich dabei nicht als zwei separierte Bereiche der Ereigniswerdung des Gebotes Gottes, womöglich gar als selbständige Gestalten desselben; sondern als ein Bereich, freilich als ein in sich differenzierter, und zwar in einer dialektischen Zuordnung.[111] Sie sind dabei keineswegs als Schöpfungsordnungen zu verstehen.[112]

Die Dialektik von Nahen und Fernen als Korrelation zu konzipieren, darin bestand Barths „glänzender Einfall."[113] Die Geländegewinne, die er damit für die politische Ethik erzielt, sind nicht von der Hand zu weisen. Im Zugleich von Öffnung und Schließung, Weitung und Beschränkung zeigt sich

---

107 A.a.O., 342. Dort z.T. kursiv.
108 A.a.O., 344.
109 Ebd.
110 Vgl. a.a.O., 323.
111 Vgl. a.a.O., 337.
112 Vgl. a.a.O., 337. 344.
113 Ruddies, Religion und Nation (Anm. 8), 215.

Barths Erschließungsgeschick von Nah- und Fernbereich, von Volk/Nation und Menschheit, Partikularität und Universalität.[114] Die politisch-ethischen Geländegewinne erweisen sich zugleich als Gewinne an Bewegungsfreiraum, also als Mobilitätszugewinne, so dass, wenn man so will, niemand übergangen wird:

> „Denn die Nahen und die Fernen stehen nicht statisch nebeneinander, sondern dynamisch zueinander: Annäherung an die Fernen und Entfernung von den Nahen ist das dynamische Gesetz des menschlichen Lebens, man könnte auch sagen: Überwindung der Fremdheit und Einkehr in die Heimat, aber immer so, daß diese Dialektik ein Ziel hat: im Aufbruch von den Nahen zu den Fernen, um so die eine Welt zu einer menschlichen Gemeinschaft zu gestalten.“[115]

Hier wird eine dialektisch grundierte teleologische Struktur erkennbar.[116] Um es noch einmal ergebnissichernd festzuhalten und – soweit überhaupt möglich – einigermaßen begriffsfest zu machen: Die Orte, an denen das Gebot Gottes den Menschen trifft, bestimmt Barth als Anordnungen (*ordinationes*), als Fügungen in Gottes Vorsehung,[117] nicht als (Schöpfungs-)Ordnungen (*ordines*).[118] Oder um den Plural zum Singular zu variieren: Ein Volk ist nach Barth nicht als *ordo* zu verstehen, sondern *ordinatio*.[119] Die Rede vom *ordo* des Volkes und des Volkstums etwa weist Barth auf das Schärfste

---

114 Auch das Universale denkt Barth durchgängig als das „konkrete Universale“. So Eberhard L.J. Mechels, *Kirche und gesellschaftliche Umwelt. Thomas – Luther – Barth* (NBST 7), Neukirchen-Vluyn 1990, 173.

115 Ruddies, Religion und Nation (Anm. 8), 216. Dort z.T. kursiv. Treffend bemerkt auch Luke Bretherton, *Christ and the Common Life. Political Theology and the Case for Democracy*, Grand Rapids 2019, 315: „The movement leads us relentlessly from a narrower to a wider sphere, from our own people to other human peoples. Barth's position reflects a deep theo-logic within the Christian tradition, which orders the good of a community as being fulfilled in the good of humanity, which is itself fulfilled in communion with God.“

116 So auch Luke Bretherton, *Christianity and Contemporary Politics. The Conditions and Possibilities of Faithful Witness*, Malden u.a. 2010, 132.

117 Zur Vorsehungslehre Barths vgl. jetzt André Jeromin, *„Es wird regiert ...“ Gottes Weltregierung als Teil der providentia Dei nach Karl Barth* (Studien zur systematischen Theologie und Ethik 70), Berlin 2021.

118 Vgl. KD III/4, 341.

119 Vgl. a.a.O., 345. Treffend bemerkt Thomas, „...religiös aushungern!“ (Anm. 72), 223: „Um die Nation theologisch zu entwerten, verwendet er [scil. Barth; M.H.] formal die orthodoxe Unterscheidung zwischen göttlichen Ordnungen als bleibenden Bestimmungen und göttlichen Ordnungen oder Dispositionen, die nicht wesentlich, sondern kontingent sind.“

zurück,[120] indem er sie als „häretisch"[121] apostrophiert und dem „Völkergott" zuordnet und damit implizit auf Ps 96,5 rekurriert: „Denn ein Nichts ist jeder *Völkergott*. Doch JHWH hat den Himmel gemacht." Barth scheint mir hier unausgewiesener Maßen Bezug zu nehmen auf die Distinktion zwischen Völkergott und Weltgott, wie sie der Zürcher Alttestamentler Ludwig Köhler (1880–1956) in seiner „Theologie des Alten Testaments" geprägt hat,[122] wenn er denkbar scharf abgrenzt:

> „Der Vater Jesu Christi, der als solcher der Schöpfer ist, ist in diesem Völkergott nicht wiederzuerkennen: er ist es nicht, der jenes besondere Gebot gibt, und er ist es auch nicht, der den Menschen so geschaffen hat. Also ist dieser Völkergott ein fremder Gott und sein Dienst ein Opfern auf fremden Altären, jene Lehre eine fremde Lehre, die die Verkündigung der christlichen Kirche nur stören und zerstören und also auch für die Welt nicht Heil, sondern nur Unheil bedeuten kann. Das ist der Grund, weshalb man sich jener Behauptung und Lehre enthalten soll."[123]

Barths gebotsethische Strategie wird, auch darin zeigen sich politisch-ethische Gelände- und Mobilitätsgewinne, in seinen Ausführungen alles andere als paradigmatisch enggeführt. Vielmehr bedient sie sich munter sowohl tugendethischer als auch güterethischer Motive. Tugenden wie Offenheit und Treue kann Barth als Offenheit für die Fernen und Treue zu den Nahen[124] ebenso wertschätzen wie die Güter von Sprache, Raum und Ge-

---

120 Die 5. These der „Barmer Theologischen Erklärung" beruht ebenfalls auf der Unterscheidung zwischen Anordnung und Ordnung (*ordinatio* und *ordo*), wenn sie im Blick auf den Staat von „göttlicher Anordnung" spricht und die Rede vom Staat als „einziger[r] und totale[r] Ordnung" verwirft. Wie Ernst Wolf (*Barmen. Kirche zwischen Versuchung und Gnade* [BEvTh 27], München ³1984, 144) hervorhebt, redet Barmen V „vom Staat nicht als von einer göttlichen Ordnung und damit vom Sein und Wesen des Staates" (Staatsmetaphysik), „sondern von ihm als Anordnung Gottes, also rein feststellend vom Daß von Staat." Eberhard Busch (*Die Barmer Thesen 1934–2004*, Göttingen 2004, 74) betont zu Recht: „Im Unterschied zum Begriff ‚Ordnung', der in dem Verwerfungssatz kritisch beleuchtet wird, sagt der Begriff ‚Anordnung', dass der Staat abhängig bleibt von dem, der ihn angeordnet hat, und auch überprüfbar bleibt hinsichtlich des Zwecks seiner Anordnung."
121 KD III/4, 345.
122 Vgl. Ludwig Köhler, *Theologie des Alten Testaments*, Tübingen (1936) ⁴1966, 67–69. Dazu: Rudolf Smend, Ludwig Köhler 1880–1956, in: ders., *Kritiker und Exegeten. Porträtskizzen zu vier Jahrhunderten alttestamentlicher Wissenschaft*, Göttingen 2017, 634–647.
123 KD III/4, 345.
124 Vgl. a.a.O., 336.

schichte (freilich nicht als Selbstzweck, sondern als Mittel des Gebotsgehorsams bzw. als Mittel „zum Lob Gottes und zur Liebe zu seinem Nächsten"[125]). Auch der deontologischen Rede von „Liebes- und Treuepflicht"[126] kann sich Barth bedienen. In all dem erweist sich Barths gebotsethische Strategie als eine konsequente Strategie der Dekonstruktion. D.h. sie destruiert nicht nur in einem rein negativen Sinne, sondern sie gelangt – wie Barth selbst sagt – zu „eine[r] ganz bestimmte[n] Bejahung von Heimat, Vaterland und Volk"[127], aus der sich aber – nota bene! – kein Recht zu einer „auf eigenen Füßen gehenden Vaterlandstheologie"[128] ableiten lässt.

Man gewinnt bei Barths Ausführungen den Eindruck, als wolle er mittels Dekonstruktion insbesondere den Deutschen nach dem Krieg einschärfen: Eure Nation, euer Volk, „zu dem ihr gehört, ist kein metaphysischer Ort [...], kein Ort, der vor anderen Orten Europas und der Welt besonders ausgezeichnet wäre und darum beherrschende Funktionen anstreben könnte, sondern Deutschland ist der Ort, an dem sich die deutsche Nation aufhält, mit anderen Völkern vielfach verbunden ist und mit ihnen allen die eine Menschheit ausbilden soll."[129]

3.3 Die biblisch-theologische Strategie einer Redimensionierung der Thematik

Wie immer bei der Behandlung ethischer Probleme, so klopft Barth auch beim Problem „Volk und Völker"[130] das biblische Zeugnis[131] ab. Er hält zunächst dreierlei fest: Erstens sei die Urgeschichte in Gen 1–11 von der mit der Erwählung und Berufung Abrahams (in Gen 12) einsetzenden Bun-

---

125 A.a.O., 329.

126 Ebd.

127 Ebd.

128 Ebd.

129 Ruddies, Religion und Nation (Anm. 8), 216.

130 KD III/4, 349.

131 Zur theologischen Exegese Barths vgl. einführend Gerhard Bergner, *Um der Sache willen. Karl Barths Schriftauslegung in der Kirchlichen Dogmatik* (FSÖTh 148), Göttingen 2015; Daniel L. Migliore (Hg.), *Reading the Gospels with Karl Barth*, Grand Rapids 2017; Ben Rhodes / Martin Westerholm (Hg.), *Freedom under the Word: Karl Barth's Theological Exegesis*, Grand Rapids 2019; Richard Burnett, Barth and Theological Exegesis, in: George Hunsinger / Keith L. Johnson (Hg.), *The Wiley Companion to Karl Barth. Vol 2: Barth in Dialogue*, London 2020, 727–738.

des- und Heilsgeschichte zu unterscheiden.[132] Während es nämlich in der Urgeschichte primär um die Weltgeschichte gehe, gehe es in der Bundesgeschichte um das aus den Völkern berufene und erwählte Volk Israel.[133] Die Mitte der Geschichte ist nach Barth nicht die Weltgeschichte, sondern die Bundesgeschichte.[134] Zweitens sei das Problem der Völker und der Menschheit in der Urgeschichte zunächst unsichtbar und trete erst im Übergang zur Bundes- und Heilsgeschichte in Gen 10f. in Erscheinung. Von Adam bis Noah (Gen 3–9) aber seien die Völker noch nicht im Blick.[135] Drittens würden die vielen Völker und ihr Auseinandergehen in den beiden Berichten von der Völkertafel (Gen 10) und vom Turmbau zu Babel (Gen 11,1–9) erst auf dem Hintergrund der anhebenden Bundesgeschichte notwendig.[136]

a) Die Völkertafel (Gen 10) und der Turmbau zu Babel (Gen 11)

In seiner Auslegung der Völkertafel ausgehend von Noah und seinen drei Söhnen Sem, Ham und Jafet betont Barth die hier in der Verzweigung sichtbar werdende „*gegliederte* Universalität"[137], die nicht abstrakt, sondern konkret sei und auch Vielfalt keineswegs perhorresziere. Barth betont vielmehr im Blick auf die Zerteilung und Verzweigung in diverse Völker: Der Text „sieht nichts Schlimmes darin, daß die Geschichte jenes einen Menschenvolkes als solche nun offenbar vorläufig zu ihrem Ziel und Ende gekommen ist, daß sie nun in dieser vielfachen Gestalt weitergeht."[138]

Distinkt neben und nicht etwa hinter die Völkertafel gestellt sei die Erzählung vom Turmbau zu Babel. Beide Berichte würden von einer Einheit

---

132 Zur Bundestheologie Karl Barths vgl. Eberhard Busch, Der eine Gnadenbund. Karl Barths Föderaltheologie, in: *ThQ* 176 (1996), 341–354; ders., *Unter dem Bogen des einen Bundes. Karl Barth und die Juden 1933–1945*, Neukirchen-Vluyn 1996, 437–491; ders., Der theologische Ort der Christologie. Karl Barths Versöhnungslehre im Rahmen des Bundes, in: *ZDTh* 18 (2002), 121–137; Marco Hofheinz, Der Bund als Raum der Freiheit. Die Kirchenkampfentdeckung einer Freiheitsheterotopie bei Karl Barth und Alfred de Quervain, in: *ZDTh* 39 (1/2023), 100–133; Bertold Klappert, *Promissio und Bund. Gesetz und Evangelium bei Luther und Barth* (FSÖTh 34), Göttingen 1976; Mechels, *Kirche und gesellschaftliche Umwelt* (Anm. 114), 243–265; Michael Weinrich, Bund, in: Michael Beintker (Hg.), *Barth Handbuch*, Tübingen 2016, 313–320.
133 Vgl. KD III/4, 349f.
134 Vgl. a.a.O., 335.
135 Vgl. a.a.O., 351f.
136 Vgl. a.a.O., 352f.
137 A.a.O., 353.
138 Ebd.

ausgehen, die sich auflöse, wobei in der Turmbaugeschichte diese Auflösung als Zerstreuung und Sprachverwirrung ungleich negativer dargestellt werde als in der Völkertafel, die – wie gesagt – keine Kritik an der Zerteilung und Verzweigung des einen Menschenvolkes artikuliert. Die Zerstreuung und Sprachverwirrung werde indes in der Turmbaugeschichte als „ein Werk des göttlichen Zornes"[139] und als eine „Fügung des Gerichtes Gottes"[140] gedeutet, wobei Barth aber selbst noch in diesem Gericht die Gnade Gottes zu erkennen vermag.[141] Das Gericht Gottes treffe die Hybris des Menschen, der sich selbst mit dem Turmbau einen Namen machen will (Gen 11,4), obwohl ihm doch längst ein Name gegeben ist (Gen 4,26). Barth zieht hier die Verbindungslinie zur Sündenfallgeschichte, da auch hier der Mensch aus Gottes Gnade heraustreten und sein wolle wie Gott (Gen 3,5).[142] Jedoch bewahrt ihn die göttliche Sprachverwirrung und Zerstreuung davor, sich selbst ultimativ zu zerstören. Die Zerstreuung ist nach Barth zwar Gericht, aber nicht ohne gnädigen Grundsinn, zumal sich hier zugleich die Bewahrung zeige: Die Menschen werden nur verwirrt, nicht aber gesamthaft ausgelöscht.

Die Barthsche Exegese erweist sich gerade in dieser Spitzenaussage als transparent und zwar hin auf seine grundsätzliche Verhältnisbestimmung von Evangelium und Gesetz:[143] So wie es keinen zuspruchslosen Anspruch Gottes gibt, kein Gesetz, in dem sich nicht zugleich die Zuwendung Gottes, mithin sein Evangelium manifestiert,[144] so gibt es auch kein gnadenloses Gericht nach Barth. Und Barth sieht auch, dass sich in der Turmbaugeschichte über das Motiv des Heimwehs, das der Text wachrufe (Barth argumentiert hier geradezu rezeptionsästhetisch!), ein eschatologischer Überschuss (gewissermaßen ein „Schuss Retropie") einspielt, der ethisch motiviert und mobilisiert, und zwar dazu, sich nicht nur den Nahen, mit denen man sich versteht, sondern auch den nicht mehr zu verstehenden Fernen dynamisch zuzuwenden.

---

139 A.a.O., 354. Dort z.T. kursiv.

140 Ebd. Dort z.T. kursiv.

141 Zum Gerichtsverständnis vgl. Gregor Etzelmüller, *… zu richten die Lebendigen und die Toten. Zur Rede vom Jüngsten Gericht im Anschluß an Karl Barth*, Neukirchen-Vluyn 2001.

142 Vgl. KD III/4, 355f.

143 Vgl. Karl Barth, Evangelium und Gesetz (1935), in: Karl Barth, *Vorträge und kleinere Arbeiten 1935–1937* (GA III), hg. von Lucius Kratzert / Peter Zocher, Zürich 2021, 179–220.

144 Vgl. Eberhard Busch, *Die große Leidenschaft. Einführung in die Theologie Karl Barths*, Darmstadt ²2001, 161.

b) Der israeltheologische Einschub

Sehr bemerkenswert ist innerhalb des Petitdrucks der israeltheologische Einschub.[145] Denn er liefert nicht mehr und nicht weniger als den Schlüssel zur dialektischen Figur der Nahen und Fernen. Dass es sich bei ihrem Verhältnis zueinander eben nicht um eine „endlose und unaufhebbare"[146] ethische Dialektik, gewissermaßen ein ewiges Pingpong, handelt, entwickelt und klärt („exploriert") er scheinbar *en passant* im exegetischen Exkurs, der aber bei Licht betrachtet viel mehr ist als ein solcher, indem er eine Redimensionierung der gesamten Thematik in ihrem biblisch-theologischen Begründungszusammenhang liefert.

Barth zeichnet die Thematik in den teleologischen Referenzrahmen der Bundesgeschichte Gottes mit seinem Volk Israel ein, die als solche zugleich die Heilsgeschichte für alle Völker ist. Aus dem israeltheologischen Richtungssinn, der in einem spezifischen Sinne von Israel zu den Heiden verläuft und mit diesem Verlauf die Bundesgeschichte charakterisiert, resultiert der unumkehrbare Richtungssinn von den Nahen zu den Fernen.

Barth lenkt, um dies zu veranschaulichen, den Blick über die Urgeschichte hinaus auf Gen 12 und die Verheißung an Abram: „In dir sollen gesegnet werden alle Geschlechter auf Erden" (Gen 12,3). Textuell variierend zwischen den Testamenten kann Barth auch Joh 4,22 zitieren: „Das Heil kommt von den Juden." In dieser Verheißung spiegele sich das Verhältnis von Israel und den Völkern wider, insofern Israel als das eine Volk – wie Barth sagt – „exemplarisch für die *vielen* Völker"[147] steht und diese zugleich „repräsentiert durch dieses *eine* Volk"[148] werden. Barth grenzt sich durch diese inklusive bundestheologische Argumentation, die die Heidenvölker nicht aus- sondern einschließt, von nationalistischen Verdachtsmomenten und

---

145 Zur Israeltheologie Karl Barths vgl. die einschlägigen Arbeiten von Busch, *Unter dem Bogen* (Anm. 132); Bertold Klappert, *Israel und die Kirche. Erwägungen zur Israellehre Karl Barths* (TEH 207), München 1980; Friedrich-Wilhelm Marquardt, *Die Entdeckung des Judentums für die christliche Theologie. Israel im Denken Karl Barths* (ACJD 1), München 1967. Fernerhin: Katherine Sonderegger, *That Jesus Christ Was Born a Jew. Karl Barth's „Doctrine of Israel"*, University Park 1992. Jetzt auch Stefanie Sippel, *Die große Unmöglichkeit. Karl Barths Abweisung der Judenmission* (FRTh 10), Göttingen 2020, sowie die Beiträge in: George Hunsinger (Hg.), *Karl Barth, the Jews, and Judaism*, Grand Rapids 2018.

146 KD III/4, 359.

147 A.a.O., 361.

148 Ebd.

Unterstellungen ab. Zugleich betont Barth, ein weiteres Mal sich gegenüber nationalistischen Vereinnahmungsversuchen abgrenzend, den Status Gottes (und nicht etwa Israels) als Subjekt der Heilsgeschichte und als Initiator des Bundes: Israel „hat außer ihm *keine* nationale Substanz. Nicht es als dieses Volk bildet jene Mitte aller Völker, sondern dieser sein Gott".[149]

Sofern Gottes heilsgeschichtlicher Weg zu den Völkern über Israel verläuft, verläuft auch der Weg von den Nahen zu den Fernen nicht nationalistisch. Das hieße ja, dass die Nahen bei den Nahen bleiben und sich verabsolutieren. Nein, der Verlauf des Weges zeigt sich, wie die bundestheologische Teleologie zu erkennen gibt, als ein internationaler und universaler, freilich nicht unter Ausklammerung der jeweiligen Nationen und Völker, sondern sie bleibend einschließend und dann erst ihren Nahbereich in einer Öffnungsbewegung überschreitend.[150] Hans-Joachim Kraus hat die bundestheologische Argumentation Barths ganz im Barthschen Sinne auf ihre israeltheologische Pointe gebracht, wenn er die treffende Formel prägte: „Gott kommt in Israel zur Welt."[151] Barths israeltheologisches Interpretament entschlüsselt die topologische Rede von der „Platzanweisung", indem es den Bund als Ort der *ordinatio Dei* bzw. Fügung Gottes ausmacht. Barth kann diesen hochbedeutsamen Einschub abschließen mit der Bemerkung: „Es ist die Tatsache Israel, die wenn sie beachtet wird, dieses Verständnis der göttlichen Fügung als einer gezielten Bewegung, und ihre Anerkennung als den Vollzug einer bestimmten Ausrichtung gebieterisch und unvermeidlich macht."[152]

c) Die Pfingstgeschichte (Apg 2)

Den langen bibeltheologischen Abschnitt im Petitdruck abschließend, verbindet Barth testamentsübergreifend Völkertafel und Turmbaugeschichte mit der Pfingstgeschichte in Apg 2. Er greift dabei die israeltheologischen

---

149 Ebd. Treffend Moseley, *Nations and Nationalism* (Anm. 4), 178: „Israel is a people or nation only due to God's election."

150 Den Überschreitungscharakter hat mit Rekurs auf Karl Barths Schrift „Christengemeinde und Bürgergemeinde" (1946) (in: ders., *Rechtfertigung und Recht / Christengemeinde und Bürgergemeinde* [ThSt 104], Zürich ⁴1989, 49–82) Hans Helmut Eßer (*Volk und Nation in der evangelischen Ethik* [Das Gespräch Heft 73], Wuppertal 1968, 8) hervorgehoben, indem er betont, dass die Christengemeinde auch die Bürgergemeinde überschreite und zwar „nach außen ökumenisch, weltweit im Friedensstiften und anderem."

151 Hans-Joachim Kraus, *Systematische Theologie im Kontext biblischer Geschichte und Eschatologie*, Neukirchen-Vluyn 1983, 143. Dort kursiv.

152 KD III/4, 362. Dort z.T. kursiv.

Einsichten aus dem Einschub betont auf und führt sie zu Ende. Dabei interpretiert er Pfingsten als Israelwerdung der Völker und als „Ziel und Abschluß der Geschichte Israels und damit der Weltgeschichte".[153] Pfingsten, so Barth, sei als ein Sprechwunder und als ein Hörwunder zu verstehen, mittels dessen der Heilige Geist, verstanden als die „Gegenwart, Vollmacht, Kraft und Wirkung Jesu"[154], die Brücke zwischen den Nahen und Fernen schlage. Dieser Brückenschlag finde im „Raum Israels selbst"[155] statt und sei als ein Erfüllungsgeschehen zu verstehen, das das Alte Testament weder entleere noch Lügen strafe.[156]

Das Pfingstwunder als Sprech- und Hörwunder sieht Barth auf zwei Gruppen aufgeteilt: die Galiläer, Barth kann auch vom „Grenzisrael" sprechen, die in anderen Sprachen „tönen"[157], und ein Diasporaisrael aus den Völkern. Beide bilden als Gemeinde Jesu, als die nach Eph 2,13f. Nahen und Fernen, ein „neues Israel", in dem Gott Frieden gemacht habe.[158] Hier wird mit der Öffnung zu den Heidenvölkern in Gestalt des Grenz- und Diasporaisraels zugleich deren „Israelwerdung" betont, so dass der Weg, wenn man so will, nicht nur von Israel zu den Völkern, sondern in gewisser Weise von den Heiden wieder zurück zu Israel, wohlgemerkt dem „neuen Israel", verläuft.

Dieser Weg führt über Jesus Christus, den personalen Frieden, der, so Barth, als der König Israels „der Herr der ganzen Welt"[159] ist. Zusammenfassend stellt Barth fest:

---

153 A.a.O., 366.

154 A.a.O., 362.

155 A.a.O., 365.

156 Vgl. a.a.O., 366: „Gerade der in den Taten der Apostel wirksame Gott wird der Gott des Alten Testamentes sein, der sein Wort nicht zurücknimmt, sondern hält, der sich selbst ins Recht und nicht ins Unrecht setzt."

157 Vgl. a.a.O., 363.

158 Aus exegetischer Sicht lässt sich zu Eph 2,13f. feststellen: Hier erfolgt eine Bezugnahme auf Jes 57,19, so dass sich Jesu Kommen nach Eph 2,13f. als „Erfüllung der göttlichen Friedensverheißung von Jes 57,19 für die Nahen und Fernen, d.h. für Juden und Heiden", verstehen lässt. So Peter Stuhlmacher, *Biblische Theologie des Neuen Testaments. Bd. 2: Von der Paulusschule bis zur Johannesoffenbarung*, Göttingen 1999, 17. Ulrich Luz (Der Brief an die Epheser, in: Jürgen Becker / Ulrich Luz, *Die Brief an die Galater, Epheser und Kolosser* [NTD 8/1], Göttingen 1998, 107–180, 137) weist darauf hin, dass der Verfasser des Epheserbriefes Jes 57,19 im Lichte des Kolosserhymnus (Kol 1,15–20) auslegt. Barth stellt den Bezug zu Jes 57,10 nicht her, bezieht Eph 2,13f. aber – wie gezeigt – vermittelt über Apg 2 auf das aus Juden und Heiden bestehende „neue Volk".

159 KD III/4, 366.

„Die Pfingstgeschichte sagt gerade in ihrem Bericht vom Pfingstwunder, wie
die Entscheidung zum Ausblick und Aufbruch von den Völkern her zu dem einen Volk Gottes hin, wie also das rechte Verständnis der göttlichen Fügung von
Gen. 10 und 11 als einer gezielten göttlichen Absicht und wie deren Anerkennung in Form der entsprechenden Ausrichtung von den Nahen zu den Fernen,
aus der Enge in die Weite, Ereignis wurde."[160]

3.4 Karl Barths politisch-ethische Unterlassungstat:
Die unexplizierte föderalistische Argumentation(sstrategie)

Zu dem Wohltuendsten in Barths Ausführungen gehört sein bisweiliges
Schweigen, etwa zum Nationalstaat.[161] Hier schweigt Barth qualifiziert und
beredt. Treffend hat Günter Thomas darauf hingewiesen:

> „Die erste implizite, aber entscheidende Entscheidung Karl Barths ist es, die
> Frage nach der Nation von der Frage nach dem Staat zu trennen. Der Natio-
> nalstaat ist nicht das Problem, das er diskutieren will. Indem er die Idee zu-
> rückweist, dass eine ‚Nation' auf einen Ein-Nationen-Staat zurückgeht, macht
> er eine starke Aussage – sowohl als Schweizer als auch als Theologe."[162]

Ja, Barth ist Schweizer und er denkt in der Tat nicht nationalstaatlich.
Barth hatte seine „Überdosis Deutschland" bekommen, ja schmerzhaft am
eigenen Leibe erfahren, und war von daher bereits „abgelöscht", noch bevor
er überhaupt nationalistischen Fieberschüben der „Heimholung ins Reich"
oder dergleichen erliegen konnte. Freilich darf man Deutschland nicht
„nahtlos"[163] dem Typus des Nationalstaates zuordnen, da es hierzulande, anders als etwa in Frankreich, starke föderale Strukturen (etwa im „Deutschen
Bund" bzw. „Norddeutschen Bund") gab, die das Miteinander der Einzel-
staaten vor und nach der Reichsgründung (1871) betrafen.

---

160 Ebd. Dort z.T. kursiv.

161 Eßer (*Volk und Nation in der evangelischen Ethik* [Anm. 150], 8) hat darauf hingewie-
    sen, dass in Barths Verhältnisbestimmung von „Christengemeinde und Bürgergemeinde"
    (Anm. 150) „Bürgergemeinde [...] nicht gleich Nationalstaat [ist], sondern [...] einem
    republikanischen Stadtstaat-Modell" entspricht.

162 Thomas, „...religiös aushungern!" (Anm. 72), 222.

163 Christoph Möllers, Art. Nationalstaat, in: Werner Heun u.a. (Hg.), *Evangelisches Staatsle-
    xikon. Neuausgabe*, Stuttgart 2006, 1601–1604, 1603.

Doch fragen wir zunächst einmal, um den Problemzusammenhang näher zu erläutern, was ein „Nationalstaat" überhaupt ist.[164] Der Berliner Rechtsphilosoph Christoph Möllers definiert: „Nationalstaat ist ein Staat, in dem die staatliche Herrschaftsorganisation mit einem anderweitig definierten Raum kollektiver Identität, einer Nation, zusammenfällt."[165] Das Problem des Nationalstaates besteht nach Möllers nun darin, dass „[d]ie Identifikation eines staatlichen Herrschaftsverbandes mit einer nationalen Identität [...] innerhalb des Nationalstaates Vorrang vor anderen Gruppenidentitäten"[166] beansprucht. Dabei verspricht der Nationalstaat, wenn man so will, mehr als er halten kann. Denn trotz der beanspruchten Vorrangstellung „lassen sich Entstehen und Vergehen von Nationalstaaten ohne den Blick auf ökonomische und soziale Zusammenhänge nicht erklären. Dies wirft die Frage auf, nach welchen Kriterien Identitäten entstehen, die in der Lage sind, Nationalstaaten zu bilden."[167]

Der Nationalstaat bedarf mit anderen Worten bestimmter Hintergrundidentitäten,[168] ähnlich wie der weltanschaulich neutrale Rechtsstaat, der bekanntermaßen nach Böckenförde „von Voraussetzungen lebt, die er selbst nicht liefern kann."[169] Dem Nationalstaat ist mit anderen Worten ein Unterdrückungspotential gegenüber anderen Gruppen(identitäten) inhärent. Und es scheint mir, historisch geurteilt, kein Zufall zu sein, dass Deutschland erst nach der Reichsgründung, d.h. als zentralisierter und homogenisierter Nationalstaat auf koloniale Eroberungen und territoriale Konvergenz von Staats- und Kulturnation drängte.[170] Daran konnte der Nationalsozialismus

---

164 Zur Diskussion um die Nationsbildung in der Geschichtswissenschaft vgl. Dieter Langewiesche, *Reich, Nation, Föderation. Deutschland und Europa*, München 2008.

165 Möllers. Art. Nationalstaat (Anm. 163), 1601.

166 Ebd.

167 Ebd.

168 Zu den Gruppenidentitäten vgl. Maximilian Schell, Gruppe und Identität. Der „Social Identity Approach" im Gespräch mit theologischer Anthropologie und Ethik, in: *EvTh* 81 (2021), 51–64; zur kulturellen und nationalen Identität: Christian Polke, Über kulturelle und nationale Identität. Anmerkungen zu einem verdrängten Thema, in: *ZEE* 62 (2018), 244–247.

169 Ernst-Wolfgang Böckenförde, Die Entstehung des Staates als Vorgang der Säkularisation (1964), erweitert und überarbeitet in: ders., *Der säkularisierte Staat. Sein Charakter, seine Rechtfertigung und seine Probleme im 21. Jahrhundert*, München 2007, 43–72, 72. Dazu: Wolfgang Lienemann, *Grundinformation Theologische Ethik* (UTB 3138), Göttingen 2008, 302–319.

170 So in Anlehnung an Florian Keisinger, Am Anfang war die Föderation, in: *SZ* Nr. 13 vom 13.1.2021, 12.

mit seiner Volkstumspolitik der propagierten „Heimholung [scil. der Volks-deutschen] ins Reich" im Fall des Annexion des Sudentenlandes und Öster-reichs anknüpfen.

Gleichwohl dient das Modell des Nationalstaates bis heute „nicht selten als das dominante Modernisierungs- und Entwicklungsmodell politischer Ordnungen auf der ganzen Welt, als der anzustrebende Normalfall".[171] An-ders verhält es sich aber mit dem Föderalismus bzw. föderalen Ordnungen, „deren Struktur gerade nicht eine homogene definierbare Hintergrundiden-tität voraussetzen muss".[172] Barth hatte nicht nur als Schweizer, sondern auch als Theologe, genauer gesagt als Föderaltheologe,[173] eine starke Affinität in Richtung des Föderalismus. Zweierlei weist im Textabschnitt „Die Nahen und die Fernen" darauf hin: Zum einen führt Barth explizit das Stichwort „Bundesordnung" an, verweist diesen Topos allerdings in die Versöhnungs-lehre, wo von der politischen Gestalt des Gebotes Gottes „als Aufruf zum Staat, der zwar keine Schöpfungsordnung, wohl aber eine echte besondere Bundesordnung ist"[174], zu reden sei. Zu den angekündigten Ausführungen ist aber Barth in der „Kirchlichen Dogmatik" leider nicht mehr gekommen. Die Ethik der Versöhnungslehre blieb bekanntermaßen Fragment. Zum an-deren beruft sich Barth explizit auf den „Genfer Völkerbund"[175], den er gegen einen ungenannt bleibenden Schöpfungsordnungstheologen in seiner Aus-legung des Turmbaus zu Babel verteidigt.

In seiner berühmten Rede „Im Namen Gottes des Allmächtigen" zum Nationalfeiertag am 1. August 1941 in Gwatt bei Thun konnte Barth die Kantsche Idee eines Föderalismus freier Rechtsstaaten stark machen,[176] wenn er betonte, dass die Schweiz in ihrer Existenz die „Idee einer durch das

---

171 Möllers, Art. Nationalstaat (Anm. 163), 1602. Dieter Langewiesche (*Vom vielstaatlichen Reich zum föderativen Bundesstaat. Eine andere Geschichte* [Heidelberger Akademische Bibliothek 5], Stuttgart 2020, 1) spricht kritisch vom „europäischen Normalweg".

172 Möllers, Art. Nationalstaat (Anm. 163), 1602.

173 Vgl. Fußnote 132.

174 KD III/4, 343.

175 A.a.O., 354.

176 Vgl. den „Zweiten Definitivartikel zum ewigen Frieden", in: Immanuel Kant, *Zum ewigen Frieden* (1795), BA 30 (Werke, hg. von Wilhelm Weischedel, Bd. 9, Darmstadt 1964, 208): „Das Völkerrecht soll auf einen Föderalism freier Staaten gegründet sein." Zur Stärke die-ser Idee vgl. Michael Welker, *Zum Bild Gottes. Eine Anthropologie des Geistes. Gifford Lec-tures 2019/20*, Leipzig 2021, 97–101, bes. 100.

Recht verbundenen Gemeinschaft freier Völker von freien Menschen"[177] verkörpere. Man beachte wiederum, dass Barth – anders als Kant es im 2. Definitivartikel „Zum ewigen Frieden" (1795) tut – auch hier den Begriff „Volk" bzw. „Völker" gebraucht und an den institutionellen Zusammenhang des damaligen „Völkerbundes" (engl. „League of Nations") anknüpft. Mit Blick auf unseren Abschnitt der „Nahen und der Fernen" hätte ich mir freilich gewünscht, dass Barth nicht nur vom Nationalstaat schweigt, sondern explizit ein Plädoyer für föderale Strukturen stark gemacht hätte. Viele Beispiele und nicht zuletzt das der Schweiz zeigen ja, dass „stabile Demokratien gar nicht dem Modell des Nationalstaates folgen müssen."[178]

Aber nun gibt es nun einmal den Nationalstaat – auch in Europa.[179] Barths Konzeption der „Nahen und Fernen" kann uns im Blick auf die aktuellen Herausforderungen zumindest zu verstehen helfen, warum man etwa für den Erfolg der europäischen Integration nicht nur nationale Identitäten braucht und Europa nicht nur ein Europa der Nationen – Charles de Gaulles berühmtes „Europa der Vaterländer" (*l'Europe des patries*) – sein kann, ein Europa also, in dem sich alle Mitglieder als Nationen verstehen. Vielmehr sind in vielen Mitgliedsstaaten regionale Identitäten (so etwa in Belgien oder Spanien) oder gar kommunale (wie etwa in Italien) „mindestens ebenso wichtig wie die nationale."[180] Der moderne Nationalstaat tut sich indes äußerst schwer damit, Souveränität zu teilen. Er tut sich jedenfalls schwerer damit, die Vielfalt zu schätzen, als dies der Föderalismus tut, der um die pazifizierende Wirkung des Bundes unter den Verbündeten weiß: Mit Verbündeten lebt man in Frieden. Das jedenfalls scheint mir ein wesentlicher Aspekt des Föderalismus-Gedankens zu sein.

---

177 Karl Barth, Im Namen Gottes des Allmächtigen! 1291–1941. Vortrag, gehalten im Juni 1941, in: ders., *Eine Schweizer Stimme 1938–1945*, Zollikon-Zürich 1945, 201–232. Dazu: Hofheinz, *„Er ist unser Friede"* (Anm. 18), 445f.; Lienemann, Karl Barth (Anm. 61), 42f.

178 Möllers, Art. Nationalstaat (Anm. 163), 1603.

179 Zu Barth und Europa vgl. Kai-Ole Eberhardt, Karl Barths Theologie für ein Europa in der Krise. Die politische und die pneumatologische Dimension der christlichen Verkündigung, in: Marco Hofheinz / Kai-Ole Eberhardt (Hg.), *Römerbrief und Tageszeitung! Politik in der Theologie Karl Barths*, Tübingen 2021, 203–234; Gregor Etzelmüller, Karl Barth als Europäer und europäischer Theologe, in: Irene Dingel / Heinz Durchhardt, (Hg.), *Die europäische Integration und die Kirchen II: Denker und Querdenker* (VIEG 93), Göttingen 2012, 51–77; Moseley, Nations and Nationalism (Anm. 4), 16f.

180 Möllers, Art. Nationalstaat (Anm. 163), 1604.

4. „Die Schlagbäume gehen auf". Versuch einer abschließenden Würdigung

Die Ausführungen Barths über die „Nahen und Fernen" wurden bewusst unter die Überschrift „For the Healing of the Nations" gestellt. Sie abschließend würdigend, lässt sich festhalten, dass sie in der Tat einen Betrag zur Heilung der Nationen nach den wohl exzessivsten Erfahrungen von Krieg und Gewalt in der Menschheitsgeschichte darstellen. Barth bietet, wie wir gesehen haben, das gesamte Instrumentarium seiner dialektischen Argumentationskunst auf – die phänomenologische Strategie der Konstruktion, die gebotsethische der Dekonstruktion und die biblische-theologische Strategie der thematischen Redimensionierung –, um eine „kritische Theorie der Nation"[181] zu entfalten. Barth hält als Fazit einer solchen Theorie fest, dass der Mensch im Blick auf Größen wie Heimat, Vaterland und Volk „kritisch, aber positiv kritisch, sorgfältig, liebevoll mit dem allem umgehen"[182] soll. Sie dürfen freilich keine „religiöse Gewalt über ihn [scil. den Menschen; M.H.] haben"[183], sondern können ihm „nur im Zusammenhang seiner Heiligung durch Gottes Gebot wichtig werden"[184], so dass eine Eigengesetzlichkeit kategorisch ausgeschlossen ist.[185]

Wir haben gesehen, dass man nicht voreilig und zu schnell von Barths Rehabilitierung von Volk und Nation sprechen sollte, da Barth ja gerade an einer radikalen Entsakralisierung des Nationen- und Volksbegriffs gelegen ist. Barth sieht nämlich sehr genau durch seine religionskritische Brille das theologische Problem bzw. das Theorie-Defizit, das diesen Begriffen anhaftete: „[S]peziell in der evangelischen Tradition [wurde] keine *kritisch-theologische* Theorie zur engen Verknüpfung von Nation/Volk und Kirche (jenseits der systemstabilisierend wirkenden Zwei-Reiche-Lehre und der Akzeptanz weltlicher Obrigkeit) entwickelt".[186] Fatal wirkte sich dies im Kontext des Nationalsozialismus aus. Nationalstaatlich eingebunden, verloren die evangelischen Kirchen die weltweit-ökumenische Ausrichtung der christlichen Botschaft aus dem Blick, büßten die Fähigkeit zu friedensstiftendem und versöhnendem Handeln in transnationalen Kontexten ein, weil sie eben be-

---

181 Ruddies, Religion und Nation (Anm. 8), 217. Dort kursiv.
182 KD III/4, 329.
183 A.a.O., 330.
184 Ebd.
185 Vgl. a.a.O., 323. 334.
186 Luibl, Art. Nation (Th) (Anm. 36), 1577. Kursivierung: M.H.

flissentlich verkannten, dass Christ:innen Weltbürger:innen sind und dass der Geist Gottes seit Pfingsten über Menschen aus verschiedenen Nationen ausgegossen ist.[187] Daran erinnert Barth in seinen Ausführungen zu den „Nahen und Fernen" ebenso nachdrücklich wie wegweisend.

Diesbezüglich ist insbesondere sein nationalstaatliches Schweigen beredt, auch wenn man sich die nähere Explikation föderaler/föderalistischer Denkzusammenhänge mit Blick auf die politische Ethik gewünscht hätte. Sein Schweigen hält, sofern es denn beredt ist, die wohl „produktivste[ ] und gefährlichste[ ] Erinnerung des Christentums"[188] wach, nämlich dass es „in seinen formativen Anfängen keine Nationalreligion gewesen"[189] ist: „Der Universalität des Erlösungsgeschehens entspricht die letztlich transnationale Verfassung des ‚Volkes Gottes'. Nach den furchtbaren nationalreligiösen Verirrungen des Protestantismus betonen darum wichtige Teile der Nachkriegstheologie mit Recht den grundlegend transnationalen Charakter der Kirche."[190]

Die Entwicklungen im Nachkriegseuropa bis in die jüngste Gegenwart hinein geben Barths Überzeugung Recht, dass die theologische Erarbeitung einer „kritischen Theorie der Nation" „for the healing of the nations" indispensabel ist:[191] Denn „[d]ie Vermutung, dass nach den Erfahrungen mit dem Nationalismus etwa in der Verzerrung [...] eines deutschen Nationalsozialismus und mit der Katastrophe des Zweiten Weltkrieges sich sowohl der Nationalismus als auch die nationenorientierte Politik von selbst auflösen, hat sich nicht bewahrheitet. Vielmehr haben die durch diese Erfahrungen verunsicherten Nationen ihre eigenen Nationalgeschichten zu Mythen der Nationen weiterentwickelt."[192] Dies ist ein deplorabler Zustand, mit dem sich

---

187 So Günter Thomas, Weder kleingläubig noch mutlos. Irrwege der evangelischen Kirche bei ihrem Engagement in Politik und Öffentlichkeit, in: *Zeitzeichen* (9/2018), 26–28, 28.

188 Ebd.

189 Ebd. In der Erinnerung daran besteht m.E. auch die *particula veri* etwa von Stanley Hauerwas' viel gescholtenem Credo: „Against the Nations". Vgl. Stanley Hauerwas, *Against the Nations: War and Survival in A Liberal Society*, Notre Dame / London 1992. Fernerhin: John H. Yoder, *For the Nations. Essays Evangelical and Public*, Grand Rapids / Cambridge 1997, bes. 3.

190 Thomas, Weder kleingläubig noch mutlos (Anm. 187), 28.

191 Aleida Assmann (*Die Wiedererfindung der Nation* [Anm. 70], 304) spricht von der Notwendigkeit des „Umbau[s] nationaler Narrative".

192 Luibl, Art. Nation (Th) (Anm. 36), 1576. Aleida Assmann (*Die Wiedererfindung der Nation* [Anm. 70], 58) beobachtet im Blick auf die EU und den Nationalstaat eine „Doppelmoral, die einerseits Solidarität verkündet und sich rhetorisch für Grenzüberschreitung

Christ:innen nicht zufrieden geben dürfen. Wenn etwa die Lehre gezogen wird, dass, wenn es (wie in der Corona-Krise) darauf ankomme, nur die Nation und die Familie weiterhelfen,[193] dann ist dies Ausdruck eines solch deplorablen Zustandes und nicht Ausdruck visionärer Kraft.[194]

Und noch eine gegenwartsbezogene Spitze: Man sollte Barths kritische Theorie nicht mit dem Hinweis entschärfen, dass Barth einen Kosmopolitismus für „not only undesirable, but impossible"[195] erachte, wie Nigel Biggar dies tut.[196] Barth etwa für die Rechtfertigung des Brexits und die eigene na-

---

ausspricht und andererseits einen Egoismus praktiziert, der Grenzen wieder aufbaut und befestigt". Diese Doppelmoral sei „charakteristisch für europäische Nationalstaaten, die durch die Aufnahme von Migranten nicht nur wirtschaftlichen, sondern auch kulturellen Verlust und vor allem den Verlust politischer Legitimität befürchten." Ebd.

193 Gegen Johannes Röser, Wenn es darauf ankommt: Nation und Familie, in: *Christ in der Gegenwart* (13/2020), 135.

194 Zur Renaissance des Nationalstaates bemerkt Andreas Wirsching, „Kaiser ohne Kleider"? Der Nationalstaat und die Globalisierung, in: *Vierteljahrshefte für Zeitgeschichte* 68 (4/2020), 659–685, 682: „[S]eit Beginn des 21. Jahrhunderts [haben] die nationalen Egoismen und damit einhergehend national geschlossene Raumvorstellungen eine unerwartete Renaissance erfahren. Im Besonderen gilt dies für die Neuverhandlung der Migrationsregime, die seit den 2010er Jahren in vollem Gange ist. Grenzenlose Räume für Güter und Finanzströme, Kapital und Kommunikation sind eben keineswegs gleichbedeutend mit grenzenlosen Räumen für Menschen. Selbst im Europa des Schengen-Raums dominieren nach wie vor die Migrationsregime, die national eingerichtet sind und sich letztendlich gegen die freie Mobilität von Menschen richten. Systeme der freien Kapitalzirkulation koexistieren mit Systemen begrenzter Freizügigkeit von Menschen. Staatliche Souveränität und nationales Territorium sind wieder Schlüsselkonzepte aktueller Weltpolitik geworden. Ebenso konkurrieren Rechtssysteme, die staatlicher Souveränität entspringen, mit menschenrechtsbasierten Ansprüchen, die per definitionem grenzenlos, denationalisiert und deterritorialisiert sind." Fernerhin: Jörn Leonhard, Keine Dichotomie. Zum Verhältnis von Nationalstaat und Globalisierung, in: *Forschung und Lehre* 27 (5/2020), 412–413. Zu Barth und Globalisierung vgl. auch Oliver Hidalgo, Religion, Democracy, and Globalization: Schmitt and Barth in the Shadow of Political Theology, in: Markus Höfner [Hg.], *Theo-Politics? Conversing with Barth in Western and Asian Contexts*, Lanham u.a. 2022, 217–235.

195 Biggar, *Between Kin and Cosmopolis* (Anm. 31), 17.

196 In der Tat: Barth hält einen „abstrakten Internationalismus und Kosmopolitismus" (KD III/4, 353) ebenso für unmöglich wie einen „abstrakten Nationalismus und Partikularismus" (ebd.). Biggar verkennt m.E. aber den unumkehrbaren Richtungssinn, der von den Nahen zu den Fernen verläuft und jeden volksbezogenen Isolationismus verwehrt, wie immer er auch motiviert sei mag: „[M]an kann den Begriff des Volkes auch unter dem Gesichtspunkt seiner räumlichen Begrenztheit nur dynamisch und nicht statisch verstehen. Das eigene Volk in seinem Raum kann und darf keine Wand sein, sondern nur eine Türe. Mag sie weit oder weniger weit geöffnet und wohl auch einmal zugemacht werden,

tionale Agenda zu gebrauchen, heißt ihn zu missbrauchen, zumal der Richtungssinn seiner Theorie eindeutig nicht auf Be- sondern Entschränkung zuläuft. Er erweist sich als „properly extrovert"[197], wie Biggar selbst konzediert.[198] Die Barthsche Metaphorik ist hier sehr sprechend: Die Schlagbäume gehen auf. Im Zusammenhang zitiert:

> „[D]a brauchen zwar die Grenzsteine nicht ausgerissen zu werden, da gehen aber die Schlagbäume auf, da wird aus dem Fließen sogar ein bewusstes Gehen und Kommen, da ist man hüben und drüben im Grund eines Sinnes, da will man denn auch miteinander reden und aufeinander hören, da bejaht man mindestens eine gewisse Zusammenarbeit, da entstehen aber auch echte Gemeinschaften quer über die Grenzen hinüber."[199]

Undurchlässige Grenzen als unüberwindliche Humanitätsbarrieren sind mit Barth nicht zu haben,[200] was nicht zuletzt auch dadurch sichtbar geworden ist, dass er sich, wie Busch zeigt, während der Naziherrschaft sehr in der „Flüchtlingshilfe"[201] engagierte.

---

sie darf jedenfalls nicht verriegelt, geschweige denn zugemauert werden. Wer wirklich in seinem Volk, unter den ihm Nahen ist, der ist eben damit im Durchgang auch zu den Fernen, zu den anderen Völkern." KD III/4, 331.

197 Biggar, *Between Kin and Cosmopolis* (Anm. 31), 16.

198 Treffend bemerkt Ruddies (Religion und Nation [Anm. 8], 215f. Dort z.T. kursiv): „Es ist die gerichtete Relation einer Dialektik von Volk und Menschheit, die Barth grundsätzlich in allen Fragen der Nation, aber auch in allen Fragen der Menschheit bezieht und die letztlich keine solche nationale Verwurzelung zulässt, die die Fernen aus dem Blick schiebt, und die keine internationale Verflechtung erlaubt, die die Nahen einfach überspringen kann." Ruddies hebt mit der „gerichteten Relation" den unumkehrbaren Richtungssinn hervor, der von den Nahen zu den Fernen verläuft und den Biggar m.E. verkennt.

199 KD III/4, 339.

200 Treffend hebt Richard B. Miller (Christian Attitudes toward Boundaries. Metaphysical and Geographical, in: David Lee Miller / Sohail H. Hashmi [Hg.], *Boundaries and Justice. Diverse Ethical Perspectives* [Ethikon Series in Comparative Ethics 4], Princeton 2002, 15–37, 28) hervor: „Migration across regional and other borders is also a reminder that our understanding of ‚near' and ‚distant' neighbours is subject to change over time. Boundaries are not insuperable barriers, and individuals who were once foreigners can become friends or fellow-citizens within a generation. In this vein, Karl Barth […] writes of the fluidity of borders and the idea that groups are bound to absorb others or dissolve into new configurations."

201 Vgl. Busch, *Unter dem Bogen* (Anm. 132), 313–399. Fernerhin: Hermann Kocher, *Rationierte Menschlichkeit. Schweizerischer Protestantismus im Spannungsfeld von Flüchtlingsnot und öffentlicher Flüchtlingspolitik der Schweiz 1933–1948*, Zürich 1996.

Würdigend kann und muss darüber hinaus im Blick auf Barths spezifisch dialektische Vermittlung von Nahen und Fernen und ihren unumkehrbaren Richtungssinn festgehalten werden: Barth liefert bleibend wichtige Impulse, den Universalismus und etwa die Unbedingtheit der Menschenrechte[202] einerseits nicht gegen die Anforderungen auf partikularer Ebene in den lokalen, regionalen und nationalen Zusammenhängen andererseits auszuspielen.[203] So wie sich das Universale immer als das *konkrete* Universale in den internationalen und globalen Vernetzungen zeigt, so ist das Partikulare transparent auf das dieses transzendierende Größere der Botschaft eines Gottes hin, „der will, dass allen Menschen geholfen wird und sie zur Erkenntnis der Wahrheit kommen" (1Tim 2,4).

Diese Würdigung Barths schließt kritische Bemerkungen keineswegs aus. Denn natürlich hat auch Barth nicht in allem Recht gehabt. So sehr sein Beitrag dazu, das Nessoshemd der Schöpfungsordnungen abzustreifen im Blick auf die Nation bzw. den Bereich der Nahen und Fernen gelungen ist, so wenig wird man dies im Blick auf das Verhältnis von Frau und Mann konzedieren können. Dass Barth hier die Denkgewohnheiten der Schöpfungsordnungen nicht abschütteln kann, zeigt etwa der kontrastierende Vergleich

---

202 Zu Barth und den Menschenrechten vgl. George Hunsinger, Karl Barth and Human Rights, in: ders., *Conversational Theology: Essays on Ecumenical, Postliberal and Political Themes, with Special Reference to Karl Barth*, London u.a. 2015, 165–177.

203 Durchaus im Sinne seines Lehrers Karl Barth (vgl. ders., Christengemeinde und Bürgergemeinde [Anm. 150], 72f. [Ziffer 25]; KD IV/3, 18–40) weist Dietrich Braun („Gott mit uns". Zur Frage der Nation als Thema gegenwärtiger theologischer Ethik, in: Richard Faber [Hg.], *Politische Religion – religiöse Politik*, Würzburg 1997, 243–266) darauf hin, dass „die Idee des republikanischen Universalismus mit ihrer Zielrichtung auf eine Menschheit – so wahr sie ohne Zweifel auch noch andere geschichtliche Wurzeln hat – auf dem Boden einer durch das Christentum geprägten Zivilisation formuliert worden ist." In Anlehnung an den Freiburger Politologen Dieter Oberndörfer (*Der Wahn des Nationalen. Die Alternative der Offenen Republik*, Freiburg i.Br. u.a. 1993, 15) grenzt Braun Republik und Nationalstaat voneinander ab: „Die Republik erkennt prinzipiell alle Menschen ohne Ansehen ihrer Herkunft und Kultur als potentielle Staatsbürger an. In der Nation hingegen können nur die Angehörigen des Staatsvolkes vollberechtigte Staatsbürger sein. Die Menschheit bildet für den Nationalismus somit keine Einheit. Eine republikanische Weltordnung, ein ‚Weltbürgerrecht' (Immanuel Kant) oder schon weltweite mitmenschliche Solidarität werden abgelehnt" (zit. bei Braun, „Gott mit uns" [Anm. 203], 244f.). Braun setzt freilich republikanischen Universalismus und biblisch-heilsgeschichtlichen Universalismus nicht einfach in eins, sieht aber eine Analogie zwischen dem republikanischen Universalismus und dem biblisch-heilsgeschichtlichen Universalismus und rekurriert dabei – wie Barth – auf Gen 11 und Apg 2. Vgl. a.a.O., 253.

zwischen den Bereichen Frau und Mann einerseits und Nahen und Fernen andererseits.

Die Bemerkung etwa, dass „das natürlich, das ursprünglich und letztlich, das schöpfungsgemäß Menschliche diesem ganzen Bereich [gemeint ist der Nahen und Fernen; M.H.] *transzendent* und *überlegen* ist"[204], zeigt, wie sehr Barth das schöpfungsgemäß Menschliche nicht nur als Schöpfungsordnung denkt, sondern auch mit dem angeblich unumkehrbaren, nichtfließenden und unaufhebbaren Gegenüber von Frau und Mann identifiziert. Der Befund ist insofern durchaus ambivalent. Auch Barths Ausführungen wollen an seiner eigenen Einsicht geprüft werden, die Wolf Krötke wie folgt auf den Punkt gebracht hat:

> „Wenn man damit rechnet, dass es theologisch zur Behauptung bestimmter Strukturen und Konstanten in der Schöpfung kommen muss, die als solche göttlich legitimiert sind und Menschen mit Recht verpflichten sollen, dann muss man sicher der Gefahr der theologischen und ethischen Willkürlichkeit, die dabei ausbrechen kann, deutlich bewusst sein. Ohne zu zeigen, wo die Sicherung vor dieser Gefahr liegt, kann von ‚Schöpfungsordnungen' in unserer Zeit eigentlich gar nicht mehr die Rede sein."[205]

---

204 KD III/4, 342.

205 Krötke, Die Schöpfungsordnungen (Anm. 54), 158. Die Sicherung vor der mit der Rede von den Schöpfungsordnungen einhergehenden Gefahr ist Barth zufolge nur christologisch zu gewinnen, weshalb er dieser Rede nur insofern zustimmen kann, als Jesus Christus als deren Real- und Erkenntnisgrund verstanden wird, ja genauer noch: sich als solcher zu verstehen gibt. Schöpfungsordnung in diesem christologischen Sinne meint dann: „die Ordnung, das heißt der besondere Bereich göttlichen Gebietens und menschlichen Handelns, in welchem hier der dem Menschen in Jesus Christus gnädige Gott auch als *Schöpfer* gebietet, und dort der Mensch, dem Gott in Jesus Christus gnädig ist, auch als sein *Geschöpf* vor ihm steht und durch sein Gebot geheiligt und befreit werden soll. Der Unterschied dieser Ordnung von dem, was man anderswo ‚Schöpfungsordnung' zu heißen pflegt, ist deutlich und unversöhnlich. Wir treten, um dieser Ordnung gewahr zu werden, aus dem geschlossenen Kreis theologischer Erkenntnis nicht heraus. Wir lesen diese Ordnung nicht irgendwo ab, wo wir sie gerade zu finden vermuten. Wir verstehen sie überhaupt nicht als eine von uns auffindbare Ordnung, sondern als eine solche, die uns in der Gnade Gottes in Jesus Christus, die uns in seinem Wort offenbar ist, ihrerseits aufgesucht, sich uns als solche – wo unsererseits nichts wahrzunehmen, noch zu erschließen war – aufgeschlossen hat. Wir behaupten sie nicht, sondern wir unterziehen uns ihrer Selbstbehauptung. Dafür vermuten wir sie auch nicht bloß, sondern wir erkennen sie, wir wissen sie: im Geheimnis der Offenbarung und des Glaubens, aber gerade so wirklich und maßgeblich." KD III/4, 49.

Arne Rasmusson

The Church among the Nations:

Karl Barth on Church, Peoplehood, and State

Karl Barth's theology was formed during the high time of modern nationalism. Nationalism dominated intellectual, political, and religious life not only in Germany, but also in various forms in, for example, France, Britain, and United States. Also striking is how the type of nationalist thought and politics dominant during the early twentieth century recently has returned both in Europe and in the United States, both in more moderate and in increasingly radical forms. When I wrote my first texts on Barth, the nation-state, and peoplehood twenty years ago, the intellectual discussion focused on globalization, porous borders, and the weakening – or even the end – of the nation-state. Philosophers were talking about cosmopolitan citizenship. It now seems like another age. Following current debates in politics, political theory or in international church life and in theology is like being back in Germany and Europe in the early twentieth century, back with the sort of issues and debates Barth encountered and responded to.

In the following essay, I will begin with a description of the cultural, political, and academic context in which Barth's theology was formulated, focusing on the ideas of the nation and peoplehood dominant in the academic culture in which he was active during the first decades of the twentieth century. Then I will turn to Barth's own thought on nationhood (including his own country of Switzerland), and a few notes on the state and nation-state, developed first during the 1920s but more fully elaborated after the Second World War. For Barth, however, the issue of nationhood as a theological question cannot be understood in isolation, but rather it must be related to the understanding and reality of the church. The last part of this article will focus on Barth's conception of what it means to be a church among nations.

Barth, World War I, and German nationalism[1]

Barth was Swiss, but his higher education was predominantly in Germany, and he was a professor in Germany from 1921 until the Nazi state expelled him in 1935. German nationalism was strong among the generation of his teachers. This included the teacher most influential on him, Wilhelm Herrmann, as well as theologians representing other theological perspectives, such as Ernst Troeltsch, Adolf von Harnack, and Reinhold Seeberg. They all reflected the views that were dominant in broader society, including within the universities.

Herrmann was a strong defender of the idea of a national culture-state. Its basis is the people and its land, but it is only through the historical development of a distinctive and independent national culture that a people can create the inner unity required for a functioning and legitimate state. Peoples without such distinct independent cultures (he mentions the Poles and Czechs as examples) thus lack the sort of legitimacy Germany possesses, and in 1913 he said it would be difficult for them to establish sustainable states. Because the state is a necessary product of human nature, it is not an expression of morality. When the interests of a state clash with the interests of another state, the inevitable result will be open or latent war. Herrmann stressed that warfare in itself is neither moral nor immoral; in specific historical circumstances, war is simply necessary as an expression of a national culture's life. If Christians properly understand the moral significance of the state, they will recognize that their primary duty is obedience and the fostering of patriotism.[2]

Ernst Troeltsch developed a similar view but in more sociological categories. Nationalism is, he said, the primary ethical principle of the modern nation-state. Although Troeltsch recognized that nationalist discourse is largely fictitious – and that it is totally alien to Christian ethics – he argued

---

1   In this section, I reuse some material (including some sentences) from Arne Rasmusson, "Church and Nation-State: Karl Barth and German Public Theology in the Early 20th Century," *Nederduitse Gereformeerde Teologiese Tydskrif* 46 (2005): 511–24; and Arne Rasmusson, "The Politics of Diaspora: The Post-Christendom Theologies of Karl Barth and John Howard Yoder," in *God, Truth, and Witness: Engaging Stanley Hauerwas*, ed. L. Gregory Jones, Reinhard Hütter, and Rosalee Velloso Ewell (Grand Rapids, MI: Eerdmans, 2005), 88–111.

2   Wilhelm Herrmann, *Etik* (Stockholm: Geber, 1926), 194–204. This is a Swedish translation of Wilhelm Herrmann, *Ethik*, 5th ed. (Tübingen: J.C.B. Mohr, 1913).

that it has to be accepted and affirmed by the church because it creates its own forceful reality.[3]

Barth was, however, not only Swiss, he was also a socialist, and as such he could sound a bit like cosmopolitan intellectuals today. Of course, he did not put his hope in a globalized economy, but rather in the solidarity of the international labor movement. In the summer of 1914, Barth wrote an analysis of the thought of Friedrich Naumann who was an extremely influential pastor turned liberal politician and who was close to Troeltsch, both in theology and politics.[4] Naumann's early views were similar to Swiss religious socialists, but he had moved from a Christian social to a national social stance. As he said, "He who wishes to carry out a policy must first secure the people, the fatherland, and the borders [...] A socialism capable of governing must be German national."[5] These words sound remarkably like some American and European conservatives today, even if they do not use the word socialism. In the summer of 1914, Barth responded to Naumann and stated he was confident that the international worker solidarity would not succumb to nationalism and war. Naumann and Troeltsch turned out to be right, and Barth was wrong. A few years later, Barth commented on the situation: "I had credulously enough expected socialism, more than I had the Christian church, to avoid the ideology of war, but to my horror I saw it doing the very opposite in every land."[6] Herrmann, Naumann, and Troeltsch, on the other hand, supported and celebrated the war in extravagant terms. These facts created a deep epistemological crisis for Barth, and he famously rethought his whole theology but not in the direction of Troeltsch and Naumann. In 1919, Barth wrote another article about Naumann after Naumann had died that year. Barth said that the catastrophe of the World War had completely destroyed Naumann's theological and political worldview. To Barth, Naumann had chosen the god of struggle, the struggle for existence, above the

---

3   See, eg., Ernst Troeltsch, *Religion in History* (Minneapolis, MN: Fortress, 1991), 201–2, 241–6.

4   Karl Barth, "Die Hilfe, 1913," *Die Christliche Welt*, no. 33 (1914): 774–8.

5   *Die Hilfe* 1, 14 July 1895, cited in Wolfgang J. Mommsen, *Max Weber and German Politics, 1890–1920* (Chicago, IL: The University of Chicago Press, 1984), 69f.

6   Karl Barth and Rudolf Bultmann, *Karl Barth-Rudolf Bultmann Letters, 1922–1966*, ed. Bernd Jaspert (Grand Rapids, MI: Eerdmans, 1981), 158.

God of the New Testament. Naumann had, in fact, worshiped Satan, gained the world, and become an influential politician, but it turned out to be a lie.[7]

Church, Volk and the völkisch movement

If the World War was a crisis for Barth, the outcome of the war was a crisis for German theology. The German loss in the World War, a humiliating peace agreement, the end of the German empire, and the emergence of the Weimar democracy constituted a deep crisis, but it did not lead to a questioning of nationalist thought and politics. Instead, this crisis led to a stronger and more extreme nationalism for many. It also did not change the crucial role given to war in history. Some like Troeltsch supported liberal democracy while others like Paul Althaus and Emmanuel Hirsch, leaders in a younger generation of German theologians (Barth's own generation), were deeply critical of liberalism. They all shared, however, a basic nationalist frame of thought, but in response to the events of 1918, Althaus and Hirsch took nationalism in a radical direction. Naumann had died in 1919, Herrmann died in 1922, and Troeltsch died the year after in 1923. During the Weimar Republic, nationalism was developed in a so-called *völkisch* direction. Such ideas were developed earlier, but they became central during the 1920s. In theology, not only the state, but also the *Volk* (people) was understood increasingly as a God-given order of creation.[8]

In Barth's writing in *Church Dogmatics* about the role of nation and peoplehood, he includes a discussion of how this elevation of *Volkstum* (peoplehood) to an order of creation – thus making *Volkstum* into one of the primary ethical and theological concepts – could have happened in German theology in the years between the wars, which was when Barth himself lived in Germany. When this was originally published in 1951, Barth does not

---

7   Karl Barth, "Past and Future: Friedrich Naumann and Christoph Blumhardt," in *The Beginnings of Dialectic Theology, Vol 1*, ed. James Robinson (Richmond, VA: John Knox Press, 1968), 35–45, esp. 35–40.

8   On the völkisch movement, see Stefan Breuer, *Die Völkischen in Deutschland: Kaiserreich und Weimarer Republik* (Darmstadt: Wissenschaftliche Buchgesellschaft, 2008); Klaus Scholder, *The Churches and the Third Reich: Volume One: 1918–1934* (Philadelphia, PA: Fortress, 1988), 74–87; and George L. Mosse, *Toward the Final Solution: A History of European Racism* (New York, NY: H. Fertig, 1978).

name people still living, but he describes a momentous and "tragic" development that he encountered directly.[9]

Barth stressed that this emphasis on *Volk* as an order of creation, which
for many was also a racialized concept, was novel. He did not think that this
concept simply grew out of nineteenth century German theology, whether liberal, moderate, or conservative. Schleiermacher was certainly a strong
German patriot and nationalist, but according to Barth, this type of emphasis
on peoplehood did not exist in his thought. The same is true for the Ritschl-
school, including Wilhelm Herrmann, as well as Harnack and Troeltsch. They
were all strong German nationalists, but they did not develop any *völkisch*
thought. The Danish theologian and bishop Hans L. Martensen wrote the
only theological work from the nineteenth century that Barth can recall that
began to develop such views, and Martensen's thought was in turn shaped by
his critical reckoning with another Dane, N. F. S. Grundtvig. Barth says: "If
we were to seek a true precursor to the modern doctrine that the people is an
order of creation, we should best find him in the dazzling figure of Grundtvig
himself."[10] On this understanding of Grundtvig, Barth is in agreement with
Emanuel Hirsch, although from an opposite position. Hirsch lamented the
fact that German Protestantism lacked its own Grundtvig – someone who
developed the völkisch character of Christianity and melded Germanness
and Christianity – in the way Grundtvig had shaped Danishness and Danish
Christianity.[11]

Again, according to Barth, the more typically *völkisch* ideas start to develop during the First World War and then explode during the 1920s and 1930s.

---

9   Karl Barth, *Church Dogmatics, vol. III/4* (Edinburgh: T&T Clark, 1956–75), 305–9. Here-
     after *CD*.

10   Barth, *CD* III/4, 306. N. F. S. Grundtvig is still one of the most influential thinkers in
     Danish history (if not the most), and he developed a sort of Christian and populist eth-
     nonationalism in which the people, constituted by common language, history, culture,
     and land, was at the center. An authentic living Christianity must be rooted in the spirit
     of a people. Moreover, nations play different roles in the divine drama we call history.
     During his time, Grundtvig thought the Nordic race and the Scandinavian peoples, and
     especially the Danish, were the chosen and most important people for furthering God's
     cause for humanity. For a good description in English, see Stephen Backhouse, *Kierke-
     gaard's Critique of Christian Nationalism* (Oxford: Oxford University Press, 2011), 66–91.
     Concerning Martensen, Barth refers to the German translation of Martensens's social
     ethics: Hans L. Martensen, *Die christliche Ethik. Specieller Theil Abt. 2: Die Sociale Ethik.* 4
     ed. (Karlsruhe: H. Reuther,1888).

11   Emanuel Hirsch, *Das kirchliche Wollen der Deutschen Christen*, 2nd ed. (Berlin: M. Greve-
     meyer, 1933), 12.

Barth described the position using anonymous quotations (for example from a 1937 text by Paul Althaus[12]) and ended with a long citation from the second edition of the large encyclopaedia *Religion in Geschichte and Gegenwart* from 1931 written by liberal theologian Heinrich Weinel (who died in 1936) on "Völkische Bewegung und Christentum."[13] In 1951, Barth thought it was sufficient to describe the position to see its complete falsehood: "We can only hide our heads in shame that it was the country of the Reformation which could produce this irresponsible pseudotheology."[14]

For supporters of *völkisch* ideas, however, this way of thinking was built on what they thought were deeply moral foundations. At its center was a longing for community and solidarity against the individualism and abstract universalism of liberalism. For these theologians, the church should be in service to the community of the *Volk* and the nation. It is part of the calling of the church to support the German *Volk* and its specific calling in the world.

Even if one, like Barth, may question the connection to nineteenth century theology, it is difficult not to see some continuity. Even if Herrmann did not develop specifically *völkisch* ideas, it is not too difficult to understand how one might go from Herrmann to Hirsch and Althaus. And even if biological racism did not develop until the last decades of the nineteenth century, racism, as George Moss says, "from the very beginning had been linked to the rise of national consciousness."[15] The boundaries between earlier forms of nationalisms, racism, and *völkisch* thought are fluid and not well defined. And among historians there is much discussion about how to define and what to include in the *völkisch* thought and movement. Even during the 1920s, the supporters of *völkisch* thought went in different conceptual directions. One problem is that *völkisch* is so strongly associated with National Socialism today that its complicated history and diversity is concealed.[16]

Moreover, Barth did not mention in this context at least one important German theologian who developed at least strongly proto-*völkisch* thought

---

12 Barth, *CD* III/4, 348. Paul Althaus, "Kirche, Volk und Staat," in *Kirche, Volk, und Staat: Stimmen aus der deutschen evangelischen Kirche zur Oxforder Weltkirchenkonferenz*, ed. Eugen Gerstenmaier (Berlin: Furche-verlag,1937), 17–35.

13 Barth, *CD* III/4, 308f. H. Weinel, "Völkische Bewegung und Christentum," in *Die Religion in Geschichte and Gegenwart* (2nd ed.), vol. V, ed. Hermann Gunkel and Leopold Zscharnack (Tübingen: J. C. B. Mohr, 1931), 1624–6. The citation is from 1626.

14 Barth, *CD* III/4, 309.

15 Mosse, *Toward the Final Solution*, 94.

16 Breuer, *Die Völkischen in Deutschland*.

during the nineteenth century – the orientalist and theologian Paul de Lagarde, professor in Göttingen, who died in 1891.[17] The only issue missing is biological race, which he thought was a form of crude materialism. Fritz Stern described him as "the patron saint of the [...] *völkische* movement,"[18] and he would become an important thinker for National Socialism. Alfred Rosenberg was an ardent celebrator of Lagarde, but Adolf Hitler himself also read Lagarde carefully.[19] I will here use the early twentieth century German theology's reception of Lagarde's thinking as one way to understand the context in which Barth developed his very different theology.

Lagarde was deeply critical of Christianity, which he described as a creation of the Jewish Paul. The genius and anti-Jewish Jesus had shown the laws of life, but Paul had turned his message into a religion focused on the cross. Lagarde saw it as his mission to recreate a true German religion based on historical comparative research on religion. He kept the unique role of Jesus intact, but he combined his portrayal of Jesus with the specific soul and mission of the German people. Authentic religion grows out of the consciousness and aspirations of a *Volk*. Therefore, Lagarde himself tried to develop a Germanic religion rooted in German history and the German people. On a political level, Lagarde was critical of democracy and party systems; he increasingly talked about the central role of a strong national leader embodying the soul of the people and leading the *Volk* toward its destiny. The enemies were the Jews, the liberals, the capitalists, and the cosmopolitans. The Jews tended to symbolize them all, because he said that they controlled the economy, the press, the universities, the judicial system, and cultural life. All these spheres should be reformed to serve the German people and its mission. A central part of this German mission was to colonize eastern and southeastern Europe. Thus, Lagarde also idealized war, not only as a tool for developing the German Empire, but also to further the vitality and strength of the German people.

---

17 Paul de Lagarde, *Deutsche Schriften*, 2 vols. (Göttingen: Dieterich, 1878 and 1881); Ulrich Sieg, *Deutschlands Prophet: Paul de Lagarde und die Ursprünge des Antisemitismus* (München: Hanser, 2007); Fritz Stern, *The Politics of Cultural Despair: A Study in the Rise of the Germanic Ideology* (Berkeley, CA: University of California Press, 1961), 1–94; Scholder, *The Churches and the Third Reich: Volume One*, 81–3. Barth describes Lagarde as "one of the few pure Neo-Protestants" (Barth, *CD* I/2, 611).
18 Stern, *The Politics of Cultural Despair*, 90.
19 Sieg, *Deutschlands Prophet*, 292–353.

Today Lagarde's views may seem extreme, but similar views are currently resurfacing, in various forms, in both Europe and America. For example, the views of Russian thinker Alexandr Dugin can serve as notable example. He advocates for a neo-Eurasianism, which conceives of a peoplehood based on a common history, culture, language, and religion at the center. Dugin champions an expansive Russian civilizational empire undergirded by a religious and eschatological vision that provide the Russian people with a world historical role. This view ultimately stands in contrast to the abstract individualism, progressivism, and globalism of Western liberalism. Dugin, moreover, claims that his political theory is directly and strongly influenced by the so-called conservative revolutionary thought in early twentieth century Germany.[20]

Another example is American political philosopher Stephen Wolfe. In connection to Johann Gottfried Herder, Wolfe writes: "Blood relations matter for your ethnicity, because your kin have belonged to this people on this land – to this nation in this place – and so they bind you to that people and place, creating a common *volksgeist*."[21] Wolfe bases such a view on a God-given created order. Defending an ethnocentric world order, Wolfe is critical of what he describes as a globalist American empire spreading its own liberal ideology through cultural, economic, and military means (e.g., Iraq, Ukraine). He finds the resources for a specific *American* and anti-liberal Christian nationalism in a form of ethno-cultural and legally established pan-Protestantism rooted in traditional Western ideas. From this, a whole political theory follows that includes the idea of the Christian national will mediated through great leaders, a "Christian prince."

Dugin and Wolfe, like Lagarde, are radicals. But many "moderates" show varying degrees of sympathy and agreement. During Barth's time, Lagarde was not viewed as extreme, and his thought was influential beyond strict *völkisch* circles and movements. When reading early twentieth century German theology, it is striking to discern his importance. His influence surfaces

---

20 Dugin mentions thinkers like Martin Heidegger (whom he considers foundational for his whole theory), Arthur Moeller van den Bruck, Ernst Jünger, Carl Schmitt, and others. See, eg., Aleksandr Dugin, *The Fourth Political Theory* (London: Arktos, 2012) (on the conservative revolution, see p. 84). The designation "the fourth political theory" distinguishes this theory from what he describes as the three dominant theories of the twentieth century: liberalism, communism, and fascism.

21 Stephen Wolfe, *The Case for Christian Nationalism* (Moscow, ID: Canon Press, 2022), 139.

everywhere, even in the discipline of theology. This reveals the context in which *völkisch* thinking could develop. Friedrich Naumann is one example of someone whom Lagarde influenced, although Lagarde was such strong anti-liberal.[22] Moreover, Lagarde is often used from 1914 in *Die Christliche Welt*, the flagship of German Protestant liberalism, until 1931 edited by Martin Rade. Rade's successor as editor Hermann Mulert had 1913 published a Lagarde Reader. Mulert wrote that "Die Religion wird notwendig national, Gottes Weltplan verwirklicht sich in der Geschichte der Völker."[23]

Ernst Troeltsch dedicated the second volume of his *Gesammelte Schriften* to Lagarde (1913). And Troeltsch ended the first programmatic essay titled "Die theologische und religiöse Lage der Gegenwart" (from 1903) with an exposition of Lagarde's theological program.[24] This theological program was intimately related to Lagarde's strong German nationalist, imperialist, proto-*völkisch*, and strongly anti-Semitic understanding. Troeltsch is critical of Lagarde's anti-Semitism, but he said he admired how Lagarde placed religion in the context of human life and politics.[25] And even if Troeltsch was much more moderate, he shared Lagarde's nationalist and imperialist thought. Troeltsch was not *völkisch*, but he was not disturbed by Lagarde's Germanic religion. Though critical of Lagarde's vehement anti-Semitism, this did not hinder Troeltsch from celebrating Lagarde as one of the most important German religious thinkers and as one of the greatest Germans.[26]

The more theologically orthodox Paul Althaus, one of the most influential theologians of Barth's own generation, was more disturbed, not only by Lagarde's anti-Semitism, but also by his ideas of religion emerging from the *Volk*. Even though Althaus was partly critical of the *völkisch* movement, he was also an important defender of *völkisch* thought.[27] Althaus understood

---

22 Sieg, *Deutschlands Prophet*, 309, 321.

23 Herman Mulert, "Lagarde als Prophet deutscher Religion," in *Monatshefte der Comenius-Gesellschaft für Kultur und Geisteslebes* NF 8 (1916): 14–27, here 20. This work is cited in Sieg, *Deutschlands Prophet*, 323. See further 322f. The Reader was published as Herman Mulert, *Paul de Lagarde (Die Klassiker der Religion, 7)* (Berlin: Protestantischer Schriftenvertrieb, 1913).

24 Ernst Troeltsch, *Gesammelte Schriften, Zweiter Band: Zur Religiösen Lage, Religionsphilosophie und Ethik* (Tübingen: Mohr, 1913), 1–21, 19–21 on Lagarde.

25 A.a.O., viii.

26 See further Sieg, *Deutschlands Prophet*, 318–21.

27 One example from the 1920s, in which he also discusses Lagarde, is Paul Althaus, "Kirche und Volkstum (1927)," in *Evanglische Kirche und Theologie in der Weimarer Republik*, ed. Hans-Walter Krumwiede (Neukrichen-Vluyn: Neukirchener Verlag, 1990), 187–207.

himself as someone who developed a political theology from a moderate confessional Lutheran perspective, and he considered himself as moderate in his views of theology, church life, and politics. However, church and theology had to meet what he considered was the powerful movement placing German *Volkstum* at the core of German life. For Althaus, it was not about race but rather the German spirit as it developed through history. The German spirit was threatened by urbanization, rational bureaucracy, mass society, party systems, class struggle, and foreign elements in cultural life (literature, theater, art) but also the fate of Germans living in other nations or in occupied territory. And then there is the Jewish threat to German *Volkstum*. Althaus said he was critical of racial anti-Semitism and hatred of Jews, but the Jewish spirit is, he claimed, a real threat the church must address. The Jewish religion is not the problem, but rather the specific Jewish spirit that reflects most of the things threatening to German life. Althaus described it as "grosstädtische Geistigkeit."[28] He returned again and again to the large city as the main symbol of the destructive forces. And in 1933, although Althaus said he is still against racial anti-Semitism, he supported, with some reservations, the application of the Aryan law even in the church itself. Christian Jews should not be ministers in the German Protestant church.[29]

Yet Althaus was critical of other sides of the *völkisch* movement and for the same reasons, he was also critical of Lagarde. Lagarde thought that authentic religion and authentic Christianity organically should grew out of the German *Volkstum*. Althaus worked hard to combine orthodox Christianity, including the Old Testament and Paul, with *völkisch* thought and practice. He defended a truly German *Volk* church. His ideal was the Nordic *Volk* churches with their fusion of "Kirche und Nation, Gemeinde und Volk."[30] Althaus deplored the alien Anglo-Saxon influence on German church life (e.g. songs, forms of piety, association forms, etc.).[31] The church should serve the *Volk* and build on and sanctify the forms of life developed in the *Volk*. Most important is the family (which he contrasted with the association), the neigborhood, the parish, the region, and the nation.[32] At the same time, the church should not disappear into the *Volk* or into a general *Volk* conscious-

---

28 A.a.O., 191f, 199.

29 Kurt Meier, *Die Theologischen Fakultäten im Dritten Reich* (Berlin: W. de Gruyter, 1996), 125f.

30 Althaus, "Kirche und Volkstum," 204.

31 A.a.O., 200f.

32 A.a.O., 204.

ness. The church and revelation are independent. Thus, the church must always keep a distance to the *völkisch* movement.

Even someone like the early Dietrich Bonhoeffer took such views for granted. In 1929, he said:

> "God gave me my mother, my people [*Volk*]. For what I have, I thank my people; what I am, I am through my people, and so what I have should also belong to my people; that is the divine order of things, for God created the peoples. If for a single moment I do not act, then I am doing nothing other than surrendering my neighbors. […] In such cases, I no longer have the choice between good and evil […] I will take up arms with the terrible knowledge of doing something horrible, and yet knowing I can do no other. I will defend my brother, my mother, my people, and yet I know I can do so only by spilling blood; but love for my people will sanctify murder, will sanctify war."[33]

In turn, Bonhoeffer also defended the legitimacy of aggressive wars. Such a defense of war was self-evident for most theologians from Troeltsch to Hirsch. For example, Hirsch could say that no people have the right to their own states. He pointed to the colonization of Africa and said that the same is true in Europe. Wars are the historical force that creates states and one cannot tell beforehand whether a certain state is legitimate. Only wars can decide when different claims oppose each other. War is a question of power, not a question of abstract right.[34] This is not far from what Vladimir Putin and Russian intellectuals are saying today. Hirsch admitted that the true church is universal, but it is invisible. The visible organized churches are particular, and the Protestant ideal is that the organized church should coincide with the community of the people, the *Volk*. In times of conflict with other peoples, the national church belongs and is loyal, first and foremost, to one's own people.[35]

---

33 Dietrich Bonhoeffer, "Basic Questions of a Christian Ethic," in *Barcelona, Berlin, New York 1928–1931* (*Dietrich Bonhoeffer Works*, 10), ed. Clifford J. Green (Minneapolis, MN: Fortress, 2008), 359–78, here 371–2.

34 Emanuel Hirsch, *Deutschlands Schicksal: Staat, Volk und Menschheit im Lichte einer ethischen Geschichtsansicht*, 2nd ed. (Göttingen: Vandenhoed & Ruprecht, 1922), ch. 7.

35 Emanuel Hirsch, "Nation, Staat und Christentum, 30 Thesen (1923)," in *Evanglische Kirche und Theologie in der Weimarer Republik*, ed. Hans-Walter Krumwiede (Neukrichen-Vluyn: Neukirchener Verlag, 1990), 90–2, here 92.

Nationhood and humanity

Barth moved to Germany in 1921. From the beginning, he was an outsider, both theologically and politically. Althaus and Hirsch criticized Barth early in his career for representing Western rationalistic views of democracy, socialism, and pacifism.[36] Barth's most extended discussions of these issues are found in his ethics lectures, which were first given in Münster in 1928/29. Bonhoeffer wrote the text that I quoted above in 1929. Barth's ethics lectures were never published during his lifetime, but they were widely distributed and read during that time. Peoplehood is discussed as part of the presupposed context in which one hears God's command – this is not a creation order but simply a fact of created life. Nor is the state a creation order. He discusses the state as well as the church under the command of God the Reconciler.[37] It is, like the church, a means of grace with the purpose of serving the neighbour. The state can take many forms and as a human form it partakes in human corruption. It will always to various extent contradict its purpose of serving the neighbour, which means that it sometimes has to be rejected or altered, but he was sceptical of violent revolutions. He did not theologically legitimize a specific political constitution, but what he described is a state under the law, a *Rechtsstaat*, based on the consent and participation of the population, that protects the freedom of the "civil society." This also means that political leadership must be embedded in the mutual task of serving the neighbor. He was thus critical of the idea, which Lagarde defended, of the strong leader embodying the people. Such ideas were common also among his contemporary German theologians, who often combined their nationalistic or *völkisch* thought with an authoritarian view of the state. This is something we also find today. For example, Gogarten began to develop such views in the 1920s, which then were fully developed in his 1932 book *Politische Ethik*. Here Gogarten argued for an authoritarian state on the basis of what he thought was a Lutheran creation order theology. He claimed that the sovereign state had a "'heiliges' Recht über Leben und Eigentum seiner Untertanen."[38] Barth, on the other hand, defended a democratic *Rechtsstaat*, and for him the idea of a *Rechtsstaat* is more basic than democracy.

---

36 See e.g. Paul Althaus, *Religiöser Sozialismus: Grundfragen der christlichen Sozialethik* (Gütersloh: C. Bertelsmann, 1921); Hirsch, *Deutschlands Schicksal*, 155–66.

37 Karl Barth, *Ethics* (New York, NY: Seabury Press, 1981), 440–51.

38 Friedrich Gogarten, *Politische Ethik: Versuch einer Grundlegung* (Jena: Diederichs, 1932), 124.

Barth also discussed at length the issues of nation and peoplehood in these ethics lecture. He took up the theme again much more extensively in *Church Dogmatics* in 1951. For most German theologians, "1945" represented a new radical epistemological crisis concerning nation and peoplehood. This time it leads, for most of them, to a radical new beginning. The same is true for Germany as a whole. The change is dramatic. And Germany could be seen as an example of national conversion. But 1945 was not an epistemological crisis for Barth. When he discussed these issues in 1951 under the title "Near and Distant Neighbours" (*"Die Nahen und die Fernen"*), he used the material developed for the lectures in 1928/29. It is now much more developed, but the material position is basically the same.[39]

In the 1920s and 30s, Barth was attacked for promoting an abstract rationalistic cosmopolitan view of humanity. He said that humanity is described by his contemporary colleagues as "an empty rationalistic phrase as compared with that of kin or people."[40] However, Barth did not ignore the reality and importance of being part of nations. He did not defend what his critics called an abstract cosmopolitanism. However, both in the 1920s and in the 1950s, Barth discussed nationhood in relation to humanity. The first cannot be separated from the second. This does not mean that being part of a specific people is unimportant, but it is relativized. The immediate context is the situation humans find themselves in as created beings. In *Church Dogmatics*, under the title "Freedom in fellowship", he considers three relationships: man and woman, parents and children, and near and distant neighbors. When Barth discusses near and distant neighbors, he takes up the issue of nationhood. However, he concludes that the latter relationship, near and distant neighbors, cannot be seen as similar to the other two.

Still, being part of peoples is ethically relevant, because this is the situation in which we hear God's command. However, we are also part of humanity. Barth writes, "God's command is directed to him in his quality as a member of his people and therefore as one who is also a member of humanity in general."[41] The first cannot be separated from the second. He discusses this relationship between the near and distant neighbors, between one's own peoplehood and other peoplehoods, and between being part of a specific nation and also being part of humanity as such, through the three

---

39 Barth, *Ethics*, 191–6; Barth, *CD* III/4, 285–323.
40 Barth, *Ethics*, 194. Cf. 179.
41 Barth, *CD* III/4, 287.

realities of language, geography, and history. In all three cases, Barth shows that there are no absolute borders between near and distant. They are fluid and changing. Even languages such as German or Swedish are mixed and developing entities. And they do not follow national borders. We start where we are, as German or Swedish speaking persons, but use of one's native language is subordinated to the communicative purpose of speech. It should not imprison us, it should not divide and exclude, and it should not determine who belongs to one's own people.

Nationality is also related to geography and to place. Again, Barth says that the command of God meets the concrete human being as related to this particular place, this home, country, and people. Such relation results in "a corresponding duty of love and fidelity toward it. He will joyfully and thankfully be what he is."[42] But again, place and peoplehood are not ends in themselves. They are subordinated to the command of God, and should be used in service for others both near and distant. It is a starting point, but not the end. We are called to relations also with the distant. Every people should be so strong in themselves that they can positively relate to other countries, but also welcome foreigners among us and "make them our own." Moreover, every country can learn from and grow in relationship to other countries and cultures.

Nationhood is also a question of common history. As Barth wrote, "Economic, social, cultural, political and religious factors are the historical realities which underlie the existence and distinction of peoples."[43] This can be much more important than and override language, location, or physical similarity. Nations are historical constructs. This is, Barth said, the most important root of the differences and conflicts between peoples. It is a messy and sometimes dangerous heritage and reality. One cannot live outside it. One cannot ignore it. It shapes a person, their outlook, and their practice. One hears God's command in the midst of being part of this people. But again, the command of God has primacy over all considerations growing out of one's peoplehood. One's nation is not an end in itself and its questions and challenges are not radically different from the one's that meet other nations. Barth writes that "human problems, though seen and grasped at different times and in different ways, are finally the same. [...] in all its particularity the history of each people points beyond itself." He can even say the follow-

---

42 Barth, *CD* III/4, 292.
43 Barth, *CD* III/4, 294.

ing: "The history of [God's] covenant with man, fulfilled and completed in the one Jesus Christ, is the centre of all history and the meaning and goal of all national history."[44]

Barth concluded his discussion in *CD* III/4 by arguing that all this shows that the existence of this fellow-humanity in its near and distant forms does not constitute "an *independent* form of the divine command."[45] The relations of near and distant are reversible and the command cannot take different forms for different people. There are no specific historical missions or civilizational callings. Moreover, what is near and distant is fluid. Nations are changing and transitory constructions. A nation can never represent a permanent order. A nation is not necessarily, only factually, German, Swiss, or Swedish.

Moreover, Christians are also part of another people, a pilgrim people, the Church, the body of Christ, and as pilgrims, Christians are free in relation to nations. They can never give their primary loyalty to the nation. To believe in nations as orders of creation, as specific callings from God is idolatry and the introduction of a "foreign deity": "The Father of Jesus Christ, who as such is the Creator, cannot be recognized in this national god."[46] Such a view only leads to disaster. We are parts of peoples, histories, and places, but this can never be more than the presupposition of or the place where we hear and follow God's command.

The witness of Switzerland

Barth developed his theology in contrast to German nationalism and *völkisch* thought. But he was Swiss. And during the Second World War, he wrote extensively about the historic role of Switzerland. One might ask how such writing concurs with his criticisms elsewhere of the idea of historical roles for nations. Barth can talk about the historic role and witness of Switzerland, but implicitly he contrasts its witness to the ideas of German *Volkstum*. First, Switzerland is a confederation, an *Eidgenossenschaft*, which is built on an oath. It is not a kingdom and not a republic. It is not peoplehood, language, common history, or so on, that constitutes Switzerland, but rather an oath. Switzerland consists of several regions and different languages. It

---

44   Barth, *CD* III/4, 297.
45   Barth, *CD* III/4, 299.
46   Barth, *CD* III/4, 305.

is a confederation of free peoples and free humans. Barth stressed that it is not a Christian state, but rather a state that has been confronted with the gospel. Switzerland has emerged "auf dem Boden und Grund, in der Luft und Reichweite der Kirche Jesu Christi."[47] Since Switzerland has developed its own life form, in turn it can be a witness to the rest of the world regarding another possibility in relation to the nation-state system by witnessing to the possibility of a political order that transcends ethnic, national, and economic interests and is built on common laws and commitments. As such, Switzerland represents a just state.

When Barth wrote this, the major contrast to his understanding of Switzerland was the totalitarian Nazi state, which he considered an unjust state and not truly a state at all. The Swiss state is thus a *Rechtsstaat*, a state ruled by law. He can even argue that Switzerland, in a way, represents the idea and memory of the old Holy Roman Empire, which ideally – albeit in a very flawed manner – pointed in the direction of a decentralized federation. The European Union (EU hereafter) today might be another example. Aleida Assmann, in her recent book *Die Wiedererfindung der Nation*, describes the EU precisely as an Eidgenossenschaft, a community of nations, languages and cultures, but also a community built on a common constitution. And now she says the EU stands at a crossroads between a developing nationalism in different member nations and serving as a protection against rising nationalism.[48]

Thus for Barth, Switzerland seemed to play a role analogous to the church, being a witness to another possibility. Switzerland cannot force this model on anyone; it can only make this model known through its existence. Moreover, Switzerland is not a theory that Barth proposed, but rather an example that emerged from history. It had to be defended against threats, such as the Nazi government. This is crucial for understanding his theology of war.

At times, on a formal level, Barth can sound similar to Herrmann and Troeltsch in 1914. Germany was, they said, defending the specific German culture and Germany's God-given role in history. In reality, the situation was quite different. Germany was not defending itself from an unprovoked

---

47 Karl Barth, *Eine schweizer Stimme, 1938–1945* (Zollikon-Zürich: Evangelischer Verlag, 1945), 207.

48 Aleida Assmann, *Die Wiedererfindung der Nation: Warum wir sie fürchten und warum wir sie brauchen* (München: C.H. Beck, 2020), 54–9. For a somewhat similar historical analysis, see Adrian Hastings, *The Construction of Nationhood: Ethnicity, Religion, and Nationalism* (Cambridge: Cambridge University Press, 1997).

attack. It was part of Europe's creation (not just in Germany) of a war culture (supported also by churches and theology) that led to what leading war historian John Keegan once called the "extraordinary, […] monstrous cultural aberration," which we call the First World War.[49] And many in Germany had ideas of creating a much larger Germany in the East. Switzerland was no aggressive power. It could only witness to how to build a state on a non-nationalist foundation. On that basis, Barth would also be critical of how France, Britain, and the United States could interpret their role in spreading civilization and democracy. But just as Barth thought it was imperative to defend Switzerland by force if it was attacked, he also thought it was imperative and a command of God for Britain, France, and the United States to defend Europe and the world from Nazi aggression. Barth's views here create many questions, and he later thought that his discussion of war in his creation ethics was too colored by the experience of the Second World War.[50]

Barth was not a utopian thinker. He started from where the church in his time period existed, which was in a world system of nation-states, even if, for example, Switzerland pointed to an alternative. Barth seldom discussed the specific modern nation-state system. When he did, he said that there is no intrinsic contradiction between the universal church and the nation-state "in so far as the latter, *in its sphere* is in itself that essentially international, God-instituted *true* State."[51] And the true and just state can never serve only national interests but has to see itself as part of a supra-national universal order of rights and responsibilities. He did not think of the existence and survival of nations or empires as ends in themselves. All communities and all human life has its value and goal in something beyond itself. And the church's calling is to witness to this beyond of the kingdom of God.

The church as the witness to the kingdom of God

Barth's views on the church and the nation-state leads us to his understanding of the role of the church as a witness to the kingdom of God. Bruce McCormack writes that the most important change in Barth's theology during the first years after he moved to Germany was the development of a Christologically based constructive ecclesiology. This also means that the foundational

---

49   John Keegan, *A History of Warfare* (New York, NY: Vintage Books, 1993), 21, cf. 347–66.

50   Arne Rasmusson, "Church and War in the Theology of Karl Barth," *Nederduitse Gereformeerde Teologiese Tydskrif* 54, sup. 5 (2013): 254–63.

51   Karl Barth, *The Church and the War* (New York, NY: Macmillan Co., 1944), 23.

context for doing theology is the church.[52] This double basis in Christology and ecclesiology has always been a controversial part of Barth's theology. The problem is not simply the church as a context for doing theology. Rather, it is also the material ecclesiology that Barth slowly developed – one that increasingly turned him against both the dominant practices of established Protestantism in Europe and also the culturally and socially established Protestantism elsewhere, including in the United States. The legal form was not his primary interest, even if he moved from supporting the legal church establishment in his 1928/29 ethics lectures to increasing sympathy for disestablished free churches later on.

When Barth, in his mature ecclesiology in *CD* IV/3, describes the ministry and witness of the Church, corresponding to the ministry of Christ, he formulated twelve practices of speech and action that constitutes the church. One of the twelve constitutive practices is the establishment of community or fellowship attesting to the trinitarian fellowship, and on that basis, to the fellowship of Christ and his Body, the Church, and in turn on that basis also with the whole humanity. In this context, Barth also talked about the relationship between church and nationhood. The church will in its life and mission recognize the reality of nationhood, but the actual practiced community of the church transcends all national borders: "Rather it constitutes right across them a new people in which the members of all peoples do not merely meet but are united." A Christian is first and foremost a member of the new people of God. Such a church "recognises the primacy of its own citizenship over all others." A church that places one's own nation and people above the international church, a church that makes being Swede, German, or American primary to being Christian, is "a sick Church."[53] He continues by saying the same thing about race, culture, and economic class. Baptism and the Lord's Supper are actions that create such community above all other divisions, and as such, they are "the witness of peace on earth."[54]

The changes in Barth's theology of baptism, including his questioning of the practice of infant baptism, also involved his experience of nationalized Christianity in general and the church conflict with the Third Reich in particular. Infant baptism, even if practiced before, "became," he says, "the general rule" with the radical Constantinian transformation, "when the Church en-

---

52 Bruce L. McCormack, *Karl Barth's Critically Realistic Dialectical Theology: Its Genesis and Development 1909–1936* (Oxford: Clanderon Press, 1995), 302–3.

53 Barth, *CD* IV/3:2, 899.

54 Barth, *CD* IV/3:2, 901.

                                                                    Arne Rasmusson

tered into an ontological unity with people, society, state and empire, which found its ripest form in the medieval *Corpus Christianum* with its two distinct but not separated dominions." This unity was and is built on the practice of infant baptism. In contrast to this practice, Barth thought "it might be better for the cause and ministry of the Church in or to the world [...] [if] it had to exist again in people, society and state as a small and unassuming group of aliens [...] [and] mobile brotherhood."[55] For Barth, baptism is the beginning and the foundation of the Christian life, an answer to the sacrament that is the history of Jesus Christ, and therefore an act of conversion and free obedience to Jesus Christ. So perhaps it is no accident that Barth said Anabaptists and other so-called Enthusiastic movements, despite their many questionable theologies and practices, were much more willing than Luther and other Reformers to test its ecclesial practices and relationship to the powers at hand in the light of the gospel. The Reformers did not want to challenge the political order.[56] Melanchthon and Luther (though with more ambivalence) argued for capital punishment for questioning infant baptism and creating independent congregations, because it undermined the political and social order.[57]

For Barth, this was not an individual theoretical idiosyncrasy, as often described by his critics (including many Barthians). He was part of a wider rethinking within the Confessing Church about the role of infant baptism in the *Volkskirche*. The background was the separation of church and state in the Weimar Republic and most especially the experiences of the church struggle during the Nazi state. In 1942, Dietrich Bonhoeffer was asked to write a position paper on the issue in response to a Confessing Church pastor who questioned infant baptism. While Bonhoeffer defended the legitimacy of infant baptism, he questioned its practice in the German *Volkskirche* and defended the right of members and pastors to not baptize their own children. Infant baptism, he argued, is only legitimate in the context of a believing congregation.[58] Moreover, the debate continued, and Barth's influence was

---

55 Barth, *CD* IV/4, 168.

56 Barth, *CD* IV/3:2, 28f.

57 John S. Oyer, *Lutheran Reformers Against Anabaptists* (Paris, AR: The Baptist Standard Bearer, 2001), 114–78.

58 Dietrich Bonhoeffer, "A Theological Position Paper on the Question of Baptism: Co-Report on the 'Reflection on the Question of Baptism' in Reference to the Question of Infant Baptism," in *Conspiracy and Imprisonment, 1940–1945 (Dietrich Bonhoeffer Works, 16)*, ed. Mark S. Brocker, (Minneapolis, MN: Fortress, 2006), 551–72.

crucial after his 1943 booklet on baptism was published, where he argued at length against infant baptism.[59] The debate continued during the 1950s and 1960s, culminating after the 1967 publication of Barth's fragment of the last part of his doctrine of reconciliation, titled "Baptism as the foundation of the Christian Life."[60] At that time, many pastors and many members in several of the *Landeskirchen* did not let their own children be baptized. Leading theologians and faculties of theology were involved in the debate.[61] Even if the debate also involved Barth's view of sacramentality, the issue of infant baptism made it acute, because it had radical practical consequences for the relationship between church and nation (and for the economy of the church).

If one approves of Barth's thoughts on the church as a minority pilgrim people, such views have consequences for how to think about the role of Christians in the world. Theology is not first directed toward general ethical theories about the organization of state and society and what the government should do, but its first responsibility is in relation to the life of this pilgrim people itself. So if one takes the issue of immigration as an example, one might say that the church's role is not just to answer the question about the government's immigration policy. It can participate in policy debate, but the more important practice and witness is how they interact and live with the immigrants and refugees they encounter in their own local context.

---

59   Karl Barth, *The Teaching of the Church Regarding Baptism* (London: SCM Press, 1948).

60   Barth, *CD* IV/4. This text is built on his lectures from 1959–60.

61   This development is well described in "Kindertaufe oder Erwachsenentaufe: Bericht über die Taufdiskussion in der Evangelischen Kirche in Deutschland (Redaktionsartikel)," in *Evangelische Kommentare* 2 (1969): 559–65; Michael Raske and Peter Lengsfeld, "Die Kindertaufe in Diskussion und Praxis bei nichtkatholischen Kirchen," in *Christsein ohne Entscheidung oder soll die Kirche Kinder Taufen?*, ed. Walter Kasper (Mainz: Matthias-Grünewald-Verlag, 1970), 21–53, esp. 21–33. See further Dieter Schellong, *Warum Christen ihre Kinder nicht mehr taufen lassen* (Frankfurt a.M: Stimme-Verlag, 1969), and Frietz Viering, ed., *Zu Karl Barths Lehre von der Taufe*, 2nd ed. (Gütersloh: Mohn, 1972). Jürgen Moltmann is one leading theologian in this tradition who, like Barth, critically describes the connection between infant baptism, ecclesiology, and society: "Infant baptism is … the basic pillar of the *corpus christianum* … the foundation of the national church" (Jürgen Moltmann, *The Church in the Power of the Spirit: A Contribution to Messianic Ecclesiology* [London: SCM Press, 1977], 229. See further pp. 226–42.). In the original German, Moltmann says "Volkskirche." At this time, it also led to a discussion in the Roman Catholic Church in Germany. See Walter Kasper, ed., *Christsein ohne Entscheidung oder soll die Kirche Kinder taufen?* (Mainz: Matthias-Grünewald-Verlag, 1970). Thanks to Michael Pfenninger who helped me find some of this material.

This is something to which Barth often returns. He says the most important contribution the church can give to society at large is not a theory or public policy proposals, but the witness of its own life through being an example in word and deed. Moreover, the church may influence society not only as an example, but in indirect ways through its life and practices. For example, in contrast to the dominant Lutheran views, Barth can describe church law or church order as an exemplary law. As he wrote, "[T]he decisive contribution which the Christian community can make to the upbuilding and work and maintenance of the civil consists in the witness which it has to give to it and to all human societies in the form of the order of its own upbuilding and constitution."[62] The church should not give witness to itself but rather "to the kingdom of God already set up on earth in Jesus Christ, and a promise of its future manifestation."[63] The gospel is betrayed if the church is divided in terms of ethnicity, race, or nationality. Instead, the church should witness to that unity established in Christ in its own life, in its relationship to ethnic, class, or other divisions, and in its relationship to nations, to immigrants, and to refugees. The church can never be national.

There is interesting support for Barth's view from social science studies regarding religion, nationalism, and immigration. Studies on Europe as a whole show that religious people (which in Europe mostly means active church people) tend to be more nationalistic and more negative toward immigration in countries where religion is closely identified with the national culture and where the government supports the majority religion. In minority churches, on the other hand, stronger religiosity leads to more positive views toward immigration.[64] Studies on Sweden show that active church people are much more positive toward immigration and the building of mosques than secular people, and free church people are more positive than active Church of Sweden people.[65] Congregations are, beside sports, one of few places where immigrants and old Swedes tend to meet. Of course, from a secular point of view, and for many Christians, at least in Sweden, saying

---

62 Barth, *CD* IV/2, 721.

63 Barth, *CD* IV/2, 721.

64 Andrea Bohman and Mikael Hjerm, "How the Religious Context Affects the Relationship between Religiosity and Attitudes Towards Immigration," *Ethnic and Racial Studies* 37 (2014): 937–57.

65 Magnus Hagevi, "Samhällsförändringarna bakom radikala högerpopulistiska partier," in *Sverige, Sverige fosterland: En antologi om nationalismen, kyrkan och samhället*, ed. Kjell-Åke Nordquist (Stockholm: Teologiska högskolan, 2015), 37–53.

that membership in the church has primacy over one's national citizenship is viewed as a dangerous and unacceptable.

Barth also presented this approach in his 1948 address at the Amsterdam Assembly that established the World Council of Churches. He argued "A church which was in all its forms a living congregation would be already, in its exemplary existence in the midst of the political structure, a proclamation also in the political realm."[66] In this context, Barth pointed to the positive historical example and legacy of dissenting Protestantism or free churches that emerged in England in the sixteenth and seventeenth centuries, "a movement," he said, "which until now has been too little noticed or too quickly rejected."[67] This tradition showed itself, he continued, much more able to constructively deal with the Enlightenment and contribute to the creation of more mature and healthy democracies in the Anglo Saxon world compared to continental countries. Barth also pointed to how the new churches outside the North Atlantic world increasingly took this route. He ended this text on the church by asking if this congregational form may not also one day be the future of continental churches. Barth also recognized the dark sides of these traditions. They can also succumb to nationalism, especially when they become socially and culturally established and closely identified with one's nation. American Christian nationalism is one obvious example.

The German historian Hartmut Lehmann has suggested that one of several reasons why Germany developed so differently from England and the United States was that the radical Pietist movements in Germany were not given the freedom to develop independent congregations and movements. Consequently, an independent broad civil society developed in Germany much later.[68] Moreover, another well-known historian, Adrian Hastings, claimed in his book *The Construction of Nationhood* that [...]among some of the dissenting Protestants or so called Free Churches, one can find "the most creative efforts made to free Protestantism and Christianity with it from nationalist bondage," though they also often have been overtaken by nation-

---

66 Karl Barth, "The Church: The Living Congregation of the Living Lord Jesus Christ," in *God Here and Now* (New York, NY: Harper & Row, 1964), 75–104, here 102f.

67 A.a.O., 103.

68 Hartmut Lehmann, "Die langfristigen Folgen der kirchlichen Ausgrenzung des radikalen Pietismus," in *Der Radikale Pietismus: Perspektiven der Forschung*, ed. Lothar Vogel, Marcus Meier, and Wolfgang Breul (Göttingen: Vandenhoeck & Ruprecht, 2010), 45–55.

alism. He argued "It is groups like the Mennonites and the Quakers which have produced a Christian spirit most impervious to nationalism."[69]

Exemplary witnesses

I will conclude this essay with historical examples in relation to the afore-mentioned traditions. One of the twelve constitutive signs of the church Barth mentioned is "the production and existence of definite personal examples of Christian life and action." Throughout the history of the church "the voice of the community, surrounded, accompanied and sometimes overwhelmed by many others, is very largely that of individuals impressing their life and witness on their own time and place and beyond, and giving characteristic and representative expression to the message of their day either in strength or weakness [...]."[70] He can even say that such examples "for a time and in certain circles both *ad intra* and *ad extra* acquire in them an exemplary, directive and canonical character."[71] I will conclude by telling stories about three such persons. They all exemplify the witness made possible by churches freed from national bondage. All three represent fascinating histories, though due to the confines of space, I have to be brief. No one thought so at the time, but they all had world historical significance. But it is important to remember that these individuals are wholly dependent on the church communities in and from which they lived and worked. Thus, these stories are not about individual heroes.

I will start with the beginnings of radical congregationalist dissenting Protestantism in England, which Barth can say has been undernoticed. And the same is true of Barth himself. For example, in *CD* IV/3, he talks about the struggle for the abolition of slavery and the women's movement and seems to say that these movements often tended to emerge outside the churches. This is not true. The drivers of and social bases for these movements were, to a large extent, Quakers, Methodists, and other dissenting Protestants and revivalists.[72]

---

69 Hastings, *The Construction of Nationhood*, 205. See further 185–209.

70 Barth, *CD* IV/3:2, 887.

71 Barth, *CD* IV/3:2, 888.

72 Barth, *CD* IV/3:1, 28f. See, eg., Arne Rasmusson, "Kyrkan och kampen för ett bättre samhälle," *Svensk teologisk kvartalskrift* 96 (2020): 173–99; "Ostädat blir rumsrent: En makrohistoria," in: *Ostädade* väckelser: *Modernitetens förtrupper*, ed. Joel Halldorf, Sune Fahlgren, Erik Sidenvall and Cecilia Wejryd (Göteborg: Makadam, 2023), 22–52.

In 1641, Katherine Chidley published *The Justification of the Independent Churches of Christ*, the first book written in English by a woman defending churches independent of the government, religious freedom, and toleration. She was active in starting several independent congregations. She wrote in discussion with the Presbyterian pastor Thomas Edwards whose goal was to establish a Presbyterian state church that replaced the Anglican state church. Edwards warned that independent congregations and religious tolerance would undermine national unity. He believed the idea of spiritual equality promoted in these churches might allow the uneducated, and even women, to assume leadership roles, thereby threatening the established social order. Chidley's role as a woman who founded congregations and wrote theology confirmed Edwards' fears. For Chidley, however, such Christian egalitarianism was a result of faithfulness to the Bible and the Holy Spirit. Her book was both a careful yet forceful biblical and theological elaboration and defense of her position. Moreover, Chidley also argued that church and social orders following such views would be more beneficial for both church and society.

Chidley did not become a canonical figure in Christian history, but she was, as most women were, forgotten, and only rediscovered in the twentieth century by leftist and then feminist historians. In Chidley's own time, however, she was well known. Chidley was also active in the Leveller's movement, a proto-democratic movement that had much of its social basis in Baptist and Separatist churches.[73] Historians believe that Chidley was likely the author of several petitions to Parliament, in which she also argued for women's right to have a say in the ordering of society. Her activism was enabled and shaped by her involvement in a congregational life that was independent of national structures. And, as historians tell us, this fact helped these churches to internally pioneer practices that became important for the development of democracy and an independent civil societies.[74]

---

73 John Rees, *The Leveller Revolution: Radical Political Organisation in England, 1640–1650* (London: Verso, 2016).

74 Arne Rasmusson, "Ett nytt sätt att vara kyrka: Katherine Chidley och framväxten av en 'baptistisk' kultur i 1600-talets England," in: *Med Gud och hans vänskap: På spaning efter kyrkan i praktiken, historien och framtiden*, ed. Joel Halldorf and Jonas Ideström (Örebro: Libris, 2022), 167–85; Katharine Gillespie, *Domesticity and Dissent in the Seventeenth Century: English Women Writers and the Public Sphere* (Cambridge: Cambridge University Press, 2004), ch. 2.

Some of these congregations, because of the free spaces they created and their emphasis on spiritual equality, became important for the role of women. Several hundred women preachers were active during Chidley's time. Some of her friends later became Quakers, a tradition that more than any other continued to carry the practice of women preachers and leaders into the future. The whole modern women's movement more or less has its origin in the Quaker movement and in other dissenting Protestant groups. The 1848 Seneca Falls conference in a Methodist church is often described as the beginning of the modern women's movement. Four of the five organizers where Quakers, and the fifth was from revivalist background. The most important movement that worked for voting rights for women in countries like New Zealand, Finland, the United States, and Sweden was the Women's World Christian Temperance Union, which had its social basis in Free churches and Pietist movements.[75]

Quakers, Methodists, and other radical dissenting Protestants were also at the core of the first modern social movement, which was the abolition of slave trade and slavery. The Anglican Church, like other nationally established churches, did not take this stance toward slavery. The Quakers, on the other hand, created an international church that first abolished slavery among themselves and then began a movement for the general abolishment of slave trade and slavery.[76]

Perhaps the most important individual in this movement was Anthony Benezet who was born to Protestant parents in France in 1713. The family later moved to the United States where they became Quakers.[77] Like Chidley, Benezet is not a well known figure, certainly not in theology, but he was crucial for the abolishment of the slave trade and slavery. He was part of a holiness movement among Quakers that stressed the imitation of Christ and the search for individual and social holiness. Benezet worked as a teacher in a school for black children in Philadelphia. And he worked intensively against slavery, mobilizing Quakers and other churches, creating transatlantic net-

---

75 Margaret Hope Bacon, *Mothers of Feminism: The Story of Quaker Women in America* (San Francisco, CA: Harper & Row, 1986).

76 Christopher Leslie Brown, *Moral Capital: Foundations of British Abolitionism* (Chapel Hill, NC: University of North Carolina Press, 2006); Brycchan Carey, *From Peace to Freedom: Quaker Rhetoric and the Birth of American Antislavery, 1657–1761* (New Haven, CT: Yale University Press, 2012).

77 Maurice Jackson, *Let This Voice Be Heard: Anthony Benezet, Father of Atlantic Abolitionism* (Philadelphia, PA: University of Pennsylvania Press, 2009).

works, writing books against slavery, and spreading the work of other European and American abolitionists, both white and black. His books became extremely influential in England, France, and the United States. Benezet was also read extensively by secular Enlightenment figures in France, and he is often described as the father of the French abolitionist movement. Like Chidley, Benezet was shaped by a church that had developed an alternative congregational life in contrast to politically, socially, and culturally established churches, which made it possible for them to also pioneer new ways of living. The Quakers are a good example of a church that makes its common, congregational, and supranational church order or church law a witness to the gospel and a basis for work for social change.

My final example is Richard Allen who was born as slave in 1760 in Pennsylvania. He was able to buy his freedom after his owner had converted to Methodism under Allen's influence.[78] Allen soon became a well-known preacher, in the beginning mostly among white churches. John Wesley, not least influenced by Benezet, was against slavery and Methodist preachers in America had to preach and work against slavery. Allen originally experienced a non-segregated Methodist church life. But slavery grew in the United States and became more politically influential. In the North, racism increased. As Methodism expanded and migrated southward, eventually becoming the largest church in America, there was a concurrent rise in racism and slavery within the church. In the south, Methodism and Baptists became a sort of folk religion, for which first slavery and then segregation were central dogmas.[79]

Allen experienced this in his own local congregation when they introduced segregated seats. In response, Allen started a new congregation, which in time led to the creation of a new denomination known as The African Methodist Episcopal Church. He used the Exodus motive to speak about how God should liberate the black community. Allen also stressed the practice of love and non-violence. He was, one can see now, a pioneer for convictions, institutions, and practices that culminated in the Civil Rights Movement during the twentieth century. The black churches in the United States provide one of the clearest examples of the significant historical role that con-

---

78 Richard S. Newman, *Freedom's Prophet: Bishop Richard Allen, the AME Church, and the Black Founding Fathers* (New York, NY: New York University Press, 2008).

79 Donald G. Mathews, *Slavery and Methodism: A Chapter in American Morality, 1780–1845* (Princeton, NJ: Princeton University Press, 1965).

gregationalism can play in shaping "free spaces."[80] Without these churches, the United States and the world more broadly would look different. Allen shaped history along with his church. As Richard Newman writes, the world follows Allen's thought and example today more than Washington, Jefferson, or Franklin. In his own time, most viewed Allen's position as impossible.[81]

Allen also supported missions to Africa, which was a crucial development in the abolition of slavery in West Africa. In *Abolitionists Abroad: American Blacks and the Making of Modern West Africa*, the famous late Gambian historian Lamin Sanneh unpacks this fascinating story.[82] The Atlantic slave trade presupposed the slavery and slave trade structures that already existed in parts of Africa. When the Portuguese began the Atlantic trade in the 15th century, millions of Africans had been sold mainly to the Muslim world already. The new Atlantic trade dramatically increased the demand for slaves. Sanneh emphasized that Catholic and Anglican missions presupposed the politically established and territorial church structures in Europe, and thus in Africa, they were connected to the existing order and its kingdoms and chiefdoms, which were also central to slavery and the slave trade. In the late eighteenth and early nineteenth centuries, former slaves or free blacks from the United States, often Methodists, traveled to West Africa as settlers and missionaries. Richard Allen supported these endeavors.[83] They brought beliefs and practices from their Christian traditions and American ideals of freedom and created independent congregations that became, Sanneh says, anti-structures to the chieftaincy that had been the African base for the slave trade. These parishes were built from below, and broke up the old order. In doing so, these congregations created the foundation for the abolition of slavery in West Africa.

Chidley, Benezet, and Allen were not Barthians. Barth would have had many misgivings with their theologies. But they exemplified the sort of congregationalist practice he encouraged. They were able to form churches that witnessed, even if stumblingly and provisionally, to a reality beyond nations, ethnicities, and political powers, to the kingdom of God.

---

80 Allison Calhoun-Brown, "Upon This Rock: The Black Church, Nonviolence, and the Civil Rights Movement," *PS: Political Science & Politics* 33 (2000): 169–74.

81 Newman, *Freedom's Prophet*, 25–6.

82 Lamin Sanneh, *Abolitionists Abroad: American Blacks and the Making of Modern West Africa* (Cambridge, MA: Harvard University Press, 1999).

83 Dennis C. Dickerson, *The African Methodist Episcopal Church: A History* (Cambridge: Cambridge University Press, 2020), 38.

Siegfried Weichlein

Weltbürgertum und Nationalstaat

Wie geht das zusammen?

Der Diskurs um Weltbürgertum und Nationalstaat, ethischen Universalismus und Kommunitarismus kennt zwei Schlüsselperioden, in denen der begriffliche Raum sich neu ausrichtete und konzeptuell erweiterte: die Zeit um 1800 und diejenige um 1990. Beide Zäsuren haben sowohl einen historischen wie auch einen systematischen Aspekt. Es ging um das Verhältnis von politischer und kultureller Gemeinsamkeit, um den universalen und den partikularen Nationsbegriff, kurz: um Nationalstaat und Weltbürgertum. Das wird im Folgenden für die Sattelzeit (Koselleck) zwischen 1770 und 1830 dargestellt. Nach dem Ende des Kalten Krieges drehte sich nach 1990 die Debatte mehr um das Verhältnis von nationaler Demokratie und Weltrepublik, um Liberalismus und Egalitarismus, kurz: um Kosmopolitismus und Partikularismus. Der Kosmopolitismus kehrte nach 1990 als Frage der Sozialtheorie und der Sozialethik zurück.[1]

Friedrich Meinecke, der das Buch mit der titelgebenden Formulierung im Jahr 1908 schrieb[2], war der Ansicht, dass sich Weltbürgertum und Nationalstaat miteinander verbinden ließen. Er schrieb dieses Buch vor 1914 und entfaltete Weltbürgertum und Nationalstaat in zwei Denkbewegungen, die um die Begriffe Kulturnation und politische Nation oder Staatsnation kreisten. Zum einen löste sich das Nationale vom idealistischen Weltbürgertum allmählich im Laufe des 19. Jahrhunderts. Der Kosmopolitismus der Kulturnation stammte aus der Aufklärung und verharrte letztlich auf dem Niveau eines intellektuellen Universalismus. Er war zu schwach, um politisch effektiv zu sein, weil er nach Meinecke den Fokus nicht auf den Staat setzte. Erst die politische Nation sollte sich als stark genug erweisen, einen Nationalstaat zu

---

1   Christoph Broszies (Hg.), *Globale Gerechtigkeit. Schlüsseltexte zur Debatte zwischen Partikularismus und Kosmopolitismus*, Berlin ³2016.

2   Friedrich Meinecke, *Weltbürgertum und Nationalstaat. Studien zur Genesis des deutschen Nationalstaates (1908)*, München ⁶1922; Andrea Albrecht, *Kosmopolitismus. Weltbürgerdiskurse in Literatur, Philosophie und Publizistik um 1800*, Berlin 2005.

errichten. Meinecke fand dafür Vokabeln wie „Befreiung" und „Erwachen",
ganz das Vokabular von Risorgimento, Palingenesis und Wiederentstehung.
Zum anderen aber fasste Meinecke Nationen und Nationalstaaten nicht über
bestimmte Charakteristika wie Sprache, Territorium oder Ethnie. Hier blieb
er ganz in der Tradition Ernest Renans. „La nation est un plébiscite de tous
les jours. La nation est une âme, une principe spirituelle."[3] Wie für Renan war
für ihn die Nation eine historische Individualität, einzigartig, unfassbar und
vereinzelt. Nationalstaaten folgten ideellen und nicht materiellen Bindungen
wie Sprache und Territorium. Die politische Nation benötigte ethische Ide-
ale. Das bedeutete, „dass das wahre, das beste deutsche Nationalgefühl auch
das weltbürgerliche Ideal einer übernationalen Humanität mit einschließe,
dass es ‚undeutsch sei, bloß deutsch zu sein' (Johann Eduard Erdmann)".[4] In
Meineckes Synthese kamen Macht und Geist, Nationalstaat und Weltbürgertum, die partikulare Nation und die universalistische Idee zusammen. Diese
Synthese zersprang schon wenige Jahre später in den Schützengräben der
Westfront. Es bleibt die Frage, ob Kosmopolitismus und Nation kompatibel
oder strukturell und prinzipiell inkompatibel sind. Diese Frage wollen die
folgenden Überlegungen für die Sattelzeit um 1800, das Zeitalter der Diktaturen und die zeitgenössische Sozialtheorie um 1990 untersuchen. Alles
waren Zeiten theorieproduktiver Umbrüche, die den begrifflichen Rahmen
der Debatte um „Weltbürgertum und Nationalstaat" neu justierten.

Kosmopolitismus und Patriotismus

Der klassische Kosmopolitismus, auf den sich Meinecke bezog, entstand im
18. Jahrhundert, wiewohl ältere antike und frühneuzeitliche stoizistische
Modelle immer wieder einflossen. Er reagierte nicht auf den Nationalismus,
der als politisches Ordnungsmodell noch gar nicht vorhanden war. Er antwortete vielmehr auf die absolutistische Monarchie und die Konzentration
der politischen Macht an der Spitze einer Pyramide und in einer Person. Die
politische Begründungsformel für den Kosmopolitismus lautete Freiheit von
Unterdrückung, Freiheit vom Absolutismus, vom Ständesystem und vom

---

3   Ernest Renan, *Qu-est-ce que une nation?*, Paris 1882, 27 (= Meinecke, *Weltbürgertum und
    Nationalstaat* [Anm. 2], 5).

4   Meinecke, *Weltbürgertum und Nationalstaat* (Anm. 2), 20. Johann E. Erdmann, Das
    Nationalitätsprinzip (1862), in: ders., *Ernste Spiele. Vorträge, theils neu theils längst ver-
    gessen*, Berlin ³1875, 221.

Untertanengeist. Höhepunkt dieser aufklärerischen Euphorie des Kosmopolitismus war die Phase, die zur Französischen Revolution 1789, dem „herrlichen Sonnenaufgang" (Hegel), führte.

Wie aber verhielten sich Kosmopolitismus und Nationalismus zueinander, nachdem die absolute durch die konstitutionelle Monarchie 1789 abgelöst und schließlich gestürzt worden war. Im Ergebnis entstand ein viel gefährlicherer Nationalismus als nur die nationalistisch-partikulare Antithese zum Kosmopolitismus, nämlich ein mit kosmopolitischem Sendungsbewusstsein aufgeladener Nationalismus. Es lassen sich im Wesentlichen drei Weisen unterscheiden, wie sich Kosmopolitismus und Patriotismus, so der zeitgenössische Begriff, bereits seit Mitte des 18. Jahrhunderts verbanden.[5]

Verfassung und Republikanismus

Das kosmopolitische Bekenntnis ging in den meisten Fällen mit einem starken Republikanismus einher, der sich seinerseits stark am römischen Vorbild orientierte. Der Republikanismus trat in verschiedenen Spielarten auf: neben dem aristotelisch bürgerorientiert-kommunitaristischen Republikanismus gewann der römisch geprägte und institutionenorientierte liberale Republikanismus immer mehr an Bedeutung. Die Herrschaft des Rechts, die Gewaltenteilung und die gesicherte Mitwirkung am Staat traten in den Vordergrund.[6] Die republikanische politische Theorie wertete das Individuum und dessen politisches Ethos auf. Das war kompatibel mit kosmopolitischen weltbürgerlichen Einstellungen, aber auch mit dem Ordnungsmodell der modernen politischen Nation, die sich auf die Partizipation der Bürger am Staat stützte. Paradigmatisch dafür stand Abbé Sieyes. Aus Untertanen, dem Dritten Stand, sollten Staatsbürger werden, citoyens, was nicht gleichbedeutend mit Weltbürger war. Nicht nur der Weltbürger diente keinem Fürsten, auch der Republikaner verachtete Herrenwillkür, Polizei- und Pfaffenherrschaft und Untertanengeist. Der ausdifferenzierte Republikanismus war anschlussfähig an den Kosmopolitismus, in seiner Begründungsstruktur aber unabhängig. Vor allem aber ging er immer häufiger mit der Nation zusammen.

---

5   Peter Coulmas, *Weltbürger. Geschichte einer Menschheitssehnsucht*, Reinbek bei Hamburg 1990, 389–429; Albrecht, *Kosmopolitismus* (Anm. 2).

6   Philipp Hölzing, *Republikanismus und Kosmopolitismus. Eine ideengeschichtliche Studie* (Campus Forschung), Frankfurt am Main u.a. 2011.

Diese Teilhabe der Bürger stärkte den Staat. Die Republik ersetzte nach 1792 den monarchischen Staat, der in vielen Fällen als Unterdrücker des Individuums und als Maschinenstaat wahrgenommen worden war. Mit der Monarchie verschwanden auch die Privilegien der ersten beiden Stände Klerus und Adel. Der neue republikanische Enthusiasmus bediente sich der Rhetorik von Menschheit, Menschen- und Bürgerrechten, Freiheit und Selbstbestimmung. Nach 1792 griff die Rede von der französischen Nation gerne auf hohe Menschheitsideale zurück. Das kam markant bei Anarcharsis Cloots zum Ausdruck, einem Revolutionär und Politiker. Er kam als Johann Baptist Hermann Maria Baron de Cloots 1755 auf Schloss Gnadenthal in Donsbrüggen bei Kleve zur Welt und wählte später die französische Staatsbürgerschaft. Als „Redner des Menschengeschlechts" propagierte er die enge Verbindung zwischen der Republik und den Menschenrechten in der universellen Mission der französischen Nation. Er verfocht offensiv und wo nötig bellizistisch die zentralstaatliche Weltrepublik. Sein Schlagwort war die „constitution universelle" und die „republique universelle", die Entgrenzung der Revolutionsideale auf die ganze Welt. Cloots vertrat einen kosmopolitischen Republikanismus.[7] So genannte „Wohltäter der Menschheit" aus allen Ländern wurden jetzt Abgeordnete in der französischen Nationalversammlung. Der Schriftsteller Marie-Joseph Chenier meinte am 24. August 1792 kurz nach dem Sturz der Monarchie: „Würde sich die von allen Punkten der Welt versammelte Elite der Menschheit nicht als Kongress der ganzen Welt darstellen?" Die Pariser Nationalversammlung verlieh am 26. August 1792 den Briten Jeremy Bentham, James Macintosh und David Williams, den englischen Abolitionisten Thomas Clarkson und William Wilberforce, US-Präsident George Washington, Alexander Hamilton und Thomas Paine und aus Deutschland Friedrich Gottlieb Klopstock, Friedrich Schiller und dem Verleger Julius Campe die französische Staatsbürgerschaft. Der Schweizer Pädagoge Pestalozzi, der polnische Freiheitkämpfer Tadeusz Kościuszko, Thomas Paine und Priestley wurden zu Abgeordneten im französischen Konvent gewählt.[8]

Im Juli 1792 erklärten die Revolutionäre „das Vaterland in Gefahr" und appellierten an die patriotischen Gefühle der Nation. Überall in Europa wurden jetzt Schwester- oder besser Tochterrepubliken gegründet: In den Nie-

---

7 Francis Cheneval, Der kosmopolitische Republikanismus. Erläutert am Beispiel Anacharsis Cloots', in: *Zeitschrift für philosophische Forschung* 58 (3/2004), 373–396.
8 Coulmas, *Weltbürger* (Anm. 5), 394f.

derlanden die Batavische Republik 1795, in Genua und der Lomdardei die Ligurische Republik und die Cisalpinische Republik 1797, in der Schweiz die Helvetische Republik und in Rom die Römische Republik 1798, in Neapel schließlich die Parthenopäische Republik 1799.[9]

Andere Gesellschaften nahmen die so aufgewertete Nationsvorstellung gerne auf. Noch im Widerstand gegen Napoleon schien die Vorstellung einer Nation von Staatsbürgern auf. Auch wenn der Wiener Kongress die Monarchen wieder einsetzte, so war die Staatsbürgernation doch nicht einfach mit einem Vertrag aus der Welt zu schaffen. Zu welcher Kraftentfaltung die Staatsbürgernation in der Lage war, hatte die französischen Nation nach 1792 unter Beweis gestellt. Die Kraftentfaltung der modernen Nation blieb auch theoretisch attraktiv, gerade im liberalen Lager. Die neuen Nationalstaaten nach 1830 wie Belgien, die umgestalteten Niederlande oder die Schweiz standen im Zeichen dieser republikanisch-nationalen Gesinnung. Die vielen revolutionären Aufstände nach 1815 im Namen der Nation und der Freiheit deuteten in die gleiche Richtung.

In vielen europäischen Gesellschaften entstanden im 19. Jahrhundert angestoßen von Mazzinis „Giovine Italia" nationale Bewegungen, die stark von literarisch-universalen Idealen geprägt waren. Sie alle hatten einen Nationalstaat als Ziel vor Augen: im Vormärz „Junges Deutschland", um 1890 „Junges Polen", etc. Diese Gruppen sahen keinen Widerspruch zwischen einem europäischen Kosmopolitismus und der Gründung von souveränen Nationalstaaten. Sie nahmen den Kosmopolitismus für ihren Nationalismus vielmehr in Dienst.

Die Vertreter des republikanischen Nationsgedankens bezogen die soziale Vorstellung einer universellen Gesellschaft mit ein. Das bezog sich in erster Linie auf die Grundsätze, nach denen die politische Ordnung aufgebaut sein sollte. Diese Grundsätze beanspruchten universelle Geltung: Volkssouveränität, Partizipation, Beteiligung der Besten einer Nation an den politischen Geschäften und die Orientierung am Gemeinwohl. Der republikanische Nationalismus mit kosmopolitischer Grundierung blieb einflussreich unter den Intellektuellen, die der radikalen Phase der Französischen Revolution mit ihrem universellen Sendungsbewusstsein verpflichtet blieben. Die Nation – zumal die französische – sollte universalistisch sein und unterschiedliche Gruppen in einer nationalen Gemeinschaft unter politischen Idealen zusammenführen. Die Achillesverse dieses republikanischen Nationsgedankens

---

9   A.a.O., 395ff.

war die Gewalt, mit der die Revolutionäre den Universalismus als Doktrin durchsetzten, was sich in den „moralischen Eroberungen" Napoleons fortsetzte.

Humanität und Sprache

Ein anderer Strang des kosmopolitischen Nationalismus betraf das Verhältnis von Sprache und Humanität. Nicht nur bei dem Prediger Johann Gottfried Herder spielte der theologisch-biblische Hintergrund eine Rolle. Die Sprache war für ihn von göttlicher Abkunft. So wie das Hebräische in der Bibel das „Publicum der Hebräer" ermöglicht hatte, verhielt es sich für Herder auch mit den Sprachen seiner Zeit. Sie galten ihm als Manifestationen des Volksgeistes. „Wenn Sprache das Organ unserer Seelenkräfte, das Mittel unserer innersten Bildung und Erziehung ist, so können wir nicht anders als in der Sprache unseres Volks und Landes gut erzogen werden" schrieb er in seiner „Idee zur Philosophie der Geschichte der Menschheit".[10]

Der Patriotismus hatte seit dem Siebenjährigen Krieg Konjunktur. Die von Thomas Abt und Justus Möser geführte Patriotismus-Debatte machte das deutlich.[11] Kosmopolitismus und Patriotismus waren für Herder keine Gegensätze, sondern verhielten sich komplementär, was Herder gerne in organischen Naturmetaphern ausdrückte:

> „Wie Blumen, Bäume und Pflanzen in vielfacher Schönheit nebeneinander stehen, wie Vögel und Tiere sich mannigfaltig in Trieben und Bildungen untereinander bewegen, und alle nur eine Erde und einen Himmel haben, so hat Gott die Länder, die Völker, die Sprachen verschieden gesetzt, auf dass Spiel, Reiz, Kampf und Lust auf Erden sei."[12]

Damit versinnbildlichte er die Reziprozität und die wechselseitige Anerkennung der Nationen, die auf ihrer Strukturanalogie beruhte. Nationen beruhten auf dem gleichen Strukturprinzip, der sprachlichen Kommunikation. Für Herder besaß jede Nation ein „Gefühl der Billigkeit gegen andere Nationen" und erkannte ihnen gleiches Recht zu. Jede Nation würde es als

---

10 A.a.O., 409.

11 Siegfried Weichlein, Cosmopolitanism, patriotism, nationalism, in: Tim Blanning / Hagen Schulze (Hg.), *Unity and Diversity in European culture c.1800* (Proceedings of the British Academy 134), Oxford 2006, 77–99.

12 Herder, Ideen zur Philosophie der Geschichte der Menschheit, Siebtes Buch, 72; zitiert nach Coulmas, *Weltbürger* (Anm. 5), 399.

„unangenehm empfinden, wenn eine andere Nation beschimpft und beleidigt wird; es muss allmählich ein gemeinsames Gefühl erwachsen, dass jeder sich an die Stelle jeder anderen fühle. Hassen wird man den frechen Übertreter fremder Rechte, den Zerstörer fremder Wohlfahrt, den kecken Beleidiger fremder Sitten und Meinungen."[13] Für die universalistische Humanitätsphilosophie galt die Sprache als das wichtigste Ausdrucksmittel des Menschen. Sprachen standen gleichzeitig für das Singuläre und bildeten das Kennzeichen der Nation. Konsequent gebrauchte Herder den Begriff des „Nationalism" positiv und setzt sich deutlich von seinen Kritikern ab:

> „So jede zwo Nationen, deren Neigungen und Kreise der Glückseligkeit sich stoßen man nennt's Vorurteil! Pöbelei! eingeschränkten Nationalism! Das Vorurteil ist gut, zu seiner Zeit: denn es macht glücklich. Es drängt Völker zu ihrem Mittelpunkte zusammen, macht sie fester auf ihrem Stamme, blühender in ihrer Art, brünstiger und also auch glückseliger in ihren Neigungen und Zwecken. Die unwissendste, vorurteilendste Nation ist in solchem Betracht oft die erste: das Zeitalter fremder Wunschwanderungen und ausländischer Hoffnungsfahrten ist schon Krankheit, Blähung, ungesunde Pulle, Ahndung des Todes!"[14]

Der religiöse Subtext der Debatte um Patriotismus und Kosmopolitismus war hier noch offensichtlich. Diese religiöse Rückbindung kam in der Einheit des Menschengeschlechts aus dem göttlichen Verstand heraus zum Ausdruck. Herder war überzeugt von der Einheit der Menschengattung: „In so verschiedenen Formen das Menschengeschlecht auf der Erde erscheint, so ist doch überall ein und dieselbe Menschengattung." Den Verstand der Menschengattung verband Herder mit seinem Vorbild, dem göttlichen Verstand.

> „Da indessen der menschliche Verstand in aller Vielartigkeit Einheit sucht und der göttliche Verstand, sein Vorbild, mit dem zahllosesten Mancherlei auf der Erde überall Einheit vermählt hat: so dürfen wir auch hier aus dem ungeheuren Reich der Veränderungen auf den einfachsten Satz zurückkehren: nur ein und dieselbe Gattung ist das Menschengeschlecht auf der Erde."[15]

Die Klammer der Rationalität sorgte damit sowohl für die Einheit des Menschengeschlechts als auch für eine religiöse Fundierung, was in einer rationalen Pflichtethik zu Ausdruck kam. Der Kosmopolitismus galt als regu-

---

13 Zitiert nach Coulmas, *Weltbürger* (Anm. 5), 403.

14 Johann Gottfried Herder, *Auch eine Philosophie der Geschichte zur Bildung der Menschheit*, hg. von Hans Dietrich Irmscher, Stuttgart 1990, 36.

15 Zit.: Coulmas, *Weltbürger* (Anm. 5), 401.

lative Idee für das menschliche Handeln und sollte die Zukunft prägen. Die christliche Heilslehre nahm die säkularisierte Gestalt des Entwicklungs- und Bildungsgedankens an. Das menschliche Dasein bildete eine Durchgangsstufe zur Humanität. Entwicklung und Bildung waren die Leitgedanken auf diesem Weg. Hinzu kam, dass der Kosmopolitismus zunehmend in die Emotionen und den Innenraum der Seele verlegt wurde, wo er für ein geistig-seelisches Prinzip stand, das bereits innerlich vorhanden war, bevor es äußerlich verwirklicht werden konnte. Im bald schon „Volksgeist" genannten Prinzip verbanden sich der Patriotismus und das ins Seelische verlegte Streben nach Humanität.

Geschichtsphilosophie

Auch geschichtsphilosophisch gingen zahlreiche Autoren zwischen 1770 und 1830 von einer Komplementarität zwischen Kosmopolitismus und Patriotismus aus. Patriotismus blieb lange Zeit kompatibel mit kosmopolitischen Einstellungen. Nationale Egoismen konnten mit universalen Zwecken wie der Durchsetzung der Republik als Staatsform dienen. Besonders Autoren in der Tradition der Kantischen Philosophie sahen in der Humanität, dem großen Ziel der Menschheit, und der Liebe zum eigenen Lebenskreis nur einen scheinbaren Gegensatz. Kant hatte sich entschieden für einen weltbürgerlichen Standpunkt eingesetzt. In seiner geschichtsphilosophischen Abhandlung „Idee zu einer allgemeinen Geschichte in weltbürgerlicher Absicht" aus dem Jahr 1784 hatte Kant argumentiert, dass „die allgemeine Weltgeschichte nach einem Plane der Natur (ablaufe), der auf die vollkommene bürgerliche Vereinigung in der Menschengattung abziele".[16] Darin lag das „menschheitliche Programmziel im Sinne einer teleologisch wirksamen Naturlehre". Kants Kosmopolitismus basierte auf der begrifflichen Annäherung, wenn nicht Identifizierung von Vernunft und Willensfreiheit als der entscheidenden Komponente des Menschheitsfortschritts.[17] In seiner Schrift „Zum ewigen Frieden" (1795) zog er aus diesem rationalen Geschichtsoptimismus rechtliche Konsequenzen im Blick auf ein Weltbürgerrecht, das neben das Staatsbürgerrecht und das Völkerrecht trat.

---

16   Immanuel Kant, *Idee zu einer allgemeinen Geschichte in Welt bürgerliche Absicht* (Werkausgabe 11), hg. von Wilhelm Weischedel, Frankfurt a.M. 1977, 47.
17   Sigrid Thielking, *Weltbürgertum. Kosmopolitische Ideen in Literatur und politischer Publizistik seit dem achtzehnten Jahrhundert*, München 2000, 26.

Er argumentiert geometrisch-politisch, dass es „allen Menschen zusteht, sich zur Gesellschaft anzubieten, vermöge des Rechts des gemeinschaftlichen Besitzes der Oberfläche der Erde, auf der, als Kugelfläche, sie sich nicht ins Unendliche zerstreuen können, sondern endlich sich doch nebeneinander dulden zu müssen, ursprünglich aber niemand an einem Orte der Erde zu sein mehr Recht hat, als der andere."[18]

Der von Kant beeinflusste Philosoph Friedrich Bouterwek nahm diesen Gedanken auf. Für ihn war es „trostlos", dass „der Mensch zuerst die Welt, dann sein Land, und dann erst sein Haus und die nächsten Angehörigen seines Herzens lieben" solle. Bouterwek unterschied die Naturordnung von der Vernunftordnung. Während die natürlichen Gefühle konkret und lokal verortet waren, setzte die Vernunft bei der Gattung der vernünftigen Menschheit ein:

„*Fühlen* soll sich der Mensch, der Naturordnung nach, als Sohn, Freund, Gatte und Vater; dann erst als Bürger; und dann erst als Mensch. Aber *erkennen* soll er sich, der Vernunftordnung nach, erst als Mensch, dann als Bürger, dann als Sohn, Freund, Gatte und Vater. Nur diese Vereinigung des Gefühls mit der Einsicht, des Herzens mit der Vernunft, macht ein wahres Grundgefühl der Menschlichkeit möglich."[19]

Die ethische Aufladung des Kosmopolitismus machte ihn gleichbedeutend mit dem Ideal vom guten und humanen Menschen. Das hatte bereits Christoph Martin Wieland so gesehen. Schon 1766 meinte Agathon in Wielands „Geschichte des Agathon": „Ist nicht *die ganze Erde* mein Vaterland?"[20] Der Kosmopolitismus nahm in der Zeit Wielands die Formen des „Ordensrätsels und des Freundschaftskultes" an. Beides waren Kennzeichen der Freimaurer, die sich dem Kosmopolitismus verbunden wussten.[21] 31 Jahre später argumentierte der sachsen-weimarische Rat Christian Daniel Voß in der von

---

18 Immanuel Kant, *Zum ewigen Frieden* (Werkausgabe 11), hg. von Wilhelm Weischedel, Frankfurt a.M. 1977, 216.

19 Friedrich Bouterwek, *Fünf kosmopolitische Briefe*, Berlin 1794, 11. 61 (Hervorhebung im Original). Coulmas, *Weltbürger* (Anm. 5), 406.

20 Christoph Martin Wieland, *Sämmtliche Werke Bd. 1*, hg. von Hamburger Stiftung zur Förderung von Wissenschaft und Kultur in Zusammenarbeit mit dem Wieland-Archiv und Hans Radspieler, Neu-Ulm 1984, 70 (Hervorhebung im Original); Thielking, *Weltbürgertum* (Anm. 17), 29.

21 So: A.a.O., 28.

ihm herausgegebenen Zeitschrift „Der Kosmopolit. Eine Monatsschrift zur
Beförderung wahrer und allgemeiner Humanität" ähnlich:

> „Der Charakter des Kosmopoliten ist Unparteilichkeit, Wahrheitsliebe und
> Freimütigkeit. Er sucht nur das Wahre, Nützliche, Schöne und Edle, – das allge-
> meine große Ziel der Menschheit, – wahre Humanität zu befördern, und kennt
> in diesem Geschäfte keine persönlichen oder Nebenrücksichten, von welcher
> Art sie auch immer seyn mögen."[22]

Diskurslogisch implizierte die ethische Überhöhung des Kosmopolitis-
mus die Abwertung des Patriotismus und alles Nationalen. So waren dem
Schweizer Ritter Johann Georg von Zimmermann, von Beruf „Königlich-
Grossbritannischer Leibarzt", nationale Vorurteile verhasst. „Die Brille der
Eigenliebe sitzt beynahe jeder Nation auf der Nase." Oder: „Jeder Nation
sind fremde Sitten lächerlich, weil es nicht die ihren sind."[23]

Früher oder später war mit einer Gegenreaktion in Form der Aufwertung
des Individuellen und Partikularen zu rechnen. Dieser Punkt war mit der
Romantik erreicht. Die Romantik wurde wiederholt als der große Sündenfall
der deutschen Geschichte hin zum irrationalen volksgeistigen Nationalismus mit allen Konsequenzen dargestellt. Die „dunkle Romantik" soll ver-
hängnisvoll Irrationalität und Nationalismus miteinander verbunden haben.
Die Ausstellung „De l'Allemagne. 1800–1939. De Friedrich à Beckmann" im
Pariser Louvre arbeitete sich 2013 an der Ambivalenz der Romantik zwischen Universalismus und volksgeistigem Nationalismus ab, erhielt dafür
aber auch viel Kritik.[24]

Die frühen Romantiker brachen nicht mit dem Kosmopolitismus der
Aufklärung. Für sie unterhielt das Individuelle eine enge Beziehung zum
Universellen, was zu einem ihrer Grundsätze wurde. Novalis, eigentlich
Friedrich von Hardenberg, verkörperte diese Haltung besonders deutlich:
„Der Mensch vermag in jedem Augenblick ein übersinnliches Wesen zu
seyn. Ohne dies wäre er nicht Weltbürger, er wäre ein Thier." Als Körper-
Geist-Wesen verband der Mensch immer das Individuelle mit dem Univer-

---

22 *Der Kosmopolit. Eine Monatsschrift zu Beförderung wahrer und allgemeiner Humanität*,
    Halle 1797, Bd. 1, 6; A.a.O., 27.

23 Ritter Johann Georg von Zimmermann, *Vom Nationalstolz*, Zürich 1758, 8. 10; 31–33.
    Coulmas, *Weltbürger* (Anm. 5), 403–405.

24 Adam Soboczynski, Auf dem Sonderweg, in: *DIE ZEIT*, 4.4.2013; Sébastien Allard
    / Danièle Cohn / Musée du Louvre / Deutsches Forum für Kunstgeschichte (Hg.), *De
    l'Allemagne. 1800-1939. De Friedrich à Beckmann*, Paris 2013.

sellen. Das übertrug Novalis auf das Kollektiv Nation. „Deutschheit" war für ihn „Kosmopolitismus mit der kräftigsten (= nationalen) Individualität gemischt".[25]

Andere Autoren wie Johann Georg Schlosser, Ernst Moritz Arndt und Joseph de Maistre, aber auch Johann Gottlieb Fichte mit seiner Vorstellung der Deutschen als dem Urvolk wehrten sich später entschieden dagegen. Sie alle gaben dem Nationalismus den Vorrang. Dennoch blieb die Romantik ambivalent.[26] Die frühe und die späte Romantik können auch mit Blick auf Weltbürgertum und Nationalstaat unterschieden werden. Bis in die zweite Hälfte des 19. Jahrhunderts hielten sich universalistische Gehalte im nationalen Bewusstsein, vor allem im Sprachnationalismus, der von einer Gleichberechtigung der vielen Nationalsprachen ausging.[27] Der Kosmopolitismus blieb eine tragende Säule der Romantik.[28] Räumlich meinte das – wie schon im 18. Jahrhundert – jedoch immer nur Europa.

Kosmopolitismus versus Kommunitarismus

Die universelle Selbstermächtigung von Nation, Rasse und Klasse brachte die Frage nach dem Verhältnis von Kosmopolitismus und Patriotismus im Zeitalter der Diktaturen zum Verschwinden. Sie war eindeutig zugunsten der Nation beantwortet. Nach der Niederlage des Nationalsozialismus bildeten sich im frühen Kalten Krieg neue größere Einheiten und zogen die Loyalität ihrer Bewohner auf sich: die westliche Integrationszone und der sozialistische Block. Beide Seiten arbeiteten mit größeren Idealen, mit Friedens-, Gleichheits- und sowohl in Ost und West mit Wachstumsversprechen.[29]

---

25 Novalis, *Tagebücher, Briefwechsel, zeitgenössische Zeugnisse*, hg. von Paul Kluckhohn, Richard H. Samuel und Dirk Schröder, Stuttgart ²1975, 237. 421; Coulmas, *Weltbürger* (Anm. 5), 405f.

26 Karlheinz Schulz, Voraussetzungen kultureller Vermittlung in der Frühromantik. Kosmopolitismus und Nationalismus bei den Brüdern Schlegel, in: *Recherches Germaniques* 19 (1/1989), 31–67.

27 Siegfried Weichlein, *Zählen und Ordnen. Der Blick der Statistik auf die Ränder der Nationen im späten 19. Jahrhundert. Ränder der Moderne. Neue Perspektiven auf die Europäische Geschichte*, Wien 2015, 115–146.

28 Jochen A. Bär, „Nation" und „Sprache" in der Sicht romantischer Schriftsteller und Sprachtheoretiker, in: Andreas Gardt (Hg.), *Nation und Sprache. Die Diskussion ihres Verhältnisses in Geschichte und Gegenwart*, Berlin 2000, 199–228.

29 Odd Arne Westad, *Der Kalte Krieg. Eine Weltgeschichte*, Stuttgart 2019.

Wettbewerb

Zwischen 1945 und 1990 konkurrierten zwei Internationalismen miteinander: die westliche Verbindung von Markt und bürgerlicher Demokratie und die sowjetische Kombination von Gleichheit, Planwirtschaft und Demokratie durch die proletarische Avantgarde. Weder hinter dem demokratisch-kapitalistischen noch dem planwirtschaftlich-staatssozialistischen Leitbild verbarg sich eine Form des Weltbürgertums. Vielmehr handelte es sich um verschiedene Formen der Produktion und Legitimation von Ungleichheit, wobei die westliche auf Arbeit basierte Legitimation von Ungleichheit weitaus erfolgreicher war als die auf Staat und Partei basierende Begründung.

Die Frage nach dem Verhältnis von Kosmopolitismus und Nationalismus stellte sich in erster Linie auf der politischen Linken mit ihrem internationalistischen Erbe. Doch gingen kommunistische und sozialdemokratische Parteien im Laufe des 20. Jahrhunderts sehr verschiedene Wege in dieser Hinsicht. Die Bolschewiki gingen nach 1917 von einer „Weltrevolution" und einem klar erkennbaren historischen Verlauf dahin aus: die Weltrevolution stand unter der Führung der kommunistischen Parteien, unter denen sie den Ton angaben. Der stalinistische „Sozialismus in einem Land" akzentuierte dagegen das in der Sowjetunion Erreichte. Der Kommunismus konnte auf allen Kontinenten nur dann erfolgreich sein, wenn er dem sowjetischen Beispiel folgte.[30] Im Kalten Krieg nahm der Internationalismus der sowjetischen Kommunisten eine neue Form an. Der Kalte Krieg stellte nach Stalins Tod 1953 nicht nur einen Konflikt der Großmächte, sondern einen Konflikt von zwei Versionen der Moderne, einer kapitalistisch-demokratischen Ordnung und einer planwirtschaftlich basierten Parteidiktatur dar. Beide verstanden sich als universelle Ordnungsmodelle. Der Fall des Kommunismus 1989/90 diskreditierte auch dessen Internationalismus mit Straßenbezeichnungen wie „Allee der Kosmonauten" oder „Straße der Völkerfreundschaft".

In den sozialdemokratischen Parteien Europas gestaltete sich die Debatte um das Verhältnis von Internationalismus und Nationalismus anders. Hier diskutierte man in der Zwischenkriegszeit offen, auf hohem Niveau und kontrovers. Unter Weimarer Sozialdemokraten blieb umstritten, wie man sich zum Nationalismus stellen sollte: strikt dem internationalistischen Ideal verpflichtet und ablehnend, oder den Wählern und der Gesellschaft

---

30 Brigitte Studer, *Reisende der Weltrevolution eine Globalgeschichte der Kommunistischen Internationale*, Berlin 2021.

verpflichtet und affirmativ oder aber in Formen der Vermittlung zwischen beiden.[31] Die Realität des Weimarer Staates mit Sozialdemokraten in Regierungsverantwortung wollte so gar nicht zu den universalistischen Idealen des Kommunistischen Manifestes (1848) und dem Erfurter Programm der SPD von 1891 passen. Ihren markantesten Niederschlag fand diese Auseinandersetzung in der Debatte zwischen den beiden Parteitheoretikern Hermann Heller und Max Adler auf der Jenaer Reichskonferenz der Jungsozialisten zu Ostern 1925, die unter dem Thema „Staat, Nation und Sozialdemokratie" stand. Hermann Heller hatte zur entschlossenen Verteidigung von Demokratie und Republik aufgerufen. Er verfocht einen nicht-marxistischen Begriff von Sozialismus:

> „Sozialismus soll Kultursteigerung sein, das bedeutet aber eine immer feinere Ausprägung der Eigenart der einzelnen Nationen." Oder mit Otto Bauer: „Heranziehung des gesamten Volkes zur nationalen Kulturgemeinschaft, Eroberung voller Selbstbestimmung durch die Nation, steigende geistige Differenzierung der Nationen – das bedeutet Sozialismus. [...] Die besondere politische Bedeutung der Nation im Zeitalter der Demokratie besteht aber darin, dass sie zum staatlichen Organisationsprinzip wird."[32]

Der österreichische Linkssozialist Adler griff in seiner Entgegnung auf christliches Vokabular zurück und grenzte den marxistischen Internationalismus entschieden gegen die bürgerliche Demokratie und Gesellschaft ab:

> „Schon heute müssen wir den anderen sagen: euer Staat ist nicht unsere Gesellschaft, und eure Nation ist nicht unsere Gemeinschaft. So wie Christus seinen Anhängern sagte: Mein Reich ist nicht von dieser Welt, so müssen wir Sozialisten dieses innerliche Fremdheitsgefühl gegenüber der bürgerlichen Gesellschaft, gegenüber ihrem Staats- und Nationsbegriffe haben, wonach uns keinen Augenblick das Bewusstsein verlässt: Unser Reich, unsere Heimat in Staat und Volk ist nicht von dieser kapitalistischen Welt, sondern ist erst zu begründen in der sozialistischen Gesellschaft."[33]

---

31 Siegfried Weichlein, Die SPD und der Nationalismus in der Weimarer Republik, in: Christian Jansen / Marianne Zepp (Hg.), *Kann es demokratischen Nationalismus geben? Über den Zusammenhang zwischen Nationalismus*, Darmstadt 2021, 118–152.

32 Hermann Heller, Staat, Nation und Sozialdemokratie (1925), in: Christoph Müller / Martin Drath (Hg.), *Hermann Heller. Gesammelte Schriften, Bd. 1*, Leiden 1971, 537f.; Vgl. auch Otto Bauer, *Die Nationalitätenfrage und die Sozialdemokratie*, Glashütten i.Ts 1971, 108.

33 Max Adler, Koreferat zu Hermann Heller „Staat, Nation und Sozialdemokratie" (1925), in: Müller / Drath, *Hermann Heller* (Anm. 32), 553.

Die sozialdemokratische Theoriedebatte um Nationalismus und Internationalismus wurde gewissermaßen als Universalienstreit geführt (Norbert Leser). Heller und Adler warfen einander vor, die soziale Wirklichkeit begrifflich zu überblenden und auf letztlich formale Kategorien zu reduzieren. Es war ein Streit zwischen „zwei Schulen des Universalismus [...], die jeweils dazu neigen, den eigenen Kategorien (sc. Klasse, Proletariat, Internationale, Staat) einen unbedingten oder doch vorrangigen Erklärungswert zuzubilligen, den Kategorien der universalistischen Konkurrenz aber gleichzeitig abzusprechen."[34]

Nach 1945 entzog sich die historische Entwicklung immer mehr diesem Gegensatz von partikularem Nationalismus und universellem Kosmopolitismus. Beide, die nationale Demokratie und die kosmopolitische Gleichheit, veränderten ihre Gestalt. Die Nation verlor ihre weltbildproduzierende und -stabilisierende Bedeutung. Der Nationalstaat trat als Ordnungsrahmen zurück. Europa, der politische Westen und die globale Sphäre gewannen an Bedeutung. In Wirtschaft und Produktion ging die internationale Vernetzung schnell voran. Der politisch geschlossene Nationalstaat verlor damit seine Bedeutung und mit ihm die Territorialität als politisches und kulturelles Leitbild.[35] Im Blick auf die europäische Integration und die Internationalisierung der Politik ist der Nationalstaat nicht verschwunden, sondern noch immer der „Garant des schon erreichten Niveaus von Recht und Freiheit" (Habermas). Die „staatsbürgerliche Partizipation geschieht vorrangig im Nationalstaat, ebenso die soziale Absicherung der einzelnen"[36]. Der Kreis der Teilhabeberechtigten im Nationalstaat wurde ausgeweitet, auch wenn dieser Demokratisierungsprozess unabgeschlossen und unvollständig ist. Dennoch besitzen Rechts- und Sozialgemeinschaften klare Grenzen. Die gegenwärtige Staatlichkeit steht vor der anspruchsvollen Herausforderung, „das demokratische Gleichheitsideal mit der Notwendigkeit von Exklusion zu verbinden

---

34 Norbert Leser, Universalien und Realien im Marxismus. Anhand der Debatte zwischen Hermann Heller und Max Adler, in: Cristoph Müller / Ilse Staff (Hg.), *Der soziale Rechtsstaat. Gedächtnisschrift für Hermann Heller (1891–1933)*, Baden-Baden 1984, 487–502, 488f.

35 Charles Maier, Transformations of Territoriality 1600–2000, in: Gunilla Budde / Sebastian Conrad / Oliver Janz (Hg.), *Transnationale Geschichte. Themen, Tendenzen und Theorien*, Göttingen 2006, 32–55.

36 Die Zukunft der Nation. Ein Gespräch mit Dieter Langewiesche, in: Christian Jansen / Marianne Zepp (Hg.), *Kann es demokratischen Nationalismus geben? Über den Zusammenhang zwischen Nationalismus, Zugehörigkeit und Gleichheit in Europa von 1789 bis heute*, Darmstadt 2021, 344–351, 345.

und faire Kriterien dafür zu entwickeln."[37] War der demokratische Nationalstaat noch in der Lage, Gleichheit zu garantieren, oder war die internationale
Ordnung zum Adressaten der Gleichheitsforderung geworden?

Hinzu kam, dass das Gleichheitsideal nach 1945 sich grundlegend trans-
formierte. Mit der Dekolonisation rückten neue Formen der Ungleichheit
in den Blick. Rasse und Ethnie, später die Geschlechterordnung und die
sexuelle Orientierung und nicht nur die soziale Ungleichheit bildeten immer erkennbarer den Referenzrahmen für die Forderung nach Gleichheit.
Gleichheit war in der Industriegesellschaft vor allem das Ziel der sozialen
Emanzipation gewesen. Die Gleichheitsforderung ging jedoch nach 1960
weit darüber hinaus. Die Dekolonisation, soziale Bewegungen der Frauen,
African-Americans, Schwulen und Lesben machten andere Formen der Ungleichheit stärker sichtbar. Zug um Zug traten die Blindstellen der liberalen
Demokratie ins Bewusstsein: Rasse, Ethnie und Geschlecht. Die ältere Un-
gleichheitsforschung hatte sich sehr viel stärker auf die sozial-ökonomische
Ungleichheit fokussiert. Nach 1960 bezog sich das Gleichheitsideal immer
mehr auf Dimensionen, die zuvor im Windschatten ökonomischer Ungleichheit gestanden hatten.

Vor allem seit den 1980er Jahren traten Fragen politischer Ordnung im
internationalen Rahmen in den Vordergrund, die implizit kosmopolitische
Gehalte aufwiesen: Auf welcher Ebene sollten die alten und neuen Formen
der Ungleichheit (Ethnie, Geschlecht, sexuelle Orientierung, Klasse) adressiert werden? Wie kann globale Gerechtigkeit politisch ermöglicht und womöglich institutionalisiert werden? Die ökonomische Ungleichheit war nicht
verschwunden. Wie kann das scharfe ökonomische Gefälle, das im Zeitalter
der Globalisierung zunahm, politisch bearbeitet werden? Wie verhalten sich
die soziale Gerechtigkeit im Weltmaßstab und die partikulare demokratische
Ordnung in den Nationalstaaten zueinander? Zugespitzt lautete die sozial-
theoretische und philosophische Frage im Zeitalter der Globalisierung: Wie
verhalten sich nationale Demokratie und globale Gerechtigkeit zueinander?

---

37 Ebd.

Divergenzen

Daraus wurde die Debatte um Kommunitarismus und Kosmopolitismus oder auch Partikularismus und Kosmopolitismus.[38] Drei Kernelemente standen im Zentrum der moralischen und politischen Überzeugungen von Kosmopoliten: Individualismus, Universalismus und Verallgemeinerungsfähigkeit. Die ultimative Einheit der moralischen und politischen Sorge aller war nach Thomas Pogge die Person und nicht Angehörige desgleichen Glaubens oder dergleichen Region.[39] Der gerechtigkeitstheoretische Kosmopolitismus argumentierte für globale Gerechtigkeit entlang von drei Kriterien. Normativ insistierte er auf einen moralischen Universalismus, der für alle Menschen gleich gilt. Methodisch begründete er sich auf einen legitimatorischen Individualismus, nämlich „dass alle Herrschaftsverhältnisse, also alle Praktiken, Regeln und Institutionen, die unvermeidlich und gravierend in das Leben einer Person eingreifen, gegenüber jeder betroffenen Person gerechtfertigt werden müssen". Politisch favorisierte der Kosmopolitismus die Legitimität globaler Herrschaft, die „bestehende Strukturen globaler Herrschaft zu reformieren und globale gerechtigkeitssichernde Institutionen neu einzurichten" in der Lage war.[40]

Die Kommunitaristen gewannen nach 1990 an Beachtung. Sie setzten den Schwerpunkt moralischen und politischen Handelns begründungs- und bereichslogisch stärker auf die lokale Gemeinschaft, die Region oder den Nationalstaat. In der Region und im Nationalstaat und nicht auf der globalen oder der supranationalen Ebene bildeten sich nach ihrer Ansicht soziale und politische Identitäten aus. Hier stellte die demokratische Identität von Herrschenden und Herrschaftsunterworfenen Solidarität und ein „stabiles Gefühl der Zugehörigkeit" her.[41] Weniger noch als der Kosmopolitismus war der Kommunitarismus eine einheitliche Richtung mit einem gemeinsamen Narrativ. Vor allem aber gab es zahlreiche linke und linksliberale Kommunitaristen, allen voran Michael Walzer und Michael Sandel. Der Philosoph Mi-

---

38 Walter Reese-Schäfer (Hg.), *Handbuch Kommunitarismus*, Wiesbaden 2019; Axel Honneth, *Kommunitarismus. Eine Debatte über die moralischen Grundlagen moderner Gesellschaften* (Theorie und Gesellschaft 26), Frankfurt/Main u.a. ²1994.

39 Wolfgang Merkel / Michael Zürn, Kosmopolitismus, Kommunitarismus und die Demokratie, in: Julian Nida-Rümelin / Detlef von Daniels / Nicole Wloka (Hg.), *Internationale Gerechtigkeit und institutionelle Verantwortung*, Berlin 2019, 67–101, 69.

40 Broszies, *Globale Gerechtigkeit* (Anm. 1), 10f.

41 Merkel / Zürn, Kosmopolitismus, Kommunitarismus und die Demokratie (Anm. 39), 71.

chael Sandel kritisierte 1982 aus kommunitaristischer Sicht die Vorstellung eines „atomistischen Individuums" als „ungebundenes Selbst". Michael Walzer arbeitete 1983 dezidiert die nicht-universalistischen und divergierenden „Sphären der Gerechtigkeit" heraus. 1984 schloss sich Benjamin Barber dem Ideal der kommunalen Basisdemokratie an. Bereits 1967 hatte Robert Bellah die Gemeinschaft als zivilreligiösen und moralischen Schutzraum vor den Marktmechanismen verteidigt. Walzer, Sandel, Barber und Bellah arbeiteten mit klassischen antikapitalistischen Gerechtigkeitsargumenten. Ganz im Unterschied zu Walzer plädierte dagegen Alasdair MacIntyre 1988 für Patriotismus und die Loyalität gegenüber der Nation.[42]

Die Gemeinschaft diente den meisten Kommunitaristen als Argument gegen die Verzweckung und die Vermarktlichung des Individuums sowie gegen seine Vereinzelung. Sie sollte das mündige gegen das unbedingt marktfähige Individuum sichern helfen. Ihre Präferenz für den Partikularismus ergab sich aus der Kontextgebundenheit der Frage nach Ungerechtigkeit und Gerechtigkeit, die immer den Blick auf besondere Beziehungsformen implizierte. Die Frage der globalen Gerechtigkeit musste aus dieser Sicht von der universalen Gerechtigkeit unterschieden werden, die mit einem Gerechtigkeitsbegriff alle Formen von Ungerechtigkeit adressierte. Der Kommunitarismus der meisten Autoren lehnte nicht in klassisch nationalistischer Weise die globale Ebene ab, sondern stellte die Konstitutionsbedingungen von Solidarität über große Entfernungen und deren Kontextgebundenheit ins Zentrum (Sandel, Bellah, Walzer, Barber). Globale Gerechtigkeit blieb das Ziel der meisten Kommunitaristen. Doch betonten sie stärker die „gerechtigkeitskonstitutiven Beziehungen" und weniger deren inhaltlichen Gesichtspunkt Gerechtigkeit. Gerechtigkeit adressiert so gesehen spezifische Gruppen, die durch einen Staat, eine Nation oder eine gemeinsame Machtordnung teilen. Gegen den Kosmopolitismus wandten Kommunitaristen außerdem ein, dass es keine globalen staatsanalogen Institutionen gebe, die Gerechtigkeitsfragen stellen und beantworten könnten.[43]

---

42 Michael Sandel, *Liberalism and the Limits of Justice*, Cambridge 1982; Michael Walzer, *Spheres of Justice. A Defense of Pluralism and Equality*, New York 1983; Benjamin Barber, *Strong Democracy. Participatory Politics for a New Age*, University of California 1984; Robert Bellah, *Habits of the heart. Individualism and commitment in American life*, University of California 1985; Alasdaire MacIntyre, *Whose Justice? Which Rationality?*, Notre Dame 1988; A.a.O., 71f.

43 Broszies, *Globale Gerechtigkeit* (Anm. 1), 10f.

Die unterschiedlichen Argumentationsstrategien von Kosmopoliten und Kommunitaristen verfestigten sich nach Michael Zürn und Wolfgang Merkel zu einem neuen Strukturkonflikt in den der meisten (westlichen) Demokratien, die in vier politische Lager gespalten waren: Es gab Kosmopoliten, die den Fokus auf offene ökonomische Grenzen, und solche, die ihn auf offene Grenzen für Migranten richteten und Kompetenzübertragungen an supranationale Institutionen forderten. Genauso gab es zwei Formen des Kommunitarismus: die einen forderten eine strengere Kontrolle der Grenzen, um den solidarischen Wohlfahrtsstaat zu schützen. Die Rechtspopulisten traten dagegen für geschlossene Grenzen ein und lehnten alle Versuche ab, Kompetenzen an supranationale Institutionen zu übertragen.[44] Der aufkommende Populismus reduzierte den neuen Strukturkonflikt auf ein binäres Schwarz-Weiß Muster: Kosmopolitismusverlierer versus liberale Kosmopolitismusgewinner, was jedoch die Debattenlage nicht abbildete. Tatsächlich nämlich verläuft der Konflikt weniger zwischen rechts und links oder zwischen Liberalen und Autoritären. Er durchzieht sowohl die Mitte-Links als auch die Mitte-Rechts Parteien. Sozialdemokratische Parteien und Regierungen hatten auf antikosmopolitische und globalisierungskritische Tendenzen unter Arbeitnehmern in irgendeiner Weise Rücksicht zu nehmen. Und unter den Mitte-Rechts Parteien fanden sich bei wirtschaftsnahen Mitgliedern zahlreiche liberale Modernisierer mit kosmopolitischen Einstellungen.

Konvergenzen und Differenzierungen

Die globale Ungleichheit und die fehlende Gerechtigkeit waren quer durch das politische und philosophische Spektrum als Problem anerkannt. Wer aber sollte diese Ungleichheit politisch adressieren: der Nationalstaat oder supranationale Organisationen? Der Bereich der Betroffenen von Entscheidungen in Politik und Wirtschaft, die Ungleichheit erzeugten, überstieg bei weitem denjenigen Bereich des Nationalstaates, dem man angehörte. Der Kreis der Wahlberechtigten und derjenigen, die die Folgen wirtschaftlichen Wandels zu spüren hatten, deckte sich immer weniger. Daraus entstand ein demokratietheoretisches Dilemma: das Prinzip der Betroffenheit und das Prinzip der Gemeinschaftszugehörigkeit, die im Nationalstaat noch weitgehend zusammengefallen waren, traten immer mehr auseinander.[45]

---

44 Merkel / Zürn, Kosmopolitismus, Kommunitarismus und die Demokratie (Anm. 39), 73.
45 A.a.O., 71.

Dies bedeutete aber nicht, dass der Gegensatz von Kosmopolitismus und Kommunitarismus unüberwindlich war. In Vielem konvergierten die beiden Positionen. Tatsächlich sollte die Debatte zwischen Kosmopoliten und Kommunitaristen historisiert werden, da sich ein „overlapping consensus" zwischen beiden Richtungen einstellte. Bei der Frage nach Global Justice beharrten nur noch extreme Vertreter auf dem Gegensatz von „Gerechtigkeit als Staatsangelegenheit versus Gerechtigkeit als weltrepublikanische Utopie".[46] Die meisten Kosmopoliten erkennen die Bedeutung des Staates als Garanten von Gerechtigkeit an. Genauso betonen Kommunitaristen die Notwendigkeit globaler Regeln zur Konfliktbearbeitung und zum Abbau von Ungleichheit. Jürgen Habermas, Vertreter einer Form kosmopolitischer Kommunikation und Verständigung, vertritt eine „differenzempfindliche" Form des Kosmopolitismus mit starkem Respekt für das Partikulare: „Der reziprok gleichmäßige Respekt für jeden, den der differenzempfindliche Universalismus verlangt, ist von der Art einer nicht-nivellierenden und nicht beschlagnahmenden Einbeziehung des Anderen in seiner Andersheit."[47]

Die Andersheit trat beim sozialen Unterschied zwischen Kommunitaristen und Kosmopoliten besonders hervor. Insgesamt neigen politische Eliten, egal ob sie aus einem Mitte-Rechts oder Mitte-Links Kontext stammen, eher zu kosmopolitischen Einstellungen. Die Wähler aus den Mittel- und Unterschichten dagegen neigen sehr viel stärker zu partikularen Einstellungen. Diese soziale Spannung zwischen Kosmopoliten und Partikularisten wuchs in den vergangenen Jahrzehnten beträchtlich.

Die großflächigen Begriffe Kosmopolitismus und Kommunitarismus sind in zahlreiche Unterformen ausdifferenziert worden. Der nordamerikanische Sozialphilosoph Kok-Chor Tan schlug vor, zwischen moralischem Kosmopolitismus und institutionellem Kosmopolitismus zu unterscheiden. Die Kritik richtete sich wiederholt gegen Versuche, einen Weltstaat (world statism) zu errichten. Demokratisch sehr viel besser legitimiert sei dagegen die nationale und auch die regionale Ebene, wo demokratisch legitimierte öffentliche Institutionen ihren Platz haben. Der institutionelle Kosmopolitismus forderte supranationale Institutionen und wollte nationale überwinden. Der moralische und gerechtigkeitstheoretische Kosmopolitismus war dagegen mit nationalen Institutionen vereinbar. Der moralische Kosmopoli-

---

46 Broszies, *Globale Gerechtigkeit* (Anm. 1), 12.
47 Jürgen Habermas, Eine genealogische Betrachtung zum kognitiven Gehalt der Moral, in: ders., *Die Einbeziehung des Anderen*, Frankfurt a.M. 1996, 11–64, 57.

tismus stellte keine institutionellen Forderungen, sondern insistierte darauf, dass das Individuum die ultimative moralische Einheit von Wert und Bedeutung ist. Institutionen sind dann gerechtfertigt, wenn sie die Ansprüche jeder betroffenen Person unparteiisch berücksichtigen. Daher behandelt der moralische Kosmopolitismus nicht die Frage der Ordnung globaler Institutionen, sondern ihre Rechtfertigung, für die er das Kriterium der unparteilichen Anerkennung von individuellen Ansprüchen aufstellt. Im Extrem kann das sogar die nationale Selbstbestimmung rechtfertigen, wenn das Ideal der gleichen und unparteilichen Berücksichtigung individueller Bedürfnisse auf den Anspruch auf nationale Souveränität trifft und ihn respektiert.[48]

Die Politologin Amy Gutman, zurzeit US-Botschafterin in Deutschland, argumentiert in die gleiche Richtung und verteidigt die kosmopolitischen Gehalte demokratischer Politik im Nationalstaat. Demokratische Bürger haben nämlich institutionelle Mittel zur Verfügung, die Einzelpersonen oder Weltbürger nicht haben. Einige Institutionen haben internationale Tragweite (EU, Justiz, Polizei). Um effektiv handeln zu können, müssen souveräne Gesellschaften zusammenarbeiten.[49] Der Politikwissenschaftler David Held, ein Vertreter der kosmopolitischen Demokratie, unterschied zwischen Ebenen der globalen Gouvernanz und Ebenen der demokratischen Partizipation: „Globale Demokratie wird am besten nicht durch eine demokratische Weltbürgerschaft erreicht, sondern durch die Stärkung der lokalen und nationalen demokratischen Bürgerschaft."[50] Globale Gerechtigkeit ist nicht gleichbedeutend mit einem Weltstaat. Sie begründet eine Reihe von Institutionen auf mehreren Ebenen, solange sie der Gerechtigkeitsidee dienen. Auch für den nordamerikanischen Sozialphilosophen Kok-Chor Tan ist der moralische Kosmopolitismus

> „nicht nur prinzipiell vom institutionellen Kosmopolitismus trennbar, sondern
> auch in der Praxis zeigt sich, dass wir die Ziele des moralischen Kosmopoliti-

---

48 Kok-Chor Tan, *Justice without Borders. Cosmopolitanism, Nationalism, and Patriotism* (Contemporary Political Theory), Cambridge 2004, 94. Danielo Zolo, *Cosmopolis. Prospects for World Government*, Cambridge 1997; Charles Beitz, International Liberalism and Distributive Justice. A Survey of Recent Thought, in: *World Politics* 51 (1999), 269–296.

49 Amy Gutman, Democratic Citizenship, in: Joshua Cohen (Hg.), *For Love of Country*, Boston 1996, 66–71, 71.

50 Tan, *Justice without Borders* (Anm. 48), 95. David Held, Democracy. From City-States to a Cosmopolitan Order?, in: *Political Studies. XL Special Issue* (1992), 10–39; ders. (Hg.), *Democracy and the Global Order. From the Modern State to Cosmopolitan Governance*, Stanford 1995.

smus erreichen können, wenn wir uns nicht auf eine Weltregierung und die vage Idee einer globalen Staatsbürgerschaft festlegen. Wenn überhaupt, dann werden die Ziele des moralischen Kosmopolitismus durch liberalen Nationalismus eher gefördert als konterkariert."[51]

Damit nähert sich Tan der Position Amy Gutmans an. Die Abgrenzung des Kosmopolitismus der Gerechtigkeit von einem Kosmopolitismus der Kultur diente ebenfalls dem Ziel, eine Form des Kosmopolitismus breit akzeptabel erscheinen zu lassen. Der Kosmopolitismus der Kultur beruhte auf der Annahme, dass die Mitgliedschaft in einer partikulären Kultur irrelevant sei und kulturelle Zugehörigkeit nur kosmopolitisch zu denken sei. Das freie und autonome Individuum war so gesehen gerade nicht kulturell fest verwurzelt, sondern in der Lage, die kulturelle Besonderheit der eigenen Herkunft zu überwinden und von anderen zu lernen.[52] Dagegen betont der Kosmopolitismus der Gerechtigkeit nicht die Irrelevanz kultureller Zugehörigkeit, sondern staatlicher Grenzen. Die Verteilung materieller Güter hat aus dieser Sicht unabhängig von nationalen und staatlichen Grenzen zu geschehen. Die Zufälligkeiten staatlicher Grenzen dürften die individuellen Berechtigungen nicht gefährden. Das Ziel der kosmopolitischen Gerechtigkeit war es, die willkürlichen Effekte staatlicher Grenzen im Leben der Menschen auszugleichen.[53] Anders als für den Kosmopolitismus der Kultur war für den Kosmopolitismus der Gerechtigkeit der Widerspruch zur kulturellen Zugehörigkeit nicht zentral. Er war vereinbar mit dem liberalen Nationalgedanken, den Kok-Chor Tan als in erster Linie inklusiv versteht. „Liberal nationalism is a liberal form of nationalism because liberal principles set constraints on the kinds of nationalist goals that may be legitimately pursued and the strategies that may be deployed to further these goals."[54] Der Kosmopolitismus der Gerechtigkeit und der liberale Nationalismus kommen für Tan im titelgebenden Programm der „Justice without borders" zusammen.

Andere Unterscheidungen suchen nach Typen des Kosmopolitismus, die miteinander vereinbar sind. Dazu gehört in erster Linie die Unterscheidung zwischen dem dünnen und dem dicken Kosmopolitismus. Dünne supranationale Regeln korrespondieren zu dicken Regeln des de-

---

51 Tan, *Justice without Borders* (Anm. 48), 92.
52 A.a.O., 96ff.; Elke Moltrecht, Umdenken Gedanken zu kulturellem Kosmopolitismus. Kann Kultur Politik? – Kann Politik Kultur?, in: Michael Wimmer (Hg.), *Warum wir wieder mehr über Kulturpolitik sprechen sollten*, Berlin 2020, 342–354.
53 Tan, *Justice without Borders* (Anm. 48), 96f.
54 A.a.O., 88.

mokratischen Nationalstaats (Dan Rodrick). „Dick" und „dünn" können zudem sowohl auf die partikulare als auch auf die kosmopolitische Kultur angewandt werden. Im partikularen Nationalstaat fördert der liberale Staat eine „dünne" nationale Kultur als gemeinsame gesellschaftliche Kultur, die durch eine gemeinsame Sprache und eine Reihe von wenigen öffentlichen Institutionen gekennzeichnet ist. Sie decken die Bereiche des Rechts, der Bildung und der Wirtschaft ab. Im Unterschied dazu steht eine „dicke" Ethnokultur, die sich auf die gemeinsame Religion, Familienbräuche sowie persönlichen und regionalen Lebensstil bezieht (David Held). Hier wäre die dünne gesellschaftliche Kultur mit dem Kosmopolitismus kompatibel, nicht aber die dicke Kultur, wozu religiöse Überzeugungen zählen. Innerhalb des Kosmopolitismus kann in anderer Hinsicht ein dicker Kosmopolitismus, der sich auf alle Menschen bezieht und alle verpflichtet, von einem dünnen Kosmopolitismus unterschieden werden, der verschiedene Bereiche und Stufen moralischer Verantwortlichkeit kennt.[55]

Insgesamt mehren sich Stimmen, die nationale Kulturen als Ort der zentralen liberalen politischen Werte stark machen, die mit dem Kosmopolitismus kompatibel sind, sofern dieser nicht institutionell verstanden wird. Der Entstehungskontext – wenn auch nicht der Geltungsraum – zentraler Gehalte des Kosmopolitismus liegt in partikularen, oft nationalen Kulturen, die Autonomie begünstigen und einen „context of choice" herstellen, in dem eigene Konzeptionen des guten Lebens entwickelt und verfolgt werden (Will Kymlicka, Yael Tamir).[56] Partikulare und nationale Kontexte stellen die notwendige Verbindung für „communit(ies) of obligation" (David Miller) her, in denen sich getrennte und unverbundene Individuen als wechselseitig verpflichtet und moralisch engagiert empfinden. Diese partikularen Kontexte stellen Voraussetzungen für das Bekenntnis zu sozialer Gerechtigkeit unter Staatsbürgern her.[57] In einer sehr wohlwollenden Lesart des Ethos des Nationalen halten David Miller, Bill Kymlicka, Kok-Chor Tan und andere die gemeinsame Nationalität sogar für den Entstehungsort eines bestimmten Grades von Vertrauen und wechselseitigem Respekt zwischen Staatsbürgern,

---

55 Richard Bellamy, *A Republican Europe of States. Cosmopolitanism, Intergovernmentalism and Democracy in the EU*, Cambridge 2019; Tor Dahl-Eriksen, R2P and the „Thin Cosmopolitan" Imagination, in: *The Fletcher forum of world affairs* 40 (2/2016), 123–137; Andrew Dobson, Thick Cosmopolitanism, in: *Political studies* 54 (1/2006), 165–184.

56 Will Kymlicka, *Liberalism, Community and Culture*, Oxford 1989; Yael Tamir, *Liberal Nationalis*, Princeton 1992.

57 David Miller, *On Nationality*, Oxford 1995, 83f.

die moderne deliberative Demokratien erst ermöglichen. Das wechselseitige Vertrauen ist schließlich die Voraussetzung dafür, demokratische Entscheidungen auch dann anzuerkennen, wenn sie gegen den eigenen Willen gefallen sind. Politik ist für Bill Kymlicka dann demokratisch, wenn sie „politics in the vernacular", also Politik in der Muttersprache ist.[58]

Fazit: Kosmopolitismus und Globalisierung

Man muss dieser wohlwollenden Lesart des Nationalen als fruchtbarem Boden des Kosmopolitischen nicht unbedingt folgen angesichts der Schrecken nationaler Gewalt in der Gegenwart. Dennoch bleiben die Theoriefiguren des Kosmopolitismus und des Kommunitarismus oder Partikularismus nicht geschlossen und ohne Bezug zueinander. Das Verhältnis zwischen dem Nationalen und dem Universalen ist immer wieder in dialektischen Wendungen wie demjenigen festgehalten worden, dass der Nationalstaat zu klein für die großen und zu groß ist für die kleinen Probleme ist (Daniel Bell). Die Debatte bleibt dann konstruktiv, wenn man nach den sozialmoralischen Voraussetzungen des guten Lebens und des Kosmopolitismus fragt und nicht sofort an die möglichen universalen Gehalte des Nationalen heranzoomt. Kosmopolitismus scheint als politische Ethik an Voraussetzungen gebunden zu sein, die Wechselseitigkeit und die regulative Idee der Gleichheit einschließen. Das führt zur Frage nach Gemeinwohl und Gemeinsinn, ihren Rhetoriken und Konstitutionsbedingungen.[59] Bedürfen moderne demokratische Gesellschaften einer sozialmoralischen Begründung oder erzeugen sie ihre Legitimität durch demokratische Verfahren, die ihrerseits gemeinschaftsbildend wirken?[60] Oder liegt in der Frage nach den sozialmoralischen

---

58 Bill Kymlicka, *Politics in the Vernacular*, Oxford 200; Tan, *Justice without Borders* (Anm. 48); Will Kymlicka / Hermann Vetter, Politische Philosophie heute. Eine Einführung (Theorie und Gesellschaft 35), Frankfurt a.M. 1997; David Brown / Robert Crawcroft / Gordon Pentland (Hg.), *The Oxford handbook of modern British political history (1800–2000)*, Oxford 2018.

59 Berlin-Brandenburgische Akademie der Wissenschaften, Arbeitsgruppe Gemeinwohl und Gemeinsinn / Herfried Münkler / Harald Bluhm, *Gemeinwohl und Gemeinsinn. Zwischen Normativität und Faktizität*, Berlin 2002; Robert D. Putnam, *Gesellschaft und Gemeinsinn Sozialkapital im internationalen Vergleich*, Gütersloh 2001.

60 Vgl. Herfried Münkler, Zivilgesellschaft und Bürgertugend. Bedürfen demokratisch verfaßte Gemeinwesen einer sozio-moralischen Fundierung? Antrittsvorlesung 10. Mai 1993 an der Humboldt-Universität zu Berlin, in: *Öffentliche Vorlesungen* 23 (1993).

Voraussetzungen demokratischer Gesellschaft selbst bereits der Keim des Autoritären beschlossen?

Es gilt jedoch eine andere Unterscheidung im Auge zu behalten, auf die politisch alles ankommt: diejenige zwischen Kosmopolitismus und Globalisierung. Der politische Widerstand gegen die Globalisierung in der Gegenwart richtet sich besonders häufig gegen Liberale und Kosmopoliten, die „somewheres" stehen gegen die „anywheres". Die Geschichte des Begriffs und des Gebrauches von Kosmopolitismus macht jedoch deutlich, dass er hermetische Machstrukturen und anonyme Einflüsse und Kräfte nicht nur thematisiert, sondern auch kritisiert. Kosmopolitismus und Globalisierung akzentuieren begrifflich Verschiedenes: der Kosmopolitismus eine der eigenen Gemeinschaft (regulativ oder sogar transzensdental) vorgeordnete politische ethische Sichtweise, die Globalisierung eine übergeordnete wirtschaftliche und politische Struktur mit Herrschaftsfunktion. Während dem Kosmopolitismus die Gleichheit innerlich ist, ist dies bei der Globalisierung nicht der Fall.

Aleida Assmann

Die Suche nach einem neuen Wir

Die Geschichte kehrt zurück

1989 war nicht das Ende der Geschichte, wie der Politologe Francis Fukuyama in seinem gleichnamigen Buch meinte. Im Gegenteil kehrte die Geschichte zurück und es begann eine neue Ära der historischen Erinnerung. Es war das Ende des Kalten Stellungskriegs zwischen Kapitalismus und Kommunismus, in dem es zwischen den Gegnern allerdings einen wichtigen Konsens gegeben hatte: Die Vergangenheit spielte in Politik und Öffentlichkeit keine nennenswerte Rolle. Um sie kümmerten sich die Historiker, während die Gesellschaft ganz auf Zukunft und Fortschritt ausgerichtet war. Das änderte sich in den 1980er und 90er Jahren, als die Holocaust-Erinnerung nach vier Jahrzehnten bleiernen Schweigens in die Öffentlichkeit zurückkehrte. Es kehrten aber auch die Erinnerungen an den Zweiten Weltkrieg und Stalins Repressionen zurück, die in post-sowjetischen Nationalmuseen dokumentiert und ausgestellt wurden.

Die Sowjetrepubliken waren geschichtspolitisch durch ihre unzähligen Denkmäler verbunden gewesen. Das änderte sich abrupt nach 1990. Während die Lenin-Statuen verschwanden, tauchte die Erinnerung an Stalin wieder auf. Die neuen post-sowjetischen Nationen gewannen ihre Identität, indem sie ihre mahnende Erinnerung an Stalins Verbrechen pflegten: an die Ermordung polnischer Offiziere in Katyn, die Hungerkatastrophe Holodomor in der Ukraine und das System Gulag.

In meinem Beitrag möchte ich mich auf einige Fragen konzentrieren: Welche Rolle spielt der Nationalstaat im gegenwärtigen Konflikt? Und welche Rolle spielen dabei historische Erinnerungen? Wie können wir die Gefahren und Potentiale des Nationalstaats deutlicher unterscheiden? Und wie verändert sich der Nationalstaat Deutschland gerade durch den massenhaften Zuzug von Migranten? Diesen Fragen liegt eine weitere zugrunde, die lautet: was ermöglicht eine gemeinsame friedliche Zukunft und was verhindert sie?

Der europäische Traum – vier Lehren aus der Geschichte

Der Staatsrechtler Moritz Bonn hat bereits 1931 das politische Modell „Imperium" für erledigt erklärt und vorhergesagt, dass es durch eine „Föderation" ersetzt werden würde. Die Gründung der Europäischen Union hat ihm Recht gegeben. Nach 1945 entstand erstmalig in der Geschichte ein Staatenverbund, der sich zunächst auf Rechtsstaatlichkeit, Frieden und Wohlstand durch eine gemeinsame Wirtschaftszone gründete. Mit diesem neuen Modell der EU wurde der Nationalstaat rechtlich und politisch gezähmt. Die EU, die nach 1945 als eine Wirtschaftsgemeinschaft gegründet worden war, mutierte nach 1990 in eine Wertegemeinschaft. Das jedenfalls ist die These, die ich in meinem Buch *Der europäische Traum* vorgestellt habe. In diesem Buch wollte ich mich von dem mainstream des unter Intellektuellen üblichen EU-bashing lösen und zumindest mein eigenes Verhältnis zu Europa klären.

Mit „Europäischem Traum" meine ich 4 Lehren, die die EU aus ihrer Geschichte gezogen hat:

> das Friedensprojekt,
> das Demokratisierungsprojekt,
> eine selbstkritische Erinnerungskultur
> und die Anerkennung der Menschenrechte.

Schauen wir uns diese Lehren etwas genauer an. An erster Stelle stand das Friedensprojekt. Es war die geniale Idee von Jean Monnet und Robert Schuman, Kohle und Stahl, die Rohstoffe der Kriegsindustrie zu vergemeinschaften und damit im wörtliche Sinne Schwerter in Pflugscharen zu verwandeln. Geld und Wirtschaft neutralisierten dabei nicht nur die alten Feindschaften, sie anästhesierten auch die Erinnerung. Die Schlussstrich-Politik Adenauers und Kohls stand im Zeichen des (sich selbst) Vergebens und Vergessens. Die zweite Lehre lautete: Demokratisierung. Das war kein Selbstläufer, denn einige Mitgliedstaaten der EU hatten noch bis in die 1970er Jahre eine Diktaturgeschichte wie Spanien, Portugal oder Griechenland. Deutschland war doppelt betroffen. Demokratisierung bedeutete hier nicht nur die Übernahme von Rechtsstaatlichkeit, sondern auch eine neue politische Kultur, zu der auch die Aufarbeitung der Vergangenheit gehörte. Damit sind wir bei der dritten Lehre: eine selbstkritische Erinnerungskultur. Es hat vier Jahrzehnte gedauert, bis sich Deutschland in den 1980er Jahren dieser Aufgabe stellte, das bleierne Schweigen in der Gesellschaft brach und den Holocaust in das nationale Gedächtnis aufnahm. Die vierte Lehre sind die Menschenrechte, die René Cassin 1948 neu formulierte und mit denen er zusammen mit anderen jüdischen Juristen einen neuen europäischen Rechtsraum schuf, in dem Minderheiten und Migranten besonders geschützt sind. Die EU ist eben nicht nur eine Wirtschaftsgemeinschaft, sondern, wie wir inzwischen immer deutlicher sehen, auch eine Rechts- und Wertegemeinschaft. Mitgliedsstaaten, die ihre rechtsstaatliche Prinzipien Schritt für Schritt aufgeben, stehen unter genauer Beobachtung und werden inzwischen auch sanktioniert. Die EU wirkt wie ein Versicherungssystem gegen die Gefahr, dass aus „zivilen" wieder „militante" Nationalstaaten werden.

„Militante" und „zivile" Nationalstaaten

Denn Nationalstaaten gibt es in Form von Diktaturen ebenso wie in Form von Demokratien. Sie sind für sich genommen niemals brutal oder zivil, sondern immer nur in Bezug auf ihre politischen Strukturen und kulturellen Programme. Entscheiden sie sich für nationalen Stolz, radikale Feindbilder und einen Kult der Stärke, oder für friedliches Zusammenleben in Vielfalt und Menschenwürde? Was erklären sie für heilig – die Nation, das Kollektiv, den Staat oder das Individuum? Inbegriff des militanten Nationalstaats ist Nazideutschland von 1933–1945, Inbegriff des zivilen Nationalstaats sind die Mitgliedstaaten der Europäischen Union. Während Deutschland der Auslöser des Zweiten Weltkriegs war, waren die Alliierten und Väter der EU die Begründer einer neuen demokratischen Friedensordnung, in die Deutschland aufgenommen wurde.

Militante und zivile Nationen unterscheiden sich nicht nur darin, wie sie mit ihren Minderheiten umgehen, sondern auch darin, wie sie mit Verbrechen in ihrer eigenen Geschichte umgehen. Es gibt in der gegenwärtigen Geschichtspolitik zwei Trends, die sich diametral radikal voneinander unterscheiden. Der eine Trend kann als *Politik des Stolzes* bezeichnet werden. Diese ist ausschließlich auf die Betonung heroischer Ehre oder das Pathos kollektiven Leidens gegründet. Diese Geschichtspolitik hat die zentrale Aufgabe, nationale Identität zu stützen und zu überhöhen. Deshalb tendiert das Prisma des nationalen Gedächtnisses immer dazu, die Geschichte auf einen akzeptablen Ausschnitt zu verengen und diesen mythisch zu überhöhen. Der andere Trend der Geschichtspolitik kann als *Politik der Reue* und *Verant-*

wortung beschrieben werden. Diese Gedächtniskonstruktion lässt das Bewusstsein eigener Verbrechen zu, was die Anerkennung von Schuld in der Vergangenheit und die Übernahme von Verantwortung in der Gegenwart ermöglicht. So selbstverständlich es immer schon war, die eigenen Opfer zu beklagen, die durch die Politik der anderen entstanden sind, so neu ist die Bereitschaft, auch diejenigen Opfer zu bereuen und zu betrauern, die durch die eigene Politik entstanden sind.

Ein Beispiel für diesen gegensätzlichen Umgang mit Geschichte sind zwei Gruppen im post-kommunistischen Russland der 1990er Jahre. Sie nannten sich *Pamiat* und *Memorial*, beide Begriffe stehen für Erinnerung, wurden aber gegensätzlich gedeutet. *Memorial* zielte auf eine selbstkritische Erinnerung, die die Opfer von Stalins Politik dokumentierte, würdigte und betrauerte. Diese von dem Dissidenten und Menschenrechtsaktivisten Nikolai Sacharow und anderen 1993 in Moskau gegründete NGO wurde von Putin kurz vor seinem Angriff auf die Ukraine als Einrichtung ausländischer Agenten diffamiert und im Dezember 2021 in Russland zerschlagen. *Pamiat* zielte dagegen auf eine nationalistische Erinnerung, die ausschließlich auf Stolz und Stärke der Nation setzte. Während Lenins Körper in seinem Mausoleum am Roten Platz in Moskau zwar weiter konserviert und ausgestellt wird, ist er selbst weitestgehend aus der russischen Geschichte verschwunden. Seine Rolle als zentraler Held hat inzwischen Stalin übernommen, der über Hitler gesiegt hat. Dieser Sieg wird jährlich am 9. Mai gefeiert und traditionell mit großen Militärparaden orchestriert. Inzwischen reihen sich die Nachkommen in das „unsterbliche Regiment", das mit den Fotos der Soldaten und Soldatinnen durch die Straßen zieht. Der 9. Mai ist der einzige historische Feiertag in Russland, dessen Wirkung bis heute ungebrochen ist und sogar noch zugenommen hat.

Mit der Gedächtnisforschung hat sich am Ende des 20. Jahrhunderts erstmals ein politikbegleitender Diskurs entwickelt, der vergangene und aktuelle Praktiken nationaler Gedächtniskonstruktionen kritisch analysiert. Seither finden geschichtspolitische Entscheidungen nicht mehr wie früher in autarker Selbstbezüglichkeit statt, sondern werden auch von außen beobachtet und kommentiert. Inzwischen gibt es in Europa und der Welt nicht nur Beispiele sowohl für die Geschichtspolitik des Stolzes wie die der Reue, sondern in den jeweiligen Staaten auch Minderheiten, die sich jeweils auch für die entgegengesetzte Position starkmachen. In Deutschland zum Beispiel gibt es zurzeit eine starke Abwehr der Politik der Reue und einen Druck der

Re-Nationalisierung im Zeichen von Stolz und Ehre. Deshalb sprechen die Gegner auch ständig von „Schande", „Schuldkult" oder „Sündenstolz".

Vergessen und Verleugnen sind aber schon lange nicht mehr der Königsweg der Geschichtspolitik. Im Gegenteil, der deutsche Weg der Selbstkritik in der Erinnerungskultur wird inzwischen auch in anderen Nationen diskutiert. *Von den Deutschen Lernen* ist der Titel eines Buches, in dem die Philosophin Susan Neiman ihren amerikanischen Landsleuten die Prinzipien einer selbstkritischen Erinnerungskultur nahebringt. Schuld und Verbrechen bleiben absolut negativ besetzte Begriffe. Dass man aber endlich über das redet, was die Täter verborgen haben und ihre Nachkommen weiter verschweigen, ist keineswegs negativ. Denn nicht die Nation ist heilig, sondern die Würde des Menschen. Es ist nicht zu verkennen, dass sich die Gewichte der Geschichtspolitik inzwischen verschoben, wenn auch – weltweit gesehen – noch nicht durchgreifend verändert haben. Es ist jeweils eine Frage der Macht und der politischen Konstellation, aber auch eine Frage der gesellschaftlichen Bildung, welche Gruppe sich in einer Gesellschaft am Ende politisch durchsetzen kann.

Nationalistische Rückschläge

Um die europäische Friedensordnung wertschätzen zu können, darf man sie nicht für selbstverständlich halten, sondern muss genauer wissen, was 1945 überwunden wurde und wie der Nationalsozialismus entstand. Nach dem Ersten Weltkrieg wurde Deutschland 1918 zu einer Republik. Das Geschenk der Demokratie hatte jedoch keine starke Grundlage in einer Gesellschaft, die gleichzeitig die Realität einer Niederlage und eines riesigen Imageverlusts zu verkraften hatte. Hitler gründete damals das kollektive Selbstbild der von ihm angestrebten Nation auf den Mythos des Kriegserlebnisses. Der Erste Weltkrieg wurde in den Köpfen und Herzen der Deutschen also gar nicht beendet, denn es wurde mit Hass und Ressentiment mobilisiert, sodass sich der Erste bruchlos in den Zweiten Weltkrieg fortsetzte.

Gleichzeitig gab es aber auch die, die das Modell einer zivilen Nation stärkten. Das waren nicht nur liberale Politiker, sondern vor allem auch jüdische Autoren, Philosophen, Juristen und Theologen wie Karl Barth. Wie Moritz Bonn entwarf auch Stefan Zweig die Vision eines friedlichen Europas. Er arbeitete an einer Demobilisierung des Geistes und beschrieb dieses Projekt als „moralische Entgiftung Europas". Er nahm in seinen Schriften das post-imperiale Europa vorweg, in dem demokratische Nationalstaaten eng zusammenarbeiten. Gleichzeitig entwarfen die Philosophen Martin Buber und Karl Löwith für die Demokratie der Weimarer Republik ein neues Menschenbild, das das Individuum nicht mehr in der Obsession Hegelscher Geistesgeschichte als ein „Subjekt" denkt, das isoliert einem Objekt gegenübersteht. Sie gründeten ihr Menschenbild vielmehr auf den Menschen als Mitmenschen, der immer schon lebensweltlich einbezogen und auf andere Menschen ausgerichtet ist. Der Titel der Habilitationsschrift von Karl Löwith lautet: Das Individuum in der Rolle des Mitmenschen. Hier zeigt sich eine wichtige Parallele zu Karl Barth! Ob der Schweizer Theologe den Heidelberger Philosophen damals wahrgenommen hat?

Gleichzeitig mobilisierten aber auch nationalsozialistisch orientierte Intellektuelle: Carl Schmitt mit seinem Freund-Feind-Denken, Heidegger mit seinem Antisemitismus und dem Phantasma eines absoluten Neubeginns unter Hitler, weshalb er einen totalen und gewaltsamen Bruch mit der gesamten jüdisch und christlich geprägten Kulturgeschichte forderte. Als dritter im Bunde wäre Ernst Jünger mit seinem nationalistischen Manifest von 1928 zu nennen. Seine radikale Gegenthese zu Löwiths ist ebenfalls 1928 erschienen.

> Wir Nationalisten glauben an keine Wahrheiten.
> Wir glauben an keine allgemeine Moral.
> Wir glauben an keine Menschheit
> als ein Kollektivwesen mit zentralem Gewissen und einheitlichem Recht.
> Wir glauben vielmehr an ein schärfstes Bedingtsein von Wahrheit, Recht und Moral durch Zeit, Raum und Blut.
> Wir glauben an den Wert des Besonderen.

All das ist jetzt bald 100 Jahre her, aber noch keineswegs „Geschichte". Die faschistische Werteordnung ist inzwischen zur Grundlage einer neurechten Denkfabrik von Götz Kubitschek geworden, der Jüngers Manifest unter jungen Menschen eifrig verbreitet. Kubitschecks Denkfabrik steht inzwischen unter Beobachtung und auch die AfD wurde zum Verdachtsfall erklärt. Das Kölner Urteil lautet: Ihr Volksbegriff widerspricht dem Grundgesetz. Die militante Nation ist also schon wieder auf dem Vormarsch.

Die ver(n)einte Nation

Nicht nur in Deutschland sind rechte Parteien mit völkischen Parolen zurückgekehrt, die die Demokratie untergraben und gegen Flüchtlinge und eine diverse Gesellschaft mobilisieren. An den Universitäten, so konnte ich immer wieder feststellen, ist die Nation jedoch kein Thema. Unter Intellektuellen – und das ist ein rein westdeutsches Phänomen – erlebe ich seit längerem eine starke Aversion gegen den Begriff der Nation. Man kann sagen, dass der Begriff in diesen Kreisen inzwischen zu einem N-Wort geworden ist. Es wird tabuisiert und die Studierenden lernen, dass man es nicht benutzen darf. Man geht in vielen Fächern tatsächlich davon aus, dass sich der Nationalstaat auf dem Weg in eine kosmopolitische „Weltgesellschaft" früher oder später von selbst aus der Geschichte verabschiedet. Man ist sogar überzeugt, bereits in einer post-nationalen Welt angekommen zu sein. Als ich einen Politologen fragte, welche Rolle der Begriff der Nation in seinem Fach spiele, antwortete er wie aus der Pistole geschossen: „Das wichtigste Buch dazu ist immer noch Michael Zürn, *Regieren jenseits des Nationalstaates – Globalisierung und Denationalisierung als Chance.*" Das Buch erschien 1998. Seither ist der Begriff Nation an den Universitäten eingefroren. Diese Aversion hat leider auch dazu geführt, dass kein Unterschied gemacht wird zwischen ziviler und militanter Nation. Deshalb habe ich mein Buch geschrieben.

Ich habe aber auch eine erstaunliche Unterstützung meiner Thesen gefunden. Nachdem mein Buch bereits publiziert war, fiel mir ein Essay von Ralf Dahrendorf aus dem Jahr 1994 in die Hand.[1] Ich konnte mit Erstaunen feststellen, dass er eigentlich alles mir Wichtige vorweggenommen hat. Auch er unterscheidet zwei Typen das Nationalstaats, die mit den von mir beschriebenen genau übereinstimmen. Er spricht vom „homogenen und heterogenen" Nationalstaat und zählt für letzteren vier Bedingungen auf. Seine Thesen sind heute noch aktueller als damals.

Erste Bedingung: „die Anerkennung des Nationalstaates in seiner Rolle selbst. Wer immerfort dem Nationalstaat das Totenglöcklein läutet, zerstört damit ungewollt auch die Fundamente von Rechtsstaat und Demokratie, die einstweilen nur im Nationalstaat sicher sind." (758)

---

1   Ralf Dahrendorf, Die Zukunft des Nationalstaates, in: *Merkur* 48 (September 1994), Heft 546/547, 751–761.

Zweitens: Deutschland muss sich „abwenden vom Alptraum der ethnischen Nation. Das ist vielleicht sogar der Schlüssel zur deutschen Zukunft." (758)

Drittens: ein Nationalgefühl, womit er vielleicht eine Übereinkunft in der Deutung von Schlüsselepisoden der deutschen Geschichte meint. (759)

Viertens: „Deutschland muss ein Europabild entwickeln und sich zu einer Europapolitik bekennen." (759)

Gemeinsinn, Zusammenhalt und Solidarität

Es gibt zurzeit ein ganzes Bündel von Begriffen, die täglich in Gebrauch sind, um die gesellschaftlichen Krisen, die wir gerade erleben, zu bearbeiten. Diese Begriffe sind nicht neu, ebenso wenig wie die Probleme, auf die sie antworten. Das zeigt ein Rückblick auf das Jahr 2000, für das der Ministerpräsident Baden-Württembergs, Erwin Teufel, eine Zukunftskommission einberufen hatte. Abschließend resümierte er: „Vor dem Hintergrund eines wirtschaftlichen, sozialen und kulturellen Wandels, den man mit Stichworten wie ‚Globalisierung', ‚Digitalisierung' und ‚demographischer Wandel' umschreiben kann, hatte die Kommission die Aufgabe, Strategien zur Stärkung des Zusammenhalts in unserer Gesellschaft zu entwickeln und Quellen für Gemeinsinn und Solidarität neu zu erschließen. Ziel der Kommission war es, Wege aufzuzeigen, um diese Umbruchssituation, der unsere Gesellschaft sich stellen muss, positiv zu gestalten."[2]

Hier sind bereits alle Stichworte zusammengestellt, mit denen wir heute täglich zu tun haben: – Globalisierung, Digitalisierung und demographischer Wandel – aber keines trug damals auch nur annähernd das Gewicht, mit dem sie heute beladen sind. Ebenso unverbindlich klangen damals auch die schönen Worte, die zur Bearbeitung bereitgestellt wurden: gesellschaftlicher Zusammenhalt, Gemeinsinn und Solidarität.

Die Rede vom *„gesellschaftlichen Zusammenhalt"* ist inzwischen die meist gebrauchte Formel in der politischen Rhetorik. Sie wird nicht nur täglich überall beschworen, sie wird nun auch intensiv beforscht. In Leipzig ist 2020 ein Institut für gesellschaftlichen Zusammenhalt gegründet worden, das mit 11 Teilinstituten über Deutschland verteilt ist. Eines davon existiert an der

---

2   Erwin Teufel (Hg.), *Von der Risikogesellschaft zur Chancengesellschaft*, Frankfurt 2001, Klappentext.

Universität Konstanz.[3] Schauen wir uns die Begriffe einmal etwas näher an, mit denen wir seit längerem hantieren.

Die Rede vom gesellschaftlichen Zusammenhalt richtet sich meist gegen eine von außen oder innen kommende Gefahr: Wir halten zusammen gegen Spaltendes und Bedrohliches. Wer Zusammenhalt sagt, denkt an ein Kollektiv und eine starke Klammer, die es schützt. Das kann dabei durchaus auch nationale Alleingänge vom Typ America first! oder Britain first! forcieren. Gleichzeitig passt der Begriff sehr gut auf eine Notsituation wie die Pandemie, die allen Gruppen und Individuen Zugeständnisse, Durchhaltevermögen und erhöhte Toleranz und Flexibilität abverlangt.

Der Begriff der *Solidarität* stammt ursprünglich aus der Rechtssprache und bezieht sich auf eine gemeinschaftliche Haftung für Schulden.[4] Diese Bedeutung von Solidarität, die auch etwas mit Umverteilung zu tun hat, ist heute wieder hochaktuell. Ein Beispiel ist der Corona-Wiederaufbaufonds der EU von 750 Milliarden €, der im Mai 2020 in Brüssel verabschiedet wurde. Die Pandemie hat eine neue Schuldenpolitik ermöglicht, die bis dahin in der EU absolut tabu war. Mit dieser Summe kommt es zu einer merklichen Umverteilung von Nord nach Süd: Italien und Spanien sind die Hauptprofiteure des Wiederaufbaufonds.[5]

Beim Begriff der Solidarität müssen wir unbedingt unterscheiden zwischen einer exkludierenden „Solidarität gegen" und einer inkludierenden „Solidarität mit". Ein Beispiel ist die Rücksicht gegenüber anderen in der Pandemie, die die Logik des Eigennutzes überwindet. Die Unterstützung der Ukraine gegen den russischen Angriffskrieg gilt einer anderen Nation und ist damit ein Beispiel für „Solidarität mit". Gleichzeitig sind die Sanktionen der EU und der westlichen Welt auch ein Beispiel für „Solidarität gegen".

Beim Gemeinsinn wiederum werden Einzel- und Kollektiv-Interessen zurückgestellt und der Blick auf etwas Übergreifendes gerichtet, das jenseits von Herkunft und Zugehörigkeit verbindet. Er ist nicht das Gegenteil von

---

3   Die Forscher*innen decken Aspekte wie Identitäten und regionale Erfahrungswelten, Ungleichheiten und Solidarität, Medien und Konfliktkultur, Polarisierung und Populismus, aber auch Antisemitismus und Hasskriminalität ab und erforschen diese im europäischen Vergleich und darüber hinaus.

4   Heinz Bude, *Solidarität. Die Zukunft einer großen Idee*, Berlin 2019; Ute Frevert, *Mächtige Gefühle von A wie Angst bis Z wie Zuneigung. Deutsche Geschichte seit 1900*, Berlin 2020.

5   Handelsblatt vom 27. Mai 2020: https://www.handelsblatt.com/politik/international/wiederaufbaufonds-milliarden-paket-der-eu-italien-wird-hauptprofiteur-deutschland-kassiert-28-8-milliarden-euro/25863904.html.

Individualismus, sondern von Egoismus und ermöglicht ein Denken in größeren Zusammenhängen und Bindungen. Dieser Begriff von Gemeinsinn zielt also gerade nicht darauf, sich ein- oder unterzuordnen, sondern den Anderen einzubeziehen.[6]

Thomas Oberender, der in der DDR aufgewachsen ist, hat die Corona-Krise mit der ostdeutschen Wende verglichen. In beiden Situationen konstatierte er „die globale Erfahrung einer Ausnahmesituation und Offenheit". Corona wäre demnach eine zweite Chance, diesmal nicht nur für alle Deutschen, sondern für alle Menschen: ein utopischer Moment, um „die Gesellschaft auf allen Ebenen neu zu denken". Denn es geht dringender denn je um die Frage, „wie wir unsere Lebenspraxis in andere Zusammenhänge einbetten, indem wir uns auf das Nachhaltige, das weniger Zerstörerische, das Heilende konzentrieren – also etwas, das unsere Gesellschaft in der Art, wie sie mit dem Planeten und den Menschen umgeht, dringend entwickeln muss."[7] Für dieses Umdenken und Umfühlen bietet sich der Begriff „Gemeinsinn" an. Gemeinsinn könnte uns dabei unterstützen, dass wir den dramatischen Weltwandel, den wir gerade erleben, nicht nur erleiden, sondern auch konstruktiv mitgestalten.

Erinnern in der Migrationsgesellschaft

Ich habe in Lord Dahrendorfs Essay noch eine wichtige Aussage gefunden, die unmittelbar in unsere Gegenwart spricht:

„Der *homogene* Nationalstaat steht immer in der Gefahr der Aggression gegenüber Minderheiten und Nachbarn [...]". Diese Gefahr haben wir in den Parolen der Nationalisten täglich vor Augen: sie sortieren Menschen nach Herkunft und Rasse und nehmen Zuwandernde als bedrohliche Fremde und Feinde war.

> „Der *heterogene* Nationalstaat steht immer vor der Hausforderung der gleichen Rechte für Ungleiche." (753)

Der *heterogene* Nationalstaat besteht aus Ungleichen, also Menschen unterschiedlicher Herkunft, Sprachen und Kulturen. Die Anerkennung dieser

---

6   Vgl. das Projekt „Gemeinsinn" an der Universität Konstanz (vom März 2020–September 2023): https://www.uni-konstanz.de/forschen/forschungseinrichtungen/gemeinsinn-was-ihn-bedroht-und-was-wir-fuer-ihn-tun-koennen/personen/.

7   Thomas Oberender im Gespräch mit Jonas Zipf, JenaKultur: https://blog.jena.de/jena-kultur/202005/01/gerade -jetzt-eben-nicht/.

Differenzen macht die diverse Gesellschaft aus. Diese Menschen in der Gesellschaft aber nicht zu marginalisieren und zu ghettoisieren, sondern ihnen gleiche Rechte zu verschaffen und Partizipationschancen zu eröffnen, das steckt in der bleibenden Herausforderung der gleichen Rechte für Ungleiche.

Mit großer Dringlichkeit stellen sich hier gerade grundlegende Fragen: Wer erzählt die Geschichte der Nation? Wer gehört dazu und kommt darin vor? Wer wird ausgeschlossen? Wird der Holocaust als Anker der deutschen Erinnerung eine innerdeutsche Angelegenheit bleiben oder wird er auch für die Hinzugekommenen verbindlich sein? Welche Erinnerungen werden die Migrant:innen mitbringen? Und welche Rolle werden die Erfahrungen spielen, die sie in diesem Land gemacht haben, positive ebenso wie negative und traumatische? Werden sie mit ihren Erinnerungen ihren Platz in der Aufnahmegesellschaft finden?

Gleiche Rechte für Ungleiche – dafür steht heute nicht zuletzt der Begriff der „Identitätspolitik". Er steht auch für neue Herausforderungen und Aufgaben in einer Gesellschaft, die sich durch neue geschlechtliche Selbstbilder, aber auch durch Zuwanderer unterschiedlicher Herkunftsländer gerade rapide wandelt. Die abstrakte Weltgesellschaft, von der die Soziologen Niklas Luhmann und Ulrich Beck in den 1980er und 90iger Jahren noch sprachen, hat inzwischen einen sehr konkreten Migrationshintergrund bekommen. Tatsächlich gab es nach 1945 in Westdeutschland ununterbrochen Einwanderungswellen. Ein Viertel der deutschen Bevölkerung hat heute Eltern oder Vorfahren, die nicht hier geboren sind.

Die Selbstbeschreibung der Nation hat sich lange Zeit dem Idealbild Heimat verpflichtet: sie schuf einen homogenen Raum, in dem die Bewohner in einem Territorium eine Sprache sprachen, eine Religion bzw. Kultur miteinander teilten und sich als Abkömmlinge einer gemeinsamen Geschichte imaginieren durften. Von diesem Einheitsmodell sind wir heute weit entfernt. Inzwischen prägen nicht mehr nur soziale, sondern immer stärker auch ethnische, religiöse und kulturelle Differenzen die Lebenswelt, die die ethnischen Deutschen inzwischen mit 16 Millionen Menschen aus Zuwandererfamilien teilen. Das entspricht einem Bevölkerungsanteil von 26 Prozent. Ich zitiere aus einer Rede von Frank Walter Steinmeier, die er zur Eröffnung des Humboldt-Forums hielt: „Menschen aus allen Teilen der Welt leben heute in Deutschland, sind vielfach Deutsche geworden. Sie gehören zu dem, was heute ,deutsch' bedeutet. Sie sind Teil unserer nationalen Identität, Teil einer aktiven Bürgerschaft, die in Debatten eingreift. Sie sind nicht Menschen mit Migrationshintergrund – wir sind ein Land mit Migrationshintergrund!"[8]

Während es gerade einen intensiven Diskurs darüber gibt, wie es gelingen kann, die Ostdeutschen 30 Jahre nach dem Sturz der Mauer zu integrieren, ist sehr viel weniger von dem Wandel die Rede, der 1961 ausgelöst wurde, als die ersten türkischen Gastarbeiter in Deutschland ankamen. Denn Migration begann ja nicht erst mit dem „Sommer der Migration" 2015. Von 14 Millionen Gastarbeitern blieben 3.5 Millionen, deren Kinder und Kindeskinder in der 3. und 4. Generation hier aufwachsen. Sie haben die Wirtschaft tatkräftig und entbehrungsreich mit aufgebaut. Für ihre schwere Arbeit haben sie spärlichen Lohn, aber bis heute kein symbolisches Kapital erhalten. Am 10. September 2021 feierte Bundespräsident Steinmeier nach 60 Jahren mit den Familien der türkischen Gastarbeiter das „Anwerbeabkommen" als eine Erfolgsgeschichte, die heute in der 3. Generation angekommen ist. Doch die Enkel stellen fest: Die Geschichte ihrer Großeltern kommt in den Schulbüchern gar nicht vor, obwohl sie doch schon doppelt so lange hier leben wie die Ostdeutschen im wiedervereinigten Deutschland. „Wer aus der Geschichte ausgeschlossen ist", sagt ein Betroffener, „kann sich der Gesellschaft auch nicht zugehörig fühlen".

Die Kolonialgeschichte und der Umbau der Gesellschaft

In den letzten beiden Jahrzehnten sind vermehrt syrische und afrikanische Migranten dazugekommen. Damit ist auch die europäische Kolonialgeschichte zurückgekehrt. Je mehr Menschen von anderen Kontinenten in einer Stadt leben, desto vielfältiger wird der Blick. Jeder und jede hat einen anderen Blick, und der hängt davon ab, was man erlebt und welche Demütigungen man in seinem Leben erfahren hat. Die diverse Gesellschaft tut gut daran, sich über diesen Prozess auszutauschen und sich mit der Komplexität unterschiedlicher Lebenserfahrungen auseinanderzusetzen. Hier ist ein Beispiel aus der Stadt Konstanz. In der Altstadt wurde über Nacht ein Buchstabe von einer Hauswand entwendet. Das M, das jetzt fehlt, ist an einem sicheren Ort versteckt. Die betroffene Apotheke hat bei dieser Aktion ihren Namen verändert. Sie ist zur „Ohren-Apotheke" geworden.

---

8   Frank Walter Steinmeier, „Wir sind ein Land mit Migrationshintergrund", in: *Die Welt* (10.9.2021): https://www.welt.de/politik/deutschland/article233710930/Frank-Walter-Steinmeier-Wir-sind-ein-Land-mit-Migrationshintergrund.html.

Das ist niemandem entgangen, der hier vorbeikommt. Jede schaut anders auf dieses Bild. Als ich die Besitzerin der Apotheke nach ihrer Meinung fragte, hob sie den Diebstahl und Verstoß gegen das Denkmalgesetz hervor. Der Schriftzug stamme aus dem 18. Jahrhundert. Für mich ist der zerstörte Schriftzug so etwas wie eine öffentliche Lektion, vielleicht sogar eine Geschichtsstunde. Zum Beispiel hat das Wort „Mohrenapotheke", das es überall in Deutschland gibt, inzwischen einen eigenen Wikipedia Eintrag bekommen. Man kann sich also schnell und einfach über die Geschichte dieses Namens informieren und dabei mehr über die längere europäische Kolonialgeschichte erfahren.

Dass diese ferne Kolonialgeschichte auch etwas mit mir zu tun hat, konnte ich anlässlich einer Ausstellung am 1. August letzten Jahres in Konstanz erfahren. An diesem Tag vor 500 Jahren fiel die Stadt Mexico-Tenochtitlan in die Hände der spanischen Kolonialmacht. Durch Plünderungen und Sklavenarbeit wurden anschließend Gold und Silber, Färbestoffe und Baumwolle, Zucker und Perlen nach Europa verschifft. Bereits fünf Jahre nach dieser Eroberung von Mexiko reisten die ersten Konstanzer in die Karibik, um dort Handelsstützpunkte der Welser-Gesellschaft für Gold, Stoffe und Sklaven zu etablieren. 1528 wurde Klein-Venedig, besser bekannt als Venezuela, zu einer Welser-Kolonie. Die Ausstellung erzählte die ferne Geschichte der spanischen Eroberung aus der nahen Perspektive einer Konstanzer Familie. Die Ehingers brachten es vor 500 Jahren zu großem Reichtum, weil sie als Banker am spanischen Hof eng mit Karl V. zusammenarbeiteten und in das lukrative Geschäft des Sklavenhandels einstiegen.[9]

Unsere Gesellschaft ist diverser geworden. Deshalb tut die Aufnahmegesellschaft gut daran, sich über diesen Prozess auszutauschen und mit der Komplexität unterschiedlicher Lebenserfahrungen auseinanderzusetzen. Dazu möchte ich zwei Stellungnahmen zitieren. Eine stammt von Präsident Steinmeier. In seiner Rede zur Eröffnung des Humboldtforums sagte er: Das ist „kein Ort der Selbst-vergewisserung, sondern der Selbstbefragung. [...] Es ist kein Schlussstein, sondern erst der Anfang einer globalen Veränderung, (denn) die Weltkulturen sind angekommen, aber das gleich in einem doppelten Sinne: hier drinnen im Humboldt Forum und da draußen, vor den monumentalen Fassaden." Der zweite Kommentar stammt von der Au-

---

9 https://konstanzer-kolonialzeit.de/. Hier ein Link zu einer Zoom-Führung durch die Ausstellung: https://www.youtube.com/watch?v=7x5kE2G-UgU.

torin Kübra Gümüşay und lautet: „Wir alle werden uns wandeln müssen. Gemeinsam.“[10]

Nationen als „imagined communities“

„Putin will die Seele der Ukraine zerstören“ sagte Pawlo Klimkin, ehemaliger Außenminister der Ukraine in einem DLF-Interview am 15. Juni 2022. Dass Nationen eine Seele habe, war eine allgemeine Annahme im 19. Jahrhundert. Was damals Seele bedeutete, nämlich Merkmale der Gemeinsamkeit, nennen wir heute „Identität“. Anders als eine Seele werden Identitäten kulturell geschaffen und unterliegen einem diskursiven Prozess dauerhafter Veränderung. Nationale Identitäten unterscheiden sich durch ihre Sprache und Kultur, Landschaft und Geschichte. In der EU stehen diese Identitäten im Zeichen der kulturellen Vielfalt, des Austauschs und ständiger Verhandlungen. Die EU ist ein Versicherungssystem dafür, dass diese Identitäten demokratisch und pluralistisch bleiben und nicht als homogen politisch vereinnahmt werden, was sie zu einer unmittelbaren Bedrohung und Gefahr für Minderheiten macht.

Hans Magnus Enzensberger sprach 1967 vom „Scheinbild der Nation, das jedermann ein präfabriziertes seelisches Meublement zur Verfügung stellt, in dem er sich preiswert einrichten kann.“[11] Dieses Mobiliar ist aber nicht unverrückbar, manches wird umgestellt und ausgetauscht; es ist genau diese Erfahrung, die wir gerade im öffentlichen Raum machen.

In der Nations-Forschung hat man den Begriff des Nationalgefühls längst durch eine Formel von Benedict Anderson ersetzt, der Nationen als „imagined communities“, als „vorgestellte Gemeinschaften“ definiert hat.[12] Wie imaginiert sich eine Nation? Über Versprechen, die in die Zukunft gerichtet sind, oder über Erfahrungen in der Geschichte, über eine gemeinsame Vergangenheit, an die man anknüpfen kann? Welche Rolle spielt überhaupt die Geschichte als eine gemeinsame Grundlage und Referenz für die Nation?

Geschichte hört ja nicht einfach auf, wenn sie vorbei ist. Sie geht in Gebäuden, Straßennamen und Denkmälern in die gebaute Umwelt ein und bleibt damit in Ausschnitten und Symbolen weiterhin präsent als Teil der

---

10　Kübra Gümüşay, *Sprache und Sein*, München 2020, 172.

11　Hans M. Enzensberger, Über die Schwierigkeiten, ein Inländer zu sein, in: ders., *Deutschland, Deutschland unter anderm. Äußerungen zur Politik*, Frankfurt a. M 1967, 9.

12　Benedict Anderson, *Imagined Communities. Reflections on the Origin and Spread of Nationalism*, London / New York 1983; revised edition: London 2010.

Lebenswelt und Identität einer Nation. Aber auch eine unaufgearbeitete Gewaltgeschichte wird unbewusst über Generationen hinweg in den Körpern von Opfern wie Tätern weitergegeben und schlägt sich in ihren Haltungen, Praktiken und Anschauungen nieder.

> „Ihr Weißen, hört mich an!", schrieb James Baldwin. „Geschichte – was niemand zu wissen scheint – ist nicht nur etwas zum Lesen. Und sie bezieht sich auch nicht vordringlich auf die Vergangenheit. Im Gegenteil: Die große Kraft der Geschichte rührt von der Tatsache her, dass wir sie in uns tragen."[13]

Durch rassistische, faschistische oder antisemitische Narrative und Symbole werden Haltungen erneuert und verstetigt, die historisch längst besiegt wurden. Überwindung wird aber erst möglich, wenn sich eine Gesellschaft selbstkritisch damit auseinandersetzt und solche problematischen Narrative auf deren Werte und Überzeugungen überprüft, und sie dann auch widerruft und symbolisch beendet. Ein selbstkritischer Umgang mit der Vergangenheit kann also zur Befriedung von Gewalt beitragen. Wo dies nicht geschieht, kann die Geschichte immer wieder politisch instrumentalisiert werden und Gewalt mobilisieren.

Wie man sieht, wirft das Thema Nation viele Fragen auf – nicht nur rechtliche und ökonomische, sondern auch gesellschaftliche und ethische. Es gibt also gute Gründe, den Begriff der Nation zurückzuholen. „Als offener und zugleich moderat begrenzter Raum der Zugehörigkeit und Solidarität scheint er immer noch ohne Alternativen zu sein" schreibt Günter Thomas. Da kann ich mich ihm nur anschließen und hinzufügen: es kommt dabei alles darauf an, den Zusammenhalt zwischen Nahen und Fernen inklusiv zu gestalten und die Grenzen jeweils nach unten und oben offen zu halten: von der Nation zur Stadt und Region, aber auch zur EU und zur Menschheit.

---

13 James Baldwin, White Man's Guilt, in: *Collected Essays*, New York 1998, 722–727, 722.

Ellen Ueberschär

Blinder Fleck Europa

Protestantismus, Nation und Deutsche Wiedervereinigung

Wer Karl Barths Kapitel „Die Nahen und die Fernen"[1] liest, das unmittelbar auf „Eltern und Kinder" folgt und unter dem Gesamtmotto „Freiheit in Gemeinschaft" zu stehen kommt, wird einen Satz bestätigt finden, den Rudolf von Thadden prägte: „Es gehört zu einer alten Tradition des deutschen Protestantismus, dass zwischen dem Nationalstaat und der Welt viel Platz und wenig Inhalt ist. […] Europa als eigenständige Größe kommt nicht vor. Entsprechend bewegen sich auch die kirchlichen Diskussionen vorrangig zwischen nationalen und globalen Orientierungsrahmen. Man denkt entweder an die Kirche in Deutschland oder an die weltweite Ökumene. Und es versteht sich, dass Ökumene eher in Schwarzafrika oder Indien als in Polen oder Frankreich angesiedelt ist. Europa ist kein ökumenischer Begriff."[2]

Nun ging es Barth in seinem Kapitel nicht um die Ökumene, sondern um die theologisch fundierte Abwehr eines übersteigerten Nationalismus, der wenige Jahre vor der Entstehung des Kapitels in die Katastrophe des Nationalsozialismus und Barth zurück in seine Schweizer Heimat geführt hatte. Das Kapitel ist in dieser Hinsicht gewissermaßen ein Barmen 2.0., das die Erste These der Barmer Theologischen noch einmal einer gründlichen Erläuterung unterzieht und ein für allemal aufräumt mit dem deutschchristlichen Gefasel von einer „Christuskirche Deutscher Nation". Übrigens eine Lektion, die man sich heute auch im Bezug auf die Frage: Wie gehen wir mit dem Moskauer Patriarchat, Kyrill und den orthodoxen Positionen zum Nationalstaat um?, noch einmal gründlicher anschauen könnte.

Zukunftsweisend ist Barths Ansicht, dass es „um Blickrichtung, Herkunft und Einstellung" geht, wenn „von Heimat, Vaterland und Volk" die Rede ist.

---

1   KD III/4, 320-366.
2   Rudolf von Thadden, in: Hartmut Lehmann, *Religiöser Pluralismus im vereinten Europa*, Göttingen 2005, 170.

Und wenn er weiter eine Bewegung beschreibt, die „als solche [...] den Menschen unweigerlich aus der Enge in die Weite [führt], vom eigenen Volk zu den anderen, die auch Menschenvölker sind"[3], so steht einem fast die Allgemeine Erklärung der Menschenrechte vor Augen, die auf jenem Respekt der Völker und ihrer Menschen voreinander beruht, die ihr eigenes nicht absolut setzen, sondern eben als Blickrichtung, Herkunft und Einstellung betrachten.

Sprache, Raum, Geschichte, das sind die positiven Bezüge, die Barth der Nation oder dem Volk – übrigens unterscheidet Karl Barth nicht zwischen Nationalität und Staatszugehörigkeit – zuordnet. Diese drei Bezüge kommen bei den „Nahen" zu stehen, während das Gegenüber die „Menschheit", die „Völker" sind. Und in diesem Menschheitsrauschen, das eigentlich die Geschichte der ökumenischen Bewegung bis zu diesem Zeitpunkt hätte gut und gerne einbeziehen können, erscheint Europa eben an den ein oder zwei Stellen, an denen es erwähnt wird, als eine äquidistante Größe zu Afrika, Asien oder Amerika.

Aber zwischen den „Nahen" und den „Fernen", die global oder nachbarschaftlich sein können, bleibt eben viel Platz. Karl Barths ganzes Bemühen richtet sich auf die Entideologisierung oder besser Entmystifizierung der Nation, des Volksmythos und der „Heimatschwafelei". Und genau darin ist er modern und anschlussfähig an europäisches und ökumenisches Denken, das sich dann eher in Folge seiner Publikation entfaltet hat, als dass er es selbst entwickelt hätte.

Seine europaweite Wirkungsgeschichte und seine Bezüge zu den Völkern Europas sollten nicht verwechselt werden mit einem europäischen Denken, das zugleich immer auch ein ökumenisches sein muss. Ökumenisch schon allein deswegen, weil Europa ein vielgestaltiges Christentum beherbergt und die Protestanten eine sicher einflussreiche, aber doch minoritäre Position beziehen: 68% aller Europäer sind römisch-katholisch und nur 13% auf irgendeine Art protestantisch.

Gibt es ein europäisches Volk? Und was kann die Metapher „Volk" sinnvoll meinen? So oder so bedarf die konkrete Bestimmung des Souveräns einer Eingrenzung. Wie sind Grenzziehung und Grenzöffnung, Inklusion und Exklusion konzeptionell anzulegen? Entspricht die Europäische Union diesem Anspruch an Konzeptionalisierung? Oder wählen wir andere Eingrenzungen wie die Schengen-Staaten oder die Euro-Staaten? Wie sind Grenz-

---

3   KD III/4, 330.

ziehung, Grenzöffnung, Inklusion und Exklusion konzeptionell angelegt und hat der gegenwärtige Weg einer Konstitutionalisierung der Verträge der Europäische Union, eine Chance? Dieser Weg der Schaffung einer europäischen Nation wird von Verfassungsrechtlern kritisiert. Oder bedarf es dann doch eines großen Verfassungskonventes, der uns klarmacht: Vielleicht ist Europa doch so etwas wie eine eigenständige Nation mit verschiedenen Völkern.

Was genau ist „Europa", das für Barth keine eigenständige Größe, aber durchaus sein Handlungs- und Denkraum war? Europa ist ein Traum (Aleida Assmann), eine große Illusion (Toni Judt), eine Heimatutopie (Robert Menasse), ein Kontinent im Abstieg (Joschka Fischer) und der größte Wirtschaftsraum der Welt. Wer Europa konturieren will, trifft auf eine Vielzahl von Perspektiven, die eine eindeutige Definition kaum erlauben.

Europa ist getrennt und verbunden zugleich durch seine Geschichte von Jahrzehnte währenden Kriegen in unterschiedlichen Jahrhunderten, seine Geschichte von Armut und Auswanderung, von Eroberung und Besatzung, von Widerstand und Ergebung, vom Massenmord an den europäischen Juden, vom Eisernen Vorhang und vom Friedensprojekt der Europäischen Union.

Europa blickt zurück auf eine Geschichte der Friedensschlüsse, der Universitäten, des Lateinischen als „lingua franca", der Dome, der Kathedralen, des Weines, des Geistes, des guten Essens, der Aufklärung und der kühnen politischen Ideen, des friedlichen Zusammenlebens von Menschen unterschiedlicher Kulturen und Konfessionen. Europa ist nicht nur Geografie und Geschichte, es ist auch Verheißung. Und in dieser Verheißung klingt die Idee eines Zusammenlebens in Frieden und Freiheit, in Solidarität und Nächstenliebe, eine Verheißung von Wohlstand und Moderne, von Versöhnung und Menschenrechten – das alles ist offensichtlich immer noch Anlass für viele Menschen zu sagen, Europa ist ein Kontinent der Zuflucht – und damit verschärft sich wiederum die Frage nach Inklusion und Exklusion, nach „Heimat, Vaterland und Volk".

Wenn es heute um den Skandal der Ertrinkenden im Mittelmeer geht, wenn es um die Kriege in der europäischen Nachbarschaft oder jetzt sogar in Europa selbst geht, oder um die Unterstützung von Freiheitsbewegungen, wenn es um autoritäre Tendenzen innerhalb Europas geht: Sie rufen die europäischen Werte von Menschenwürde, Freiheit, Demokratie, Gleichheit, Rechtsstaatlichkeit und Wahrung der Menschenrechte auf den Plan. Sie sind der Maßstab für politisches und soziales Handeln und so etwas wie der Erwartungshorizont, der den Erfahrungsraum Europa spiegelt, und auf diese Weise konstituieren sie in gewisser Weise auch eine europäische Identität. Also, jede Europäerin, jeder Europäer würde sicherlich, wenn er/sie gefragt wird, sagen, dass es diese Werte sind, die Europa im Wesentlichen zusammenhalten.

Was heute so klar scheint, dass es dann im Vertrag über die Europäische Union 2009 festgehalten werden konnte, hat sich seit der Antike mit der Entstehung des europäischen Kulturraums ausgeprägt, und auch in ihrer säkularen und humanistischen Übersetzung sind die Grundwerte Europas vom Menschenbild des Christentums durchdrungen – das ist nicht Barth-Theologie, aber viele andere sind davon überzeugt, dass dies den Wert und die Würde jedes einzelnen Menschen hervorhebt, deren christlicher Ausdruck die Nächstenliebe ist. Das heißt natürlich nicht, dass die Werte als Regeln des Zusammenlebens und Respektes nicht auch dort verstanden werden und gelten können, wo Menschen anderen Religionen oder gar keiner angehören, und es heißt schon gar nicht, dass Christinnen und Christen ein Recht auf Überheblichkeit haben – ganz im Gegenteil: Frei nach der neutestamentlichen Bergpredigt sollte der Balken im eigenen Auge immer die stärkere Beachtung finden als der Splitter im Auge des anderen – denn: Die Menschenrechte mussten gegen den Widerstand der christlichen Autoritäten durchgesetzt werden. Dennoch: Kirchen sollten ihr Licht in der Entstehung des Wertekosmos Europa nicht unter den Scheffel stellen.

Ist in Sonntagreden – zum Beispiel bei der Verleihung des Karlspreises – vom Christentum in Europa die Rede, dann wird gern auf die Urgründe Europas verwiesen. Und da – in der Tat – begegnet das Christentum an der Wiege europäischer Bildung, Kultur in Malerei und Architektur. Dieses Erinnern an die religiöse Verwurzelung im Christlichen geschieht konfessionsübergreifend, aber nicht ökumenisch. Auf ihre Weise reklamiert jede Konfession das Christentum als Wurzel europäischer Identität. Und da wundert es nicht, dass das Bild vom „Christentum als der Muttersprache Europas" sowohl Johannes Paul II. als auch Johann Wolfgang von Goethe zugeschrieben wird.

Interessant sind die unterschiedlichen konfessionellen Akzente, die aussagen, was jeweils als spezifischer Beitrag des Christentums zur europäischen Identität gesehen wird. Vor wenigen Jahren hat das Zentralkomitee der deutschen Katholiken eine Erklärung zum „Beitrag der christlichen Kultur zu Europas Vielfalt und Einheit" abgegeben. Darin wird auf jene Europa formende Bildungstradition in Klöstern und Kathedralschulen verwiesen, die seit dem frühen Mittelalter ein Zusammengehörigkeitsgefühl der europäischen Völker begründete. Kein Wort von Reformation und Gegenreformation, kein Wort von den europäischen Religionskriegen und ihrem bis heute in das kulturelle Gedächtnis Europas eingravierten Frieden von Münster und Osnabrück – Religion braucht Einhegung, das war die Botschaft dieses 1648er Friedens, aus der die politische Kultur Europas enorm viel Startkapital gezogen hat, vor allem im Blick auf die Frage nach Vielfalt und Einheit. Aber das Zentralkomitee konzentriert sich auf etwas anderes: „Der wichtigste Beitrag der christlichen Kirchen [...] war und ist die Feier ihrer Liturgien und Frömmigkeitsformen. Nicht zuletzt diese leise integrierende Wirkung der römischen Liturgie ließ einen europäischen Kulturraum entstehen, der geprägt wurde von der Botschaft des Christentums."[4]

Das ist alles interessant und gut, aber es ist nicht gut, das Thema Europa und das Christentum an diesem Zeitpunkt enden zu lassen, und weder die Zeit der Aufklärung noch die der säkularen Diktaturen einzubeziehen. Lässt man diese weg, übergibt man den von der christlichen Botschaft geprägten Kulturraum Europa direkt den laizistischen Positionen, die 2004 die Aufnahme eines Gottesbezuges in die damals diskutierte europäische Verfassung verhinderten.

Was sagen nun die Protestanten? Margot Käßmann fand seinerzeit als Bischöfin der Ev.-luth. Kirche Hannovers, dass der Protestantismus in Europa „den Gedanken der Freiheit, der Verantwortung des Einzelnen und der Menschenwürde" einzubringen hat.[5] Und Peter Beyer, ein zu früh verstorbener rheinischer Kirchenführer, sah den besonderen Beitrag des Protestantismus gegenüber Katholiken und Orthodoxen darin, dass er immer die Gratwanderung versucht hätte, Religion und Aufklärung, Glaube und Vernunft beieinander zu halten.

Das ist auch gut, aber es bleibt abstrakt und lässt auch wiederum vieles weg: Es gibt durchaus jüngere historische Bezüge, die Wirkungen, gerade auf die Friedensfähigkeit und die Demokratie in Europa gezeigt haben.

Die Entstehung der ökumenischen Bewegung, lange vor der europäischen Einigung, bleibt nicht nur von Karl Barth unerwähnt. Es wäre wichtig zu erinnern an die ökumenischen Friedensbemühungen als Vorläufer der europäischen Einigung, die das 20. Jahrhundert wie ein roter Faden durch-

---

4 Zentralkomitee der deutschen Katholiken, *Europas Identität – Der Beitrag der christlichen Kultur zu Europas Vielfalt und Einheit*, Bonn (März) 2009, 11.
5 Zeitzeichen 10/2000, 24.

zogen. Ich erinnere an Friedrich Siegmund-Schultze, dessen Lebensdaten mit denen von Barth fast identisch sind, ein protestantischer Pfarrer aus Berlin, der Anfang August 1914 eine Weltkonferenz für Friedensfragen in Konstanz organisierte, die unter den dramatischen Umständen des Kriegsausbruches abgebrochen werden musste. 155 Vertreter aus 10 europäischen Ländern standen auf der Teilnehmendenliste, Quäker und Anglikaner, Baptisten und Methodisten, Presbyterianer und Lutheraner, die Brüderbewegung und Waldenser, Kongregationalisten und selbst Unitarier.

Ich erinnere an Max-Joseph Metzger, den Gründer der Una-Sancta-Bewegung, die Frieden und Versöhnung in einer Zeit forderte und lebte, als die europäische Politik und leider auch die Kirchen dafür weitgehend taub waren. Ich erinnere daran, dass inmitten der Barbarei der Nationalsozialisten die Ökumene des Widerstands ein verantwortungsvolles kirchliches Aufbäumen wider die Barbarei der Zeit war – Martin Niemöller und katholische Mithäftlinge im KZ Dachau, die Lübecker Märtyrer, Harald Poelchau im KZ Oranienburg. Auch die Gründung des Ökumenischen Rates der Kirchen war an ihrem Beginn 1948 eine wesentlich von Europäern geprägte Unternehmung. Wir könnten weiter den Brief der polnischen Bischöfe an ihre deutschen Amtsbrüder im November 1965 anführen, mit dem bewegenden Satz: „Wir vergeben und bitten um Vergebung". Eine Sternstunde europäischer und grenzüberschreitend ökumenischer Geschichte.

Und als in den Jahren vor 1989 die Kirchen beider Konfessionen in Ost- und Mitteleuropa einen Hort und Schutz gegen die Gleichmacherei und Religionsfeindlichkeit der kommunistischen Diktaturen boten, war Europa der verbindende Horizont. Als die Kirchen 1989 zu Orten wurden, an denen Menschen gemeinsam eine Sprache für den Widerstand fanden, da fiel der Eiserne Vorhang, der Europa getrennt hatte und man wird sagen dürfen, dass Barth mit prophetischer Qualität diesen Moment vorausgesehen hat, wenn er schreibt: „Zwischen den Völkern ist grundsätzlich alles fließend. Zwischen ihnen mag es zeitweilig eiserne Vorhänge geben. Das ist aber auch Alles. Und bis jetzt hat sich noch kein solcher auch nur als undurchdringlich, geschweige denn als starr erwiesen. Ganz abgesehen davon, das der Sinn jedes Vorhanges darin besteht, einmal zu fallen."[6]

Im Zuge der Friedlichen Revolution schrieben die Kirchen mit den Runden Tischen selbst politische Freiheitsgeschichte für Europa. Diese jüngeren Erfahrungen müssen genannt werden, wenn es um den Platz geht – oder

---

6   KD III/4, 340.

sagen wir besser: wenn es um Sprache, Raum und Geschichte zwischen den „Nahen" und den „Fernen" geht, wenn es um Europa geht.

Die Vorstellung gemeinsamer Werte, für die es nach dem Zweiten Weltkrieg wenig Anhalt in der kriegsverwüsteten Realität gab, setzte eine Dynamik in Gang, die zur Gründung der europäischen Staatengemeinschaft im westlichen Teil Europas führte. Immer aber war klar: Dieses durch Verträge gebundene Europa ist offen für Erweiterungen und offen für Vertiefungen. Mit dem Beitritt einer ganzen Reihe mittel- und südeuropäischer Länder im neuen Jahrtausend schien das mit demokratischen Werten verbundene Projekt einer Konföderation von Nationalstaaten erfolgreich den geografisch verbundenen Raum „Europa" zu umschließen. Und das ist ja ganz offensichtlich etwas, das jetzt der Ukrainekrieg erst wieder ins Bewusstsein katapultiert hat. Seit zwanzig Jahren reden wir über den Beitritt der sechs Balkanstaaten. Der wurde aus unterschiedlichen Gründen von ganz unterschiedlichen europäischen Staaten blockiert. Jetzt plötzlich, angesichts des russischen Angriffs auf die Ukraine, steht genau dieser Gründungsimpuls der Europäischen Union wieder ganz oben auf der Agenda und plötzlich ist es möglich, mit Albanien und Nordmazedonien Beitrittsgespräche zu führen. Die Wertebasierung und Demokratieorientierung ist keine Folklore, sondern ein realitätsschaffender Faktor.

Zugleich lassen sich die Risse einer Union, die vor allem auf wirtschaftliche Zusammenarbeit und politischen Pragmatismus setzt, nicht leugnen. Die liberale Demokratie setzte sich nicht von selbst als Erfolgsmodell durch. Zu unterschiedlich waren und sind die Europavorstellungen der einzelnen Staaten und innerhalb einzelner Staaten, zu unklar ist das Ziel der Union: Wohin soll sich die Union entwickeln? Ist der osteuropäische Erfahrungsraum überhaupt verbunden mit dem gesamteuropäischen Erwartungshorizont? Was ist eigentlich das Europäische an der Europäischen Union? Welche Rolle spielen die Nationalstaaten? Seit dem Scheitern des Verfassungsvertrages in den Referenden in Frankreich und Dänemark, seit in der Griechenlandkrise 2009 Ängste vor einem deutschen Europa wieder aufflammten, seit 2015 ein tiefer Riss in der Flüchtlingspolitik zwischen Ost- und westeuropäischen Staaten entstand, seit das Vereinigte Königreich die EU verlassen hat, steht nicht nur in Frage, wohin sich die Union entwickeln soll, sondern, ob sie überhaupt das Modell für den Kontinent ist.

Der Moment des Auseinanderbrechens schien 2020 gekommen, als die europäischen Staaten ihre Grenzen schlossen, sich lebenswichtige medizinische Versorgung wegschnappten und „Brüssel" als koordinierende Stelle handlungsunfähig war. Dass es nicht zum Auseinanderbrechen kam, sondern zu einem Zusammenraufen auf kleinem gemeinsamen Nenner, gleicht eher einem „noch-einmal-davongekommen-Sein" als einem gemeinsamen Aufbruch in eine Europäische Republik. Diese aber ist eines der Zukunftsmodelle, das für viele junge, kosmopolitisch und progressiv gesinnte Menschen große Anziehungskraft hat. Aus denselben Generationen aber gibt es gegenläufige Tendenzen der Flucht in den Nationalstaat, der Sehnsucht nach Autorität und Martialität. Polarisierungen und Brüche bestehen nicht nur zwischen den europäischen Staaten, sondern innerhalb einzelner Staaten. Der autoritäre Vormarsch des letzten Jahrzehnts ruft breiten Widerstand auf den Plan, der sich für die Liberalität, Demokratie und Humanität Europas einsetzt. Europa befindet sich nicht auf einem „slippery slope" in eine Phase autoritärer Diktaturen, aber wir werden auch in den nächsten Jahrzehnten das Ringen zwischen autoritären Kräften auf der einen und denen, die am liberal-demokratischen Projekt Europa weiterarbeiten wollen, sehen.

In drei Dimensionen braucht das Europäische Projekt entschiedene Weiterentwicklung, wenn es sich historisch nicht als überlebt erweisen will: Der Legitimität, der Souveränität und der Identität.

Die Dimension der Legitimität: Seit dem Scheitern des Verfassungsvertrages haben sich die Brüsseler Institutionen, insbesondere der Europäische Rat, auf eine Politik des jeweils kleinsten Schrittes verlegt, die den Eindruck der europäischen Bürgerinnen und Bürger von Europa als einer institutionellen Maschinerie fördert. Europäischer Politik kommt aber nur dann demokratische Legitimität zu, wenn sie die Zustimmung von Bürgerinnen und Bürgern hat. Technokratische Regulierung und „Deals" zwischen den Nationalstaaten ließen in vielen Staaten eine EU-Skepsis und EU-Müdigkeit aufkommen, die Gift für die Legitimität der Fortentwicklung der Europäischen Union sind. Auch Verfassungsjuristen sind skeptisch – sie befürchten, wie Dieter Grimm ausführlich dargelegt hat[7], eine Konstitutionalisierung der Verträge auf dem Schleichweg, eine vertiefte Integration ohne Diskussion über die Frage, welches Europa die Bürgerinnen und Bürger eigentlich wollen, und ohne aktive Beteiligung der nationalen Parlamente. Aber stimmt die implizite Voraussetzung überhaupt, dass die Mehrheit der Bürgerinnen und Bürger weniger Europa will? Der Anstieg der Wahlbeteiligung bei den Europawahlen 2019 auf über 50% im europäischen Durchschnitt ist ein Indikator,

---

7 Dieter Grimm, *Europa ja, aber welches? Zur Verfassung der europäischen Demokratie*, München 2016.

der das Gegenteil zeigt: In Deutschland wählten 13% mehr als 2014, in Polen stieg die Quote um 22%, wie auch in Rumänien – selbst Großbritannien, das eigentlich schon ausgetreten sein wollte, verzeichnete die zweithöchste Beteiligung seit seinem EU-Beitritt.

Die Legitimation des Parlamentes ist durch die Bürgerinnen und Bürger enorm gestärkt. Das muss bedeuten, dass ihm auch mehr politische Rechte zukommen, wie das Initiativrecht für Gesetzgebungsverfahren. Vorschläge zur Erhöhung der Legitimität wie transnationale Listen, europaweite Spitzenkandidatinnen für die Kommission, die direkt gewählt werden, liegen auf dem Tisch. Es ist an der Zeit, dass europaweit in Bürgerversammlungen, die nach dem Zufallsprinzip zusammengesetzt sind, die mehrfach tagen und sich transnational eine Meinung über wichtige Fragen bilden, die Finalitätsdiskussion wieder geöffnet wird.

Es braucht den Austausch über eine Zukunft, in der sich etwas verändern lässt. Die Zukunftskonferenzen, die inzwischen stattgefunden haben, sind in ihrer Wirkung der Krise durch den russischen Angriff zum Opfer gefallen. So oder so: Der Erfolg steht und fällt mit der Rechenschaftspflicht der Europäischen Institutionen im Umgang mit den Ergebnissen. Erst in zweiter Linie ist wichtig, ob Beschlüsse am Ende über eine „Passerelle Regelung" im Europäischen Rat, eine Budgetverschiebung, über neue EU-Steuern oder eine Vertragsänderung umgesetzt werden.

Die zweite Dimension europäischer Weiterentwicklung ist die der europäischen Souveränität, mit dem russischen Angriff auf die Ukraine schlagartig in den Mittelpunkt gerückt. Die globale Machtlandschaft verändert sich rasant. Aus dem großen Reich im Osten schiebt sich die Neue Seidenstraße immer tiefer in den europäischen Raum hinein und ob das Weiße Haus in den nächsten Jahren ein verlässlicher Ort transatlantischer Solidarität bleibt, ist ungewiss. Zwischen den USA und China tobt ein hegemonialer Kampf, Europa gerät in eine Sandwich-Position. Russland hat schon vor der Annexion der Krim und vor dem Angriff auf die Ukraine so gut es konnte die neue, große Verunsicherung befeuert und hybride Kriegsmethoden zur Anwendung gebracht. Souveränität auf weltpolitischer Bühne kann nur ein integriertes Europa behaupten, das nach außen mit einer Stimme spricht, das seine Werte glaubwürdig verteidigen kann und seine ökonomische Macht als Ganzes einsetzt.

Die dritte Dimension ist mit den beiden genannten Dimensionen eng verwoben. Die der europäischen Identität. Und das ist die Dimension, die sicher mit Karl Barth am meisten zu tun hat: Der Stoff, aus dem der europäische Traum gewoben ist, hat vier Fäden, die Aleida Assmann mit Friedenssicherung, Demokratie, Erinnerungskultur und Menschenrechten benannt hat. Hinter jedem Element steckt die Reflexion spezifischer historischer Erfahrungen. Entscheidend ist, diese Reflexionsfähigkeit des historisch Gewesenen auf neue Fragen anzuwenden, wie zum Beispiel das koloniale Erbe – eine Debatte, der sich eine europäische Identitätssuche nicht entziehen kann. Das ist die Seite der produktiven Bildung europäischer Identität.

Die andere Seite sucht die europäische Identität in einer wenig reflektierten Vergangenheit. Zunehmend offen bewirtschaften rechtspopulistische Führer die Begriffs- und Gefühlslandschaften von Nation, Volk und Religion. So durchschaubar die machtpolitischen Projektionen sind, so sehr müssen kulturelle und religiöse Dialoge Räume und Ressourcen haben. Der ökonomisch-politische Pragmatismus hat die in Sonntagsreden oft beschworene „europäische Seele" in der Realität weit an den Rand gedrängt. So sind innereuropäische Kulturräume, die Erfahrung mit dem Zusammenleben des Vielfältigen haben – wie Rumänien und der gesamte Balkan – im Mainstream europäischer Identitätsbildung nicht präsent.

Wenn sich jedoch die Mittel- und Osteuropäerinnen mit ihren historischen und kulturellen Erfahrungen nicht wiederfinden, wird das europäische Projekt nicht mehr an Legitimität gewinnen und das wird die europäische Souveränität eher gefährden als unterstützen. Denn auch die europäische Demokratie lebt von Voraussetzungen, die sie selbst nicht garantieren kann. Nur das Zusammenwirken aller drei Dimensionen wird den Traum von Europa als Republik voranbringen.

Und was haben die Kirchen zur europäischen Identitätsfrage zu sagen? Parallel zur Charta der Grundrechte haben die Kirchen im Jahr 2001 sich in der Charta Oecumenica zusammengefunden. Das ist ein Text, in dem sich europäische Kirchen einmütig und energisch zugunsten des europäischen Projektes aussprechen und darauf verweisen: Ohne gemeinsame Werte ist auf Dauer keine Einheit zu erreichen. Aus der Charta Oecumenica lassen sich drei Hinweise für das zukünftige verantwortliche Handeln der Kirchen in Europa gewinnen:

Erstens: Kirchen können nicht vom Abbau europäischer Grenzen profitieren wollen und konfessionelle Mauern unangetastet lassen – das war das klare Bewusstsein der Generation im frühen 20. Jahrhundert, die den Mut aufgebracht haben, die Konfessionsgrenzen einzureißen und damit auch die Voraussetzung der europäischen Einigung geschaffen haben. Europäische

Verantwortung heißt auch ökumenische Verantwortung, so schwierig das sein mag.

Zweitens: Vielleicht ist der Grund für die Zurückhaltung, die jüngere europäische Christentumsgeschichte zu würdigen, wenn es um Europa geht, und nicht nur auf Kirchen, Klöster und römische Liturgie zu verweisen, auch darin zu suchen, dass es eben einzelne mutige und meist nicht in kirchlicher Verantwortung stehende Personen waren, die die Glaubwürdigkeit gefördert haben. Das führt wieder zur Frage: Welche Mitwirkungsmöglichkeiten haben eigentlich Laien in den Kirchen Europas? Seit langem existiert die Forderung nach einer europäischen Laiensynode, der bis heute die nötigen Fürsprecherinnen und Macher fehlen.

Dritter Punkt: Wer mehr Kirche in Europa will, muss auch mehr Europa in der Kirche wollen, und die Christinnen und Christen haben in Deutschland hier eine Schlüsselstellung. Natürlich gibt es grenzüberschreitende Netzwerke, Partnerschaften auch mit Mittel- und Osteuropa, aber ein kraftvoller Impuls für eine europäische Identität würde stärker wirken. Möglicherweise ist eine der Wurzeln dieser Unentschlossenheit auch die Abwesenheit der europäischen Dimension in der Barthschen Dogmatik und ihrer Wirkung auf ganze Generationen von Theologinnen und Theologen.

Die friedensethische Sprachlosigkeit, in die die Evangelische Kirche in Deutschland am 24. Februar 2022 gestürzt ist, hat auch darin ihre Ursache, dass zwischen den Nationalstaaten und der Welt viel Platz und wenig Inhalt war. Insbesondere fehlte auf der nationalen Ebene der intensive Austausch mit unseren unmittelbaren Nachbarn im mittel- und osteuropäischen Raum. Europa als eigenständige Größe kam selten vor und das muss sich aus meiner Sicht ändern. Das wird ein Weg der Aufarbeitung der Definitionen der Nahen und der Fernen, ein Weg der Aufarbeitung des Ökumene-Verständnisses der letzten Jahrzehnte – ein schmerzhafter Weg, aber ein notwendiger.

Aufsätze

Kai-Ole Eberhardt

„Lutherworte" zum Reformationsjubiläum von 1917

Eine theologiegeschichtliche Studie zur Lutherentdeckung Friedrich Gogartens und dem fruchtbaren Scheitern einer Lutherausgabe

1. Einleitende Bemerkungen zu einer Lutherentdeckung: Friedrich Gogarten lauscht am Telefon

Die Bedeutung, die Martin Luther für die Theologie Friedrich Gogartens (1887–1967) hat, ist unbestreitbar hoch. Der in Zürich wirkende Systematiker Thorsten Dietz hat sie elegant dadurch zusammengefasst, dass er seine Besprechung zentraler Lutherrezeptionen des jungen Gogarten mit einem Rückblick einleitet, den der alte Gogarten in seiner letzten, ausgerechnet an seinem Todestag im Oktober 1967 erschienen Publikation zu „Luthers Theologie" selbst geboten hat. Dietz schreibt:

> „Luther ist für Gogarten kein Gesprächspartner, geschweige denn Gegenstand kritischer Reflexion: ‚[W]ir gehen vor allem zu ihm, um uns von ihm helfen zu lassen, die Bibel als Gottes Wort verstehen zu lernen.' Luther ist für Gogarten nicht weniger als ein Schicksal: Wir müssen uns der ‚weltgeschichtlichen und schicksalsschweren Bedeutung dieses Mannes' bewusst werden, er bedeutet für die Weltgeschichte ein einschneidendes ‚Schicksal'."[1]

Luther wird Gogarten in der Tat früh und nachhaltig zum Schicksal. Nicht ohne Unbehagen schreibt Karl Barth (1886–1968) im Jahr 1928 an Paul Althaus (1888–1966) über ihn, dass „seine theologische Arbeit, wie er mir

---

1 Thorsten Dietz, Krisis und Geschick. Friedrich Gogartens Lutherlektüren, in: *Lutherjahrbuch* 86 (2019), 248–271, 249 mit zwei Zitaten aus Friedrich Gogarten, *Luthers Theologie*, Tübingen 1967, 9.

einmal sagte, darin besteht, dass er zuhört, wie Luther mit dem Himmel telephoniert, ein doch sicher sehr eigenes Verhältnis zu ihm."[2] Noch deutlicher wird Barth gegenüber seinem vertrauten Weggefährten Eduard Thurneysen (1888–1974): Gogartens „Methode, auf das Telephon Luthers zu lauschen", mache es ihm seiner Einschätzung nach unmöglich, „eine wirklich gestaltete Lehre" zu entwickeln. „Er weiß wirklich nichts als seinen Luther in Auswahl und seine Griesebachschen Stichwörter dazu." Das heute als „Dialektische Theologie" bekannte „Bindestrichlein Barth-Gogarten" schätzt er vor dem Hintergrund dieser Beobachtungen 1927 nur noch als „fragwürdig" ein.[3]

In Luthers himmlische Telefonate hat Gogarten sich gut zehn Jahre zuvor, im Jahre 1916, erstmals eingewählt. Und er schreibt von da an fleißig mit, was ihm gefällt. Barth verdankt diesen „Stenogrammen" zuerst sehr viel und die Arbeitsgemeinschaft der „Dialektischen Theologie" wäre ohne sie nicht vorstellbar. Der Kurs einer dialektisch-theologischen Reformationshermeneutik gegen eine historistische Verengung und mit dem Ziel einer Aktualisierung der Reformatoren für die Gegenwart wird von Gogarten maßgeblich mitgestaltet.[4] Umso tragischer ist es, dass die Lutherdeutung Gogartens eine wesentliche Rolle dabei spielt, aus dem „Bindestrichlein" eine deutliche Grenzlinie zwischen Barth und Gogarten zu machen.

---

2   Brief von Karl Barth an Paul Althaus Nr. 60, vom 1. Dezember 1928, in: Gotthard Jasper (Hg.), *Paul Althaus, Karl Barth, Emil Brunner. Briefwechsel 1922–1966*, Göttingen 2015, 73–75, 75. Vgl. dazu auch Matthias Kroeger, *Friedrich Gogarten. Leben und Werk in zeitgeschichtlicher Perspektive*. Band 1 [Band 2 u. 3 nicht erschienen], Stuttgart / Berlin / Köln 1997, 179.

3   Brief von Karl Barth an Eduard Thurneysen vom 15. Mai 1927, in: *Karl Barth – Eduard Thurneysen. Briefwechsel Band II (1921–1930) (GA V)*, hg. von Eduard Thurneysen, Zürich 1987, 498–502, 500. Gogarten wird hier auf einen eklektischen Lutherausleger mit philosophischen Anleihen reduziert. Vgl. zu der prägenden Bedeutung des Jenenser Pädagogen und Philosophen Eberhard Grisebach (1880–1945) für Gogarten Kroeger, *Gogarten* (Anm. 2), 198–202 und 254–262 sowie D. Timothy Goering, *Friedrich Gogarten (1887–1967). Religionsrebell im Jahrhundert der Weltkriege* (Ordnungssysteme 51), Berlin / Boston 2017, bes. 124–131; 161; 183–186.

4   Man denke nur an den folgenschweren Besuch Gogartens bei Barth im Oktober 1920. In Barths Pfarrerkalender vom 25. Oktober 1920 ist die Wirkung in wenigen Worten auf den Punkt gebracht: „Gogarten fort. Begonnen: *Römerbrief II. Aufl.*!" Zitiert nach dem Vorwort von Hans-Anton Drewes in Karl Barth, *Predigten 1921 (GA I)*, hg. von Hermann Schmidt, Zürich 2007, viii. Vgl. zu der Lutherrezeption innerhalb der „Dialektischen Theologie" Eberhard Busch, Getroste Verzweiflung, Dialektische Theologen und Martin Luther, in: ders., *Barth – Ein Portrait in Dialogen, Von Luther bis Benedikt XVI.*, Zürich 2015, 13–37.

Ursprünglich, also in Studium und frühem Pfarramt, hatte Luther für den „Religionsrebell" Gogarten eher in den Kontext einer orthodox-konservativen und kirchlichen Mainstream-Theologie gehört, von der er sich wenig Inspiration versprechen durfte. Zuerst also: „Kein Anschluss unter dieser Nummer...", denn Gogartens Theologie ist ihrer Anlage nach prinzipiell eine Außenseitertheologie.[5]

Es bedurfte einer echten „Lutherentdeckung", durch die der Reformator zum prägenden Impulsgeber für Gogartens theologische Entwicklung, zu seinem „Leitstern"[6] werden konnte und der dann eine fünfzigjährige intensive Beschäftigung folgen sollte. Sie ereignete sich unter dem Vorzeichen des Lutherjubiläums von 1917, auf das sich Gogarten bereits im Vorjahr vorzubereiten begann. Sein Biograph Timothy Goering spricht von der „Lutherische[n] Wende"[7], die einen Prozess auslöste, die Gogarten selbst in einem frühen Lebenslauf in den Wartburgvortrag „Die Krisis unsrer Kultur" (1920)[8] münden lässt, den er als „erste[n] Versuch, die neu gewonnene Position zu bezeichnen"[9], exponiert. Flankiert war diese Entwicklung von seinen Emanzipationsbestrebungen vom Historismus seines akademischen Lehrers und verhinderten Doktorvaters Ernst Troeltsch (1865–1923)[10] und

---

5 Vgl. Kroeger, *Gogarten* (Anm. 2), 175f. zu der Besonderheit einer Hinwendung zu Luther im theologischen und intellektuellen Kontext, in dem sich Gogarten bewegte. Zu diesem Kontext, den Goering, *Religionsrebell* (Anm. 3), 85, als eine Gogarten zeitlebens prägende „vagierende Religiosität", d.h. eine kirchenkritische, eklektische Suchbewegung nach Gott mit großer Offenheit für Theologien jenseits des Mainstreams, außerchristliche Religionen, Religionsphilosophien, Esoterik etc., beschreibt und in das kirchen- und dogmenkritische, aber zugleich antimodern ausgerichtete und von Liberalismus und Historismus abgestoßene, völkisch-nationale Netzwerk um den Eugen Diederichs Verlag zu Jena einzeichnet, vgl. bes. a.a.O., 58–70.

6 Goering, *Religionsrebell* (Anm. 3), 80.

7 Ebd.

8 Friedrich Gogarten, Die Krisis unserer Kultur (1920), in: Jürgen Moltmann (Hg.), *Anfänge der dialektischen Theologie. Teil II. Rudolf Bultmann, Friedrich Gogarten, Eduard Thurneysen* (ThB 17), München 1963, 101–121. Zuerst als Ders., Die Krisis der Kultur, *ChW* 34 (1920), 770–776, abgedruckt und von Gogarten selbst hrsg. in: ders., *Die religiöse Entscheidung*, Jena 1921, 32–53.

9 Friedrich Gogarten, *Lebenslauf* [Frühsommer 1922], ediert aus dem in der SUB Göttingen archivierten Nachlass (SUB, Cod. Ms.: F. Gogarten 312:34) und abgedruckt unter dem Titel „Ein früher Lebenslauf (1922)" von Kroeger, *Gogarten* (Anm. 2), 25f., 26.

10 Vgl. grundlegend zum Verhältnis Gogartens zu Troeltsch Kroeger, *Gogarten* (Anm. 2), 48–52; 55–61, und ergänzend Goering, *Religionsrebell* (Anm. 3), 50–53. Bekanntlich hat Gogarten sein Promotionsverfahren abgebrochen, weil der Eugen-Diederichs-Verlag angeboten hatte, seine Fichtestudien zu drucken. Da das Verfahren aber noch nicht ab-

der Auseinandersetzung mit der kirchenkritischen, nationalkonservativen Theologie um den Verlag von Eugen-Diederichs (1867–1930)[11] und seinen eigentlichen Lehrer, Arthur Bonus (1864–1941)[12], seinem Mentor.[13] Es waren allerdings besonders diese Elemente, die Gogarten bereits weit vor seiner Lutherentdeckung geprägt hatten, und die das „sehr eigene Verhältnis" zum Reformator, das Barth in seinem Brief an Althaus richtig beobachtet, bestimmt haben. Gogarten eignet sich Luther eklektisch an und macht ihn – noch einmal im Rückgriff auf Barth gesprochen – zu „seinem Luther in Auswahl". Dieser Luther fügt sich in den von Gogartens Netzwerk vorgezeichneten theologischen Kurs gut ein und profiliert die Melange aus völkischem Wertekonservativismus und rebellischer Theologie- und Kirchenkritik, die für Gogarten charakteristisch ist.[14] Welcher Luther ist das aber? Und welche

geschlossen und eine vorzeitige Publikation nicht gestattet war, musste sich Gogarten entscheiden: Entweder eine Publikation bei Diederichs oder einen Doktortitel unter Troeltsch. Im Ergebnis hat Diederichs dann Friedrich Gogarten, *Fichte als religiöser Denker*, Jena 1914, herausgegeben.

11 Vgl. zu Diederichs grundlegend Irmgard Heidler, *Der Verleger Eugen Diederichs und seine Welt (1896–1930)* (Mainzer Studien zur Buchwissenschaft 8), Wiesbaden 1998.

12 Vgl. zu Bonus die großartige Dissertation von Christopher König, *Zwischen Kulturprotestantismus und völkischer Bewegung. Arthur Bonus (1864–1941) als religiöser Schriftsteller im wilhelminischen Kaiserreich* (BHTh 185), Tübingen 2018.

13 Vgl. zu der Prägung Gogartens durch Arthur Bonus und Eugen Diederichs Kroeger, *Gogarten* (Anm. 2), 52–54; 66–69; 75–112, und ergänzend Goering, *Religionsrebell* (Anm. 3), 58–70. Eine gute Zusammenfassung zu seinen Förderern bietet ein autobiographisches Zeugnis Gogartens aus dem Jahr 1927, das einer Festschrift für Eugen Diederichs entstammt. Dem Wappentier des Verlags entsprechend nennt Gogarten seine Würdigung „Im Zeichen des Löwen" (in: Für Eugen Diederichs zum LX. *Geburtstag am 22. Juli*, Jena 1927, 161f.; Abgedruckt von Kroeger, *Gogarten* [Anm. 2], 26f.). Darin gesteht Gogarten Diederichs die intensive Verbindung seines „ganze[n] geistige[n] Lebens" mit dessen Verlag: „[…] fast alle Männer – mit Ausnahme Martin Luthers –, die Einfluß auf mich gehabt haben, gehören zu Ihren Autoren. Da ist zuerst Arthur Bonus." Seiner Schrift „Religion als Schöpfung" (*Religion als Schöpfung. Erwägungen über die religiöse Krisis* [1902], Leipzig ²1904) habe Gogarten es zu verdanken, dass „ich bei meinen theologischen Studien nie dem Liberalismus verfallen bin."

14 So betont Goering, *Religionsrebell* (Anm. 3), 80, mit Blick auf die Lutherstudien Gogartens zurecht: „Gogarten korrigierte seine theologische Position, aber mit einer neuen Position ersetzte er sie nicht. Während einige Theologen im Laufe des Krieges einen Paradigmenwechsel ihrer theologischen Grundvoraussetzungen durchlebten, […] hat Gogarten das Grundstreben seiner Fichte'schen Theologie durch einen neuen theologischen Leitstern lediglich in eine andere Richtung gelenkt. Dieser Leitstern war Martin Luther." Und a.a.O., 85, heißt es weiter, dass Gogarten zwar neue Elemente aus Luthers Theologie, insbesondere Motive der Schöpfungsordnung und Sündenkonzeption, übernommen

hermeneutischen Kriterien lassen sich für die Entstehung dieses Luthers in den Jahren 1916 und 1917 benennen? Gegen Barths Gogarten-Kritik gegenüber Thurneysen darf gefragt werden, ob unter Berücksichtigung von Hermeneutik und Eklektizismus nicht gerade Gogartens „Luther in Auswahl" durchaus tiefe Einblicke in seine sehr eigene Lehre und Theologie bieten kann.

Es ist Stärke und Schwäche von Gogartens Ansatz zugleich, dass er einen Luther für seine Zeit zu konstruieren beansprucht. Damit ist Gogartens Lutherbild freilich auch nicht an den Kriterien einer historischen oder streng systematischen Darstellung zu messen.[15] Gerade darum aber – so der Anspruch – werde eine Begegnung der Gegenwart mit der vom Zeitgeist nicht überformten, authentischen Theologie Luthers möglich. Die Frage nach der Hermeneutik für einen so ambitionierten, aber auch heiklen Entwurf eines Lutherbildes ist damit zentral.

Wenn Gogarten selbst urteilt, dass er erst 1920 seine neu gewonnene Position versuchsweise abbilden konnte, darf daraus nicht abgeleitet werden, dass sein Weg dahin zu vernachlässigen wäre. Die ersten theologischen Ergebnisse der Lutherentdeckung Gogartens von 1916/17 sind in zahlreichen Beiträgen Gogartens in Fachzeitschriften und Tageszeitung zum Reformati-

---

und seinen Ansatz neu gewichtet habe, aber es „soll nicht der Eindruck entstehen, sein Denken über Bedeutung und Sinn der Religion habe sich grundlegend gewandelt."

15 Vgl. dazu treffend Goering, *Religionsrebell* (Anm. 3), 81: „Selbstverständlich ging es Gogarten […] weniger darum, Luther möglichst treu zu rezipieren, als vielmehr Luther für das 20. Jahrhundert zu rezipieren." Goering verweist zusätzlich auf die Einschätzung von Karl-Heinz Zur Mühlen, *Reformatorische Vernunftkritik und neuzeitliches Denken. Dargestellt am Werk M. Luthers und Fr. Gogartens* (BHTh 59), Tübingen 1980, 281, der feststellt, dass die „Gogartensche Rezeption [Luther] personalistisch verengt." Er verweist weiter auf Gogarten, *Luthers Theologie* (Anm. 1), 9, wo dieser selbst bekennt, dass sein Interesse an Luther kein „historisches", sondern ein „theologisch-systematisches" war. Vgl. bestätigend auch Kroeger, *Gogarten* (Anm. 2), 179, und Dietz, *Krisis und Geschick* (Anm. 1), 249. Die Kritik an dem antihistoristischen (wohlgemerkt: nicht antihistorischen!) Ansatz Gogartens und der „Dialektischen Theologie" insgesamt bündeln die bekannten Aufsätze von Friedrich Wilhelm Graf, Die „antihistoristische Revolution" in der protestantischen Theologie der zwanziger Jahre, in: Jan Rohls / Gunther Wenz / Wolfhart Pannenberg (Hg.), *Vernunft des Glaubens. Wissenschaftliche Theologie und kirchliche Lehre. Festschrift zum 60. Geburtstag von Wolfhart Pannenberg*, Göttingen 1988, 377–405; Kurt Nowak, Die „antihistorische Revolution". Symptome und Folgen der Krise historischer Weltorientierung nach dem Ersten Weltkrieg in Deutschland, in: Horst Renz / Friedrich Wilhelm Graf (Hg.), *Umstrittene Moderne. Die Zukunft der Neuzeit im Urteil der Epoche Ernst Troeltschs* (Troeltsch-Studien 4), Gütersloh 1987, 133–171.

onsjubiläum festgehalten.[16] Unbestreitbar handelt es sich bei diesen Schriften um noch unfertige Entwürfe und erste Etappen. Die Provokation Luthers für die Gegenwart, die 1920 in „Zwischen den Zeiten" deutlich wird,[17] steht hier neben Säkularisierungsbemühungen und kulturprotestantischen Zugängen ebenso wie Auseinandersetzungen mit völkischen Religionskonzepten. Vielleicht deswegen geht die ältere Gogarten-Forschung mitunter davon aus, dass erst im Kontext der „Dialektischen Theologie" Gogartens Lutherentdeckungen eine konstitutive Bedeutung für sein Denken bekämen.[18] Aber bei dieser These wird nicht gesehen, dass sich bereits von Anfang an ein sehr spezifisches Bild von Luthers Theologie herauszukristallisieren beginnt, das für Gogarten prägend bleiben wird. Gleiches gilt für seine hermeneutischen Reflexionen über einen adäquaten Zugang zu Luther. Gogartens Luther und seine Reformationshermeneutik entwickeln sich weitgehend im Entstehungsprozess seiner Publikationen von 1917 – anhand der ersten Mitschnitte, die Gogarten meint den von ihm selbst ausgewählten Telefonaten Luthers mit dem Himmel entnehmen zu können. Die folgende Studie will eine exemplarische Detailanalyse wagen.

---

16 Für eine vollständige Beantwortung der Fragen nach Lutherbild und Lutherhermeneutik Gogartens, der Entwicklung, dem Prägenden für die „Dialektische Theologie" ab 1920 etc. wäre es notwendig, alle diese Schriften auszuwerten. Der Vf. arbeitet an einer entsprechenden Studie, bietet hier nur eine wegweisende Analyse eines der zentralen Beiträge. Die meisten der Beiträge sind in der Bibliographie von Goering, *Religionsrebell* (Anm. 3), 497 erfasst. Auch Zur Mühlen, *Vernunftkritik* (Anm. 15), 204 (mit Anm. 13), bietet die wesentlichen Texte. Beide haben sie unzureichend ausgewertet. Tiefere Einblicke in einige der Aufsätze bieten aber Paraphrasen von Kroeger, *Gogarten* (Anm. 2), 180–184 in dem Kapitel „Erste Luther-Aufsätze".

17 Vgl. Friedrich Gogarten, Zwischen den Zeiten (1920), in: Jürgen Moltmann (Hg.), *Anfänge der dialektischen Theologie. Teil II. Rudolf Bultmann, Friedrich Gogarten, Eduard Thurneysen* (ThB 17), München 1963, 95–101 (zuerst in *ChW* 34 [1920], 374–378).

18 So urteilt Zur Mühlen, *Vernunftkritik* (Anm. 15), 204, allerdings ohne die früheren Luthertexte Gogartens, die er in Teilen durchaus wahrnimmt und bibliographiert, auch systematisch auszuwerten.

2. Vom Scheitern einer Lutheranthologie: Die Entstehung von Gogartens „Lutherworten" zum Reformationsjubiläum

Die bisherigen Studien zu Gogarten zeichnen dessen Entdeckung Luthers nur recht schematisch und letztlich unzureichend nach.[19] Allerdings haben insbesondere die biographisch-werkgeschichtlichen Arbeiten zu Gogarten nicht nur wesentliche Quellen seiner Lutherentdeckung zumindest benannt, sondern Matthias Kroeger hat auch gezeigt, dass die Bemühungen Gogartens, zusammen mit seinem Freund und Kollegen Karl König (1868–1948) zum Jubiläumsjahr eine Lutherausgabe zu erarbeiten, den Ausgangspunkt seiner Lutherentdeckung bilden.[20] Seine früheste Erwähnung findet dieser am Ende zwar gescheiterte, aber nichtsdestoweniger in Publikationen mündende Plan am 9. August 1916 in einem Brief Königs an Gogarten – damit

---

19 So ist Goering, *Religionsrebell* (Anm. 3), 80–85, bei seiner Darstellung zu holzschnittartig, wertet die meisten Quellen überhaupt nicht aus und verwischt einige seiner sehr guten Ergebnisse dadurch, dass er Positionen aus einem Zeitraum von 1914 bis 1918 zu bündeln versucht. Kroeger, *Gogarten* (Anm. 2), 173–184, bietet schlaglichtartig tiefe Einblicke in wichtige und schwer zu beschaffende Quellen, aber seine Analysen wirken unfertig, bleiben stichpunktartig und ziehen die entscheidenden Verbindungslinien nicht. Leider nicht ganz zu Unrecht spricht sein Rezensent Friedrich Wilhelm Graf, Deutscher Protestantismus als politische Form, *FAZ* vom 23.10.1997, digital verfügbar unter https://www.faz.net/aktuell/feuilleton/buecher/rezension-sachbuch-deutscher-protestantismus-als-politische-form-11304354-p2.html (abgerufen am 12.07.2023), von „kaum strukturierte[r], chaotische[r] Fülle von Material" und einem „desorganisierte[n] Buch", das „einer Loseblattsammlung aus reich gefüllten Zettelkästen" gleiche.

20 Vgl. Kroeger, *Gogarten* (Anm. 2), 174f. König war seit 1903 Pfarrer in Horn bei Bremen und damit ein naher Gesprächspartner Gogartens. Er gehörte zum engsten Kreis um Arthur Bonus, der ihn in die Reihen der Diederichs-Intellektuellen einführte, war auch Mitglied des Protestantismusvereins sowie der kultur-nationalistischen, protestantischen Wartburgstimmen. Gogarten und er haben zeitweilig gemeinsam die Schriften von Bonus gelesen und alle drei standen darüber hinaus in brieflichem Austausch. König hat das Ehepaar Gogarten getraut, Gogarten widmete ihm seine Schrift „Religion weither" (1917). Vgl. zu König bes. die biographische Aufarbeitung im Findbuch seines Nachlasses durch das Archivportal Thüringen unter http://www.archive-in-thueringen.de/de/findbuch/view/bestand/28262/vorwort/1 (abgerufen im Juni 2023) und die zahlreichen Details zu König in seinem Verhältnis zu Bonus und Gogarten bei König, *Kulturprotestantismus* (Anm. 12). Einige wertvolle Ergänzungen bietet auch Goering, *Religionsrebell* (Anm. 3), der allerdings König zu sporadisch behandelt. Eine zusammenhänge biographisch-theologiegeschichtliche Aufarbeitung von Leben und Werk Königs ist ein echtes Forschungsdesiderat.

sei der *terminus ante quem* der vertiefenden Lutherstudien markiert.[21] Auch wenn Gogartens Kooperation mit König (wohl vor allem aufgrund des hohen Aufwands und der kurzen Zeit für die Umsetzung) scheitern wird, steht am Ende dieser Lutherstudien eine kleine Auswahl an „Lutherworten"[22], die er für Arthur Bonus in der Ausgabe zum Reformationsjubiläum des „Kunstwart" (zu dieser Zeit „Deutscher Wille des Kunstwarts") publiziert.[23]

Kroeger bewertet diese Publikation als den „einzig erhaltene[n] Rest"[24] der ursprünglich mit König konzipierten Ausgabe und erklärt damit überzeugend Gogartens wenige „Lutherworte" zu einem Spiegel seiner weitaus intensiveren Lutherstudien.[25] Das Besondere dieser Lutherauswahl besteht darin, dass hier zum ersten Mal ein sehr konkretes Lutherbild Gogartens greifbar wird, das sich im Diskurs mit seinen anderen Beiträgen zum Reformationsjubiläum weiter auswerten und auch auf die zugrundeliegende Hermeneutik befragen lässt. Seine Konturen sind nicht zuletzt aufgrund des Umstandes, dass in der Arbeit an der Lutherausgabe die Wurzel von Gogartens Lutherentdeckung liegt, ein entscheidendes Vorzeichen der anderen Jubiläumsbeiträge von 1917 und damit auch wegweisend für Gogartens Lu-

---

21 Vgl. den Brief von Karl König an Friedrich Gogarten vom 9. August 1916 (SUB Göttingen, Cod. Ms.: F. Gogarten 400, 393 Brief 4). Vgl. dazu Kroeger, *Gogarten* (Anm. 2), 174f. (mit Anm. 97).

22 Friedrich Gogarten (Hg.), Lutherworte, in: *Deutscher Wille des Kunstwarts* 31 (3/November 1917), 77–83.

23 Vgl. zum Kunstwart als Medium einer nationalen Kulturbewegung und zu der Bedeutung von Bonus für die Zeitschrift bes. König, *Kulturprotestantismus* (Anm. 12), 167–187. Bonus war immer wieder als Redakteur für den Kunstwart im Gespräch, zu dessen wichtigsten Autoren er gehörte. Von 1916 bis 1919 war Bonus fester Redaktionsmitarbeiter und konnte Gogartens Publikationen platzieren. Vgl. zu der Zeitschrift vertiefend Gerhard Kratzsch, *Kunstwart und Dürerbund. Ein Beitrag zur Geschichte der Gebildeten im Zeitalter des Imperialismus*, Göttingen 1969; Monika Dimpfl, Die Zeitschriften Der Kunstwart, Freie Bühne/Neue Deutsche Rundschau und Blätter für die Kunst. Organisation literarischer Öffentlichkeit um 1900, in: Monika Dimpfl / Georg Jäger (Hg.), *Zur Sozialgeschichte der deutschen Literatur*. Einzelstudien, Teil II (Studien und Texte zur Sozialgeschichte der Literatur 28), Tübingen 1990, 117–197; Rüdiger vom Bruch, Kunstwart und Dürerbund, in: Diethard Kerbs / Jürgen Reulecke (Hg.), *Handbuch der deutschen Reformbewegungen 1880–1933*, Wuppertal 1998, 429–438.

24 Kroeger, *Gogarten* (Anm. 2), 175 (mit Anm. 97).

25 Umso merkwürdiger ist es, dass Kroeger überhaupt nicht darauf eingeht, dass Gogarten in die Entstehung der „Lutherworte" für den Kunstwart in seinen Briefwechseln tiefe Einblicke gibt. Zwar sind Kroeger diese Briefe bekannt, aber er wertet sie nur unzureichend aus und nimmt ihre offensichtlichen Bezüge zu den „Lutherworten" im Kunstwart nicht ernst.

therrezeption in den 1920er Jahren. Nichtsdestoweniger wurde sie von der Forschung bislang nicht beachtet.[26]

Die Entstehung der Auswahl, die ihren Ausgang von dem Plan nahm, einen gemeinsamen Beitrag zum Jubiläumsjahr mit Karl König zu gestalten und schließlich zu einer sehr kurzen Anthologie für Bonus und den „Kunstwart" geführt hat, lässt sich anhand der Briefwechsel Gogartens mit König und Bonus zumindest schlaglichtartig nachzeichnen.[27]

Leider finden sich nur sehr spärliche Spuren von dem gemeinsamen Lutherprojekt im Briefwechsel von Gogarten und König. König gesteht Gogarten gegenüber bereits im August 1916 in dem einleitend erwähnten Brief, dass er nicht mit seinen Lutherstudien vorankomme. Die Ursache dafür ist vor allem die große Sorge des Ehepaars König um den im Krieg vermissten Sohn. König schildert, dass er sich von seinem Kummer mit Malen abzulenken versuche. Die Sorge verbindet sich für ihn mit dem Leid seiner Frau und der drückenden Sommerhitze. Er bekennt dann: „An Luther komme ich natürlich ganz und gar nicht, lese kaum die Zeitung und sonst nichts. Hoffentlich kommt dann eine große Arbeitswut über uns beide."[28]

Dass es sich bei diesem Geständnis Königs um eine Bezugnahme auf das gemeinsame Anthologie-Projekt handelt, erschließt sich nur aus dem weiteren Kontext. Dieser lässt sich besonders aus dem Briefwechsel Gogartens

---

26 Kroeger, ebd., verweist zwar auf ihre Wichtigkeit, geht aber auf das hier entworfene Lutherbild gar nicht und die Umstände ihrer Entstehung kaum ein. Goering, *Religionsrebell* (Anm. 3), 497, bibliographiert die Lutherauswahl, berücksichtig sie inhaltlich aber überhaupt nicht.

27 Die folgende Aufarbeitung des Briefwechsels berücksichtigt vor allem die in den Nachlässen von König und Bonus erhaltenen Schreiben Gogartens und vernachlässigt aus Platzgründen die für ein umfassendes Bild zu ergänzenden Briefe Königs und Bonus', die im Nachlass Gogartens in der SUB Göttingen liegen (Vgl. das Nachlassverzeichnis unter https://www.sub.uni-goettingen.de/fileadmin/media/texte/spezialsammlungen/ Nachl%C3%A4sse/Gogarten.pdf [abgerufen im Juni 2023]). Die Briefe an König aus Gogartens Feder sind im Nachlass Königs zu finden, der sich im Landeskirchenarchiv in Eisenach (LKAE) befindet. Vgl. dazu das Findbuch unter http://www.archive-in-thueringen.de/de/findbuch/view/bestand/28262/vorwort/1 (abgerufen im Juli 2023). Auch der Bonus-Nachlass mit Gogartens Briefen an diesen ist im LKAE zu finden: Bonus http:// www.archive-in-thueringen.de/de/findbuch/view/bestand/28082 (abgerufen im Juni 2023).

28 Brief von Karl König an Friedrich Gogarten vom 9. August 1916 (Erhalten im Nachlass Gogarten in der SUB Göttingen: Cod. Ms.: F. Gogarten 400, 393 – Brief 4). Kroeger, *Gogarten* (Anm. 2), 175 (mit Anm. 97) gibt diesen Brief nur sehr ungenau wieder.

mit Arthur Bonus rekonstruieren. So schreibt Gogarten am 19. Januar 1917 an Bonus:

> „Ich habe in der letzten Zeit oft im Luther gelesen[,] der ist doch allemal das Erfreulichste, was einem begegnen kann. Ich weiß nicht, ob ich Ihnen im Sommer erzählt habe, daß König u. ich eine Auswahl aus Luther machen wollten. Leider wird nichts daraus. Es war uns zu spät geworden für die vielen, vielen Bände, die wir dann hätten durcharbeiten müssen. Nun lese ich aber dies u. das für mich, um doch etwas gerüstet zu sein für dieses Jahr [scil. des Reformationsjubiläums], wo man zu viel über Luther reden wird." [29]

Es scheint so, dass König und Gogarten die Entscheidung, ihr Gemeinschaftsprojekt zunächst aufzugeben, auch erst Anfang 1917 getroffen haben. Jedenfalls wirkt der Schlussstrich unter das Vorhaben in dieser Zeit besonders bei Gogarten nach und lässt ihn viel dazu schreiben. Auch in seiner Korrespondenz mit seiner Studienfreundin Gertrud von le Fort ist die Lutherausgabe, nachdem sie aufgegeben ist, nämlich auf einmal ein Thema. So schreibt er ihr im Februar 1917:

> „[…] Mich beschäftigt jetzt Luther viel. Ich lese augenblicklich seine Briefe […]. Da kommt er einem menschlich sehr nahe. Ich bin immer erstaunt, wie nahe er uns überhaupt ist. Ich bin oft ganz froh über das, was ich bei ihm lese, und kenne eigentlich garnichts von religiöser Literatur, bei dem mir so wohl zu Mute ist wie bei Luther. Eine Auslegung des Magnificat hat mich ganz entzückt. Schade, daß man im Allgemeinen so wenig davon kennt. Karl König und ich wollten zum Reformationsfest eine Auswahl aus Luther machen, nach dem, was uns wichtig schien. Aber die Verhandlungen darüber zogen sich so lange hin, daß es zu spät wurde. Es ist schade, daß es so gekommen ist. Ich glaube, Luther täte gerade den Modernen unter den Religiösen gut. Und zu allem andren kommt dann noch der wundervolle Rhythmus der Sprache, den empfindet man freilich nur in den Ausgaben, die den Text nicht in unser Hochdeutsch übertragen geben. Es ist gut, daß man immer mal in so was Starkes und Zartes, wie der Luther ist, untertauchen kann. Vielleicht, daß man auch etwas davon wieder lebendig machen kann. Ich glaube immer, Luthers Zeit kommt erst noch."[30]

---

29 Brief von Friedrich Gogarten an Arthur Bonus vom 19. Januar 1917 (LKAE, NL Arthur Bonus, Nr. 61–07, Briefwechsel Arthur Bonus mit Friedrich Gogarten, 1917). Dieser Januar-Brief ist laut Kroeger der erste echte Nachweis eines verstärkten Lutherstudiums aus Gogartens Feder. Vgl. die sehr verkürzte und allzu stichpunktartige Auswertung des Briefes bei Kroeger, *Gogarten* (Anm. 9), 175.

30 Brief Nr. 20 von Friedrich Gogarten an Gertrud von le Fort, 9. Februar 1917, in: Horst Renz (Hg.), *Gertrud von le Fort–Friedrich Gogarten. Briefwechsel 1911–1927* (Troeltsch-

Was hier deutlich wird, ist eine echte Wertschätzung und Aneignung Luthers durch Gogarten, die in der zweiten Jahreshälfte von 1916 stattgefunden hat. Er liest ihn – und das wird wegweisend für die antihistoristische Lutherrezeption der Dialektischen Theologie werden – als zentrale, ganz nahe, aber tragischerweise überhörte Stimme für seine eigene Zeit. Die Magnificat-Auslegung wird, wie an anderer Stelle zu zeigen sein wird, eine große Rolle für Gogartens zweites Buch „Religion weither"[31] spielen, das der Diederichs-Verlag zum Lutherjubiläum publizieren wird. Es zeigt sich weiter, dass Gogarten daran gelegen ist, auf eher weniger prominente Texte Luthers aufmerksam zu machen. Gogartens Bedürfnis, Luthers Denken und seine Sprachgewalt wieder ins Bewusstsein seiner Zeit zu rufen, ist vor dem Hintergrund seiner kirchenkritischen Grundhaltung bemerkenswert. Es ist nicht selbstverständlich, dass sich ein den kirchen- und dogmenkritischen Kreisen des Kaiserreichs zugehörig fühlender Denker wie Gogarten auf einmal einem klassischen Gewährsmann der Kirche wie Luther widmet. Im Diederichs-Kreis war das nicht nur auf Begeisterung gestoßen, auch wenn Gogarten mit Bonus und König gleichgesinnte Gesprächspartner hatte.[32] Immer wieder betont Gogarten darum in seinen Korrespondenzen, man müsse die religiöse Überformung von Luthers Sprache und seine rein theologische Darstellung ebenso überwinden wie das die Vorbehalte gegen den Reformator schürende „entsetzliche[] Pfaffenbild […], das die Theologen aus ihm gemacht haben".[33] Daraus wird ein klarer Anspruch an die eigene Lutherausgabe in Bezug auf Sprache und Lutherbild deutlich.[34]

Studien NF 4), unter Verwendung der Vorarbeiten von Marianne Bultmann, Berlin / Boston 2022, 41f.

31 Friedrich Gogarten, *Religion weither*, Jena 1917.

32 Vgl. dazu auch Kroeger, *Gogarten* (Anm. 2), 175f., mit Verweis auf den Brief Nr. 25 von Friedrich Gogarten an Gertrud von le Fort, 12. Mai 1917, in: *Briefwechsel* (Anm. 30), 46–49. Sowohl Gogartens Wertschätzung der lutherischen Sprache als auch der Widerstand von Diederichs gegen Luther wird hier weiter ausgeführt. Vgl. dazu die Zitate in Anm. 34.

33 Brief Nr. 25 von Friedrich Gogarten an Gertrud von le Fort, 12. Mai 1917, in: *Briefwechsel* (Anm. 30), 46–49, hier 47.

34 In Brief 21 von Gertrud von le Fort an Friedrich Gogarten, 23. März 1917, in: *Briefwechsel* (Anm. 30), 42–45, hier 44, hatte von le Fort Gogarten um eine Stellungnahme zu den gängigen Lutherausgaben gebeten, die vor dem Hintergrund von Gogartens eigenen Publikationsplänen weiterführend ist: „Zum Schluß noch eine Bitte: wenn Sie mir wieder schreiben, wollen Sie mir vielleicht raten, welche Ausgabe der Lutherschriften (der deutschen) wohl empfehlenswert sei. Ich hatte mir diese Lektüre immer für das Lutherjahr schon gedacht, nun gab Ihr Buch noch einen neuen starken Anstoß dazu." In Brief Nr. 25 von Friedrich Gogarten an Gertrud von le Fort, 12. Mai 1917, in: *Briefwechsel* (Anm.

Es muss offenbleiben, wie weit König und Gogarten mit ihren jeweiligen Vorabreiten tatsächlich gekommen waren. Sowohl über die Konzeption dieses Projekts als auch über weitere Gründe seines Nichtzustandekommens kann man nur mutmaßen. Auch wenn beide spätestens Anfang 1917 darin übereingekommen zu sein scheinen, das Projekt einer gemeinsamen Lutherauswahl aufzugeben, haben sie durchaus weiter zu Luther gearbeitet. So wird Gogarten neben zahlreichen Zeitschriften- und Zeitungsartikeln mit „Religion weither" auch seine nächste Buchpublikation im Diederichs-Verlag in den Kontext des Jubiläums stellen. Es ist von der einsetzenden Lutherlektüre deutlich beeinflusst. König wiederum verfasst mit „Vom Geiste Luthers des Deutschen"[35] eine eigene umfangreiche Lutherstudie, die ebenfalls zum Jubiläum bei Diederichs erscheint und für die König in Jena ehrenhalber promoviert wurde.

Ein sehr aufschlussreiches Indiz zum Scheitern der gemeinsamen Lutheranthologie bietet ein spät referierter Rückblick Gogartens auf diese Zeit. Er ist nur in den Erinnerungen von Georg Merz überliefert.[36] Merz berichtet in seinem 1961 posthum erschienenen autobiographischen Buch „Wege und Wandlungen" nach einem kurzen Abriss über Gogartens Entwicklung von

---

30), 46–49, hier 47, erfolgt die Antwort: Gogarten votiert klar für die im Entstehen begriffene Weimarer Ausgabe, die für eine private Anschaffung aber freilich zu teuer sei. Unsicher ist er, ob er die Braunschweiger oder die auch in seiner eigenen Handbibliothek vorfindliche Bonner Ausgabe empfehlen soll. Die Braunschweiger Ausgabe habe die bessere Textauswahl, leide aber an der sprachlichen Modernisierung, die Luthers Sprachrhythmus zerstöre. Die Bonner Ausgabe sei rein historisch ausgerichtet, was die Auswahl mit Überflüssigem belaste. Auch das an den Originalen orientierte Druckbild sei problematisch, aber sprachlich sei sie sehr gut. Man höre „Luther fast leibhaftig reden, mit dem dialekthaften Vokalklang sogar." Dann heißt es: „Es ist ja was Wundervolles Luther zu lesen. Ich finde, so schreiben wie er kann nur noch Goethe und dann freilich der liebste Gottfried Keller. Ich habe wundervolle Sachen bei ihm gefunden, wie bei keinem sonst. Da verschwindet alle übrige religiöse Literatur. Es ist ein Jammer, daß man so wenig von ihm weiß. Ein Mann wie Diederichs sträubt sich mit aller Kraft gegen ihn. Das mag an dem entsetzlichen Pfaffenbild liegen, das die Theologen aus ihm gemacht haben. Übrigens habe ich große Freude an seinen Briefen gehabt, die in einer Auswahl im Inselverlag erschienen sind. Man kommt ihm da sehr nahe."

35 Karl König, *Vom Geiste Luthers des Deutschen*, Jena 1917. Vgl. zu Königs Promotion König, *Kulturprotestantismus* (Anm. 12), 477. Beide Bücher werden vom Diederichs-Verlag als „Bücher zur Reformation" auch explizit in den Jubiläumskontext gestellt, so z.B. in der Oktoberausgabe der Zeitschrift „Die Tat".

36 Obwohl Kroeger, *Gogarten* (Anm. 2), 178, Merz selbst zitiert und darüber mutmaßt, dass diese Erinnerung wohl auf einen nicht erhaltenen Brief oder ein persönliches Gespräch zurückgehen müsse, wertet er sie nicht im Hinblick auf die Lutherausgabe aus.

seinem Studienbeginn in München über seine Hinwendung zur Theologie unter dem Einfluss von Arthur Bonus bis hin zu den Lebensstationen Florenz, Bremen und Stelzendorf: „Für das Jahr 1917 sollte er nun eine Auswahl aus Luther zusammenstellen."[37] Dann zitiert er Gogarten direkt:

> „Ich las und las, blieb aber hängen an dem Worte ‚Jesus Christus'. Schon oft hatte ich es gelesen, nie hatte ich innegehalten. Von allen hatte ich gehört, daß es bedeute, was die Idealisten mit ‚Persönlichkeit', mit dem ‚lebendigen Quell in uns', mit dem ‚Schöpferischen', mit dem ‚Ursprünglichen' meinen. Nun merkte ich, daß das nicht stimme, daß mit ‚Jesus Christus' etwas anderes gemeint sei, ein anderer, der uns gegenübersteht. Ich konnte nicht mehr das Buch zusammenstellen, das der Verlag wünschte, und gab den Auftrag zurück."[38]

Wenn dieses Zitat wirklich belastbar ist, bietet es uns zentrale Informationen. Die Zusammenstellung der Lutherworte wäre demnach eine Auftragsarbeit für den Diederichs-Verlag gewesen, der mit hoher Wahrscheinlichkeit von Gogarten gemeint ist.[39] Ihr Nichtzustandekommen wäre nicht auf zeitliche Engpässe, sondern auf eine persönliche Entscheidung zurückzuführen, genauer auf eine durch Gogartens Lutherentdeckung ausgelöste christologische Krise. Luthers Christusbild wird von Gogarten hier als eine radikale Infragestellung seiner am Idealismus ausgerichteten Christologie präsentiert. Eine einsetzende Suchbewegung zu der klassischen Frage, wer Jesus Christus heute für uns ist, wenn er sich über die idealistische Philosophie nicht mehr fassen lässt, hätte Gogarten demnach an der gewünschten Anthologie gehindert. Allerdings ist problematisch, dass Gogarten hier von König mit keiner Silbe spricht und die brieflichen Zeugnisse immer nur die

---

37 Georg Merz, *Wege und Wandlungen. Erinnerungen aus der Zeit von 1892–1922*, nach seinem Tode bearbeitet von Johannes Merz, München 1961, 245.

38 Gogarten nach Merz, a.a.O., 245f. Vgl. dazu auch Kroeger, *Gogarten* (Anm. 2), 176.

39 Matthias Kroeger nimmt das zum Anlass davon auszugehen, dass der Diederichs Verlag das Projekt initiiert, dann aber einen anderen Autor für eine Luther-Anthologie gefunden hätte. Dazu verweist er auf eine sehr überschaubare Anthologie von Ernst Michel, die dieser für das TAT-Sonderheft zum Reformationsjubiläum besorgt hatte, so dass man darum für die Arbeit von Gogarten und König keinen Bedarf mehr gehabt habe. Vgl. Kroeger, *Gogarten* (Anm. 2), 175 (mit Anm. 97). Tatsächlich findet sich in dem im Juni herausgegebenen Sonderheft zum Jubiläum ein solcher Beitrag, der aber ob seiner Kürze eigentlich keine Konkurrenz für die Pläne von König und Gogarten darstellen kann. Die beiden hatten größer gedacht. Vgl. Ernst Michel, Luthers Religion in Grundworten, in: *Die Tat* 9 (3 Juni 1917), 199–201. Vgl. zu Michel bes. Kroeger, *Gogarten* (Anm. 2), 169f. (mit Anm. 92) und 354 (mit Anm. 115).

Kürze der Zeit, nie aber eine christologische Frage als Hinderungsgrund anführen. Eine andere Beobachtung verleiht der Merzschen Erinnerung jedoch
hohes Gewicht: Schaut man auf die im Jubiläumsjahr schließlich tatsächlich
veröffentlichten „Lutherworte", die Gogarten sozusagen als Ertrag der Vor-
studien zu der großen Luther-Anthologie kompiliert hat, fällt auf, dass ein
entscheidender Name in all den zusammengestellten Lutherworten völlig
fehlt: Jesus Christus.

Gogartens Vorarbeiten zu einer Auswahl an Lutherworten scheinen bei
Arthur Bonus auf Interesse gestoßen zu sein, dem Gogarten über seine theologischen und beruflichen Entwicklungen in dieser Zeit stets Auskunft er-
teilt hat. Die Lutherstudien sind im Briefwechsel der beiden darum ein wie-
derkehrendes Thema. So teilt Gogarten Bonus am 6. Mänz 1917 im Kontext
von Überlegungen zu einem Projekt für den Kunstwart mit: „Ich lese freilich schon seit einigen Wochen mancherlei im Luther."[40] Im August machen
dann zwei längere Briefe Gogartens deutlich, dass Bonus eine Lutherauswahl
Gogartens im Jubiläumsheft des Kunstwart drucken möchte, sich eine Anthologie von Lutherworten hat schicken lassen und auch selbst aktiv in diese
Auswahl redaktionell eingreift.

Gogarten schreibt aus Bremen am 16. August 1917:

> „Lieber Herr Bonus!
>
> Hier kommt endlich die Luther-Auswahl, wie ich sie mir dachte. Es ist ja nicht
> so leicht, in so engem Rahmen eine Auswahl zu geben [?], besonders da es
> schwer [?] ist, Worte Luthers zu finden, die ‚ohne Übersetzung' (aus dem Ab-
> gedroschenen der religiösen Sprache in ihren vollen Klang) zu verstehen sind.
> Ich habe versucht, einigermaßen eine Illustration dessen zu geben, was Sie in
> Ihrem Aufsatz sagen.[41] [...] Mir ist es jetzt bei meinem Studium L.s [ergänzt]
> eine Offenbarung gewesen, wie tief Luther den Gedanken der Ordnung gedacht
> hat. Aber das sind Dinge, die seine Aussagen mehr tragen, als daß sie [ergänzt]
> in ihn hineinkommen [?] u. darum kann ich auch so schnell [?] keine ‚Stellen'
> darüber bringen. Man könnte das wohl nur auf sehr weitem Raum. Ich habe
> Ihren Aufsatz über Luther sehr gern. [...]."[42]

---

40 Brief von Friedrich Gogarten an Arthur Bonus vom 6. März 1917 (LKAE, NL Arthur
    Bonus, Nr. 61–07, Briefwechsel Arthur Bonus mit Friedrich Gogarten, 1917).

41 Arthur Bonus, Der Geist Luthers erwacht. Eine schweizerische Weissagung, in: *ChW* 30
    (1916), 744–754. Vgl. dazu auch König, *Kulturprotestantismus* (Anm. 12), 478.

42 Brief von Friedrich Gogarten an Arthur Bonus vom 16. August 1917 (LKAE, NL Arthur
    Bonus, Nr. 61–07, Briefwechsel Arthur Bonus mit Friedrich Gogarten, 1917). Die Frage-
    zeichen markieren schwer lesbare Wörter im Manuskript.

Wir lesen hier, dass Gogarten ein Jahr nach der Korrespondenz mit König nun eine Auswahl an Lutherworten fertiggestellt hat. Weil Bonus in dieser Zeit Mitredakteur des Kunstwart ist, wo die Lutherworte schließlich erscheinen, muss es sich um eine Bearbeitungsstufe der Publikation im November handeln. Für Gogartens Auswahl sind hier einige wichtige Leitlinien markiert. Erstens sucht er Passagen, die Luthers Theologie nicht durch eine übermäßig religiöse Sprache verstellen und aus sich selbst heraus verständlich sind. Er blickt dabei vermutlich kritisch auch auf die Abnutzung prominenter und in Liturgie, Liedgut und Predigt inflationär verwendeter Wendungen. Zweitens unterstreicht Gogarten eine Fokussierung auf Luthers Ordnungstheologie, bekennt aber, dass er sie adäquat kaum in einer kurzen Auswahl zur Geltung bringen kann. Drittens lässt er sich offenbar von einem Aufsatz von Bonus maßgeblich leiten und versucht, das darin entfaltete Lutherbild zu illustrieren. Dieser Aufsatz ist eindeutig identifizierbar und liegt uns vor.

Bonus hatte 1916 in der „Christlichen Welt" einen Lutheraufsatz erscheinen lassen, der gegen eine kritische Analyse der deutschen Theologie und Politik von Leonhard Ragaz (1868–1945) gerichtet war.[43] Ragaz hatte 1915 als Professor in Zürich vor dem Hintergrund des Weltkriegs und den Entwicklungen in Deutschland besorgt auf die deutsche Theologie geblickt und angesichts des großen Einflusses deutscher Akademiker auf die Schweiz eine ernste Gefährdung für die schweizerische Selbstständigkeit diagnostiziert. Die politischen Entwicklungen Deutschlands stellt er in engste Verbindung mit der Religion, die eine radikal nationalistische Engführung erfahren habe. In der Folge dieser Symbiose von Politik und Christentum meint er: *„Auch die deutsche Theologie ist imperialistisch geworden."*[44] Er verdeutlicht das vor allem an dem Einfluss von Friedrich Naumann (1860–1919), dem er unterstellt, dass „das Deutsche in ihm den Christen verschlang"[45]. An die

---

43 Nicht unwichtig ist in diesem Zusammenhang der Umstand, dass Gogarten bei Ragaz studiert und in einem sehr herzlichen Briefwechsel mit ihm gestanden hatte. Vgl. dazu Kroeger, *Gogarten* (Anm. 2), 115–131, der auf die große Weite, aber auch die mit ihr verbundenen Spannungen hinweist, die Gogartens Entwicklung durch so heterogene Lehrer geprägt haben.

44 Leonhard Ragaz, Von den letzten Voraussetzungen der schweizerischen Unabhängigkeit. Ein Votum, in: *Wissen und Leben* 16 (1915/1916), 305–321, hier 310. Ragaz präsentiert hier in leicht erweiterter Form das erste Votum zu dem Vortrag von Paul Seippel über die „geistige Unabhängigkeit der Schweiz" auf der Versammlung schweizerischer Hochschullehrer in Bern (14. Nov. 1915).

45 Ragaz, *Von den letzten Voraussetzungen* (Anm. 42), 311.

Seite nationalpolitischer Theologie stellt er sodann eine christlich überhöhte Politik. Staatsleute wie Bismarck würden über die gefährliche Brücke eines völkischen Christentums zum „religiösen Führer und Helden"[46] stilisiert. Das Nationale sei zum Zentrum der deutschen Theologie geworden, die sich folgerichtig auf „das Wort vom ‚deutschen Gott'"[47] hin ausrichte. Ragaz schreibt diese Entwicklung vor allem dem Denken Luthers in seinen säkularisierten Ausprägungen zu und macht eine starke konfessionalistische Unterscheidung gelten: Der Geist der lutherischen Reformation sei aufgrund seiner Prägung durch Monarchie und einer kruden Mischung aus Vertrauen auf Gottes Weltregierung und einem weltabgewandten, quietistischen Fokus auf die Innerlichkeit des Glaubens wegbereitend für autoritäre Staatsformen, während die reformierte Theologie Demokratie stabilisiere:

> „Für uns ist jene Tatsache entscheidend, dass hinter dem deutschen Christentum wie überhaupt dem ganzen deutschen Geistesleben als sehr stark bestimmende Macht das Luthertum steht. Diese Tatsache hat sehr viel zu bedeuten. Es ist kein Zufall, dass das Luthertum auf monarchischem Boden gewachsen und dann wieder zum starken Träger der Monarchie geworden ist. Ihm liegt die konservative und patriarchalische Art im Blute. Es ist quietistisch, lässt gern die Welt gehen, wie sie gehen mag. Da Gott im Regimente sitzt, lässt es die irdischen Regenten, auch die schlechtesten, gelten und schärft die Pflicht der Ehrfurcht und des Gehorsams gegen sie ein. Seine Frömmigkeit hat einen individualistischen Charakter; sie hat fast nur mit dem Verhältnis Gottes zur einzelnen Seele zu tun; der Gedanke, dass die religiöse Wahrheit eine Kraft der Weltumgestaltung sein sollte, liegt ihr fern. Sie heiligt das Bestehende, liebt die feste Ordnung und Autorität, hält wenig auf die Masse, hat keinen menschheitlichen Ausblick." Bei aller Gemeinsamkeit mit der schweizerischen Reformation sei dieser Luthergeist grundverschieden von dem Zentrum der Theologie eines Zwingli oder Calvin. Zuzustimmen sei Luther aber in Marburg gewesen, als er gesagt hatte: „Ihr habt einen andern Geist als wir."[48]

Bonus hatte auf dieses Votum von Ragaz in der „Christlichen Welt" sehr ausführlich geantwortet und dem eine eigene Lutherdeutung entgegengestellt. Er hat seinem Rundumschlag den bissigen Titel „Der Geist Luthers

---

46 Ebd.

47 Ebd.

48 A.a.O., 312. Ragaz bestimmt diesen Unterschied darin, dass „es für Luther und das Luthertum darauf ankommt, dass der einzelne von Gott erhalte, was er für sein inneres und äußeres Leben bedarf". Demgegenüber sei es „für Zwingli und namentlich Kalvin die große Hauptsache, dass in jedem einzelnen wie im Leben der Gemeinschaft *Gottes Ehre* zur Geltung komme." (a.a.O., 312f.)

erwacht. Eine schweizerische Weissagung“ gegeben und sich mit Vehemenz den politischen und theologischen Aspekten von Ragaz Thesen vor dem Hintergrund von Weltkrieg und Nationalismus gewidmet. Grundsätzlich bestreitet er eine so ausdrückliche Unterscheidung von Schweiz und Deutschem Reich und von Luthertum und reformierter Konfession. Beide Nationen seien in Kultur und Sprache brüderlich verbunden, beide Konfessionen seien auf „reformatorisch gesinnte Männer von Ernst und Bedeutung“ zurückzuführen, die zwar nicht von Luther „gemacht“, aber von ihm „geweckt“ worden seien. Unter direkter Bezugnahme auf die Beobachtungen von Ragaz behauptet Bonus:

> „Der leidenschaftliche Drang zu Selbständigkeit und Selbstverantwortlichkeit lag seit Alters im deutschen Wesen und hat seine Geschichte schmerzvoll schwer gemacht. Er hatte sich seit den Mystikern tief ins Innere der Einzelperson gewandt. Von da ging Luther aus. Das gibt seinem Geist die grundlegende Bedeutung nicht für das deutsche Geistesleben allein, sondern für die Gesamtreformation. Er steht genau gleichartig hinter den verschiedenen Richtungen, hinter den ‚reformierten‘ so gut als hinter der, die sich mit wenig Recht im besondern als ‚Luthertum‘ bezeichnete. Ich kann einen Protestantismus nur bemitleiden, der sich so schwach fühlt, daß er sich, um sein bißchen Moral zu retten, diesem Geist verschließen zu müssen glaubt, diesem inneren Einswerdenwollen mit Gott, diesem Zurruhekommen in Gott, diesem – ‚Quietismus‘, wie das aus keiner Tiefe geschöpfte Schlagwort lautet.“[49]

Ausgehend von der Beobachtung, dass die „persönliche Verantwortlichkeit“ das auf Luther zurückgehende (und sich von der Renaissance abgrenzende) gemeinreformatorische Prinzip sei, verweist Bonus nun auf seine Entfaltung in verschiedenen kulturellen Kontexten. Die Nähe eines norddeutschen Luthertums zu Autoritarismus und Monarchie und die Affinität der schweizerischer Reformation zur Demokratie sei nicht auf Luther oder einen echten Unterschied der lutherischen und der schweizerischen Reformation zurückzuführen, sondern auf den jeweiligen „Volkszustand“[50], in den das eine reformatorische Grundprinzip hineingewirkt habe.[51] Im

---

49 Bonus, *Geist Luthers* (Anm. 41), 749. Der „Quietismus“-Vorwurf wird von Bonus also positiv gewendet. Er verbindet den Ausdruck sodann mit der Kraft und Lebendigkeit Luthers ebenso wie mit der nationalistisch-romantischen Dichtung von Ernst Moritz Arndt (1769–1860), aus dessen Oeuvre er Verse der Bündelung des Luthergeistes anführt.

50 Ebd.

51 Vgl. a.a.O., 749f. Bonus unterstellt Ragaz, dass er seine eigenen politischen und theologischen Ansichten zum Kriterium dafür mache, was nun reformiert und was lutherisch zu

reformierten Protestantismus habe sich als Leitprinzip dadurch ein rigider Moralismus entwickelt, der wiederum zum Nährboden für Imperialismus und Kapitalismus geworden sei. Bonus sieht darin einen Rückfall in vorreformatorische Zeiten und warnt vor einem Bankrott des Christentums, das ohne Geist und nur noch mit oberflächlicher Moral in Erscheinung trete. Diese Entwicklung sieht Bonus aber durchaus auch in Deutschland.[52] Umso wichtiger wäre ihm, dass der Geist Luthers tatsächlich wieder erwachte. Dem Verhältnis von Moral und Luthers Geist widmet er dann einen zentralen Abschnitt seiner Darstellung.[53] Er fragt: „Was ist denn der Geist Luthers? Er ist auf unsre Frage gesehen das rein religiöse Grundprinzip, aus dem Moralen aufsteigen, in das sie zurücksinken, um verjüngt und neugerichtet aus ihm wiederaufzuerstehen."[54] Insofern kann er die Entstehung einer „erste[n] brauchbare[n] soziale[n] und politische[n] Moral aus dem religiösen Grundprinzip"[55] in der reformierten Konfession explizit würdigen. Sie habe sich jedoch mit einem nationalen Gewissen verbunden und sei dabei zu einem starren Korsett, sei selbst zum Leitprinzip geworden. „Wir finden immer wieder in zurückgebliebenen Mentalitäten diesen Trugschluß, daß, was ihrer Moral widerspricht, aller Moral widerspreche."[56]

Bonus stellt sodann geradezu entschuldigend die menschliche Begrenztheit eines pharisäerhaften Moralismus den sittlichen Vorstellungen Jesu Christi gegenüber. Für die deutsche Theologie hält er fest:

> „Für uns inzwischen handelt es sich nicht mehr um die Abwehr dieser Beschuldigungen – sie liegen tief unter uns –, sondern um das Bewußtwerden jenes Glaubens und Welt- und Sittlichkeitsgefühls, das wir alle schon längst im Gegensatz zum überkommenen in uns sich regen fühlen, das uns innenher längst natürlich ward, nach dem wir längst handeln, und das in unbedingter Wahrhaftigkeit und Sachlichkeit als dem alleinigen und ersten Grundsatz atmet. Darin wurzeln dann die besonderen Vorstellungen, die der Redner als ‚Ethik der Macht' und Glauben an einen ‚verborgenen Gott der Gewalt neben dem der

---

sein habe. Bonus bringt u.a. den Calvinismus in Frankreich als ein Beispiel für eine stark auf die Monarchie ausgerichtete, autoritäre reformierte Traditionslinie. Das Luthertum habe sich deutlich langsamer und gegen größere Widerstände durchsetzen müssen, infolgedessen seien aber Innerlichkeit und konsequente Wahrheitssuche zu seinen Leitprinzipien geworden. Den Idealismus sieht Bonus als direkte Folge dieser Entwicklung an.

52 Vgl. den Abschnitt „Das ‚reformierte' Prinzip" a.a.O., 750f.
53 Vgl. den Abschnitt „Der Geist Luthers" a.a.O., 751–753.
54 A.a.O., 752.
55 Ebd.
56 Ebd.

Liebe', sowie als Forderung rein sachlicher Maßstäbe für die wirtschaftlichen und politischen Dinge charakterisiert, und die als solche sein Moralgefühl arg befremden."[57]

Bonus kritisiert im Folgenden, ausgehend von der hier skizzierten „so kräftig religiös begründete[n] neue[n] ethische[n] Stimmung in uns"[58], Ragaz und die in Diskursen verfangene und uneinheitliche religiös-sozialen Bewegung. Hier würden viele Worte gemacht. Dem hält er die Hinwendung zur Sache entgegen, der sich Deutschland zugewendet habe. Woher kam aber die Kraft dazu?

> „Wir taten es voll des Glaubens an einen in den Weltdingen schlummernden göttlichen Sinn des Werdens, der, wenn wir ihn entdeckten, uns erlauben würde, wieder für eine Weile in der Arbeit an der Welt diesem Sinn gemäß Gottesdienst zu tun. Darin mochte dann, wenn man will, eine neue Moral entstehen, die aus dem Geiste Luthers neuaufgestiegen herrschen mag, bis er, neuerlich erwachend, auch sie einst wieder einschlingen wird in den ewigen Schoß göttlichen Vergebens, um ein abermals neues Erfühlen und Durchdenken der Wirklichkeit emporzusenden."[59]

Bonus leitet von hier aus über zu seiner Vorstellung vom Zentrum reformatorischer Theologie, nämlich der Ermöglichung einer „autonomen Ethik", die für ihn synonym mit religiöser Ethik und das Gegenteil eines starren Moralismus ist. Autonome Ethik stützt sich auf die „Überzeugung, daß kein noch so verschmitzt aus Logik, Vernunft, Bibel oder Historie entwickeltes Sittengesetz den Menschen davon entbindet, in die fordernde und richtende Stimme hineinzuhören, die Gott in seinem tiefsten Innern spricht."[60]
Das Fundament seines ethischen Konzepts stellt er konsequent unter das Vorzeichen des Geistes Luthers und bestimmt es explizit rechtfertigungstheologisch:

> „Luthers Grundstellung – und meines Ermessens auch die ursprüngliche der anderen Reformatoren – ist die so stark von ihm betonte Lehre, daß ‚der Mensch gerecht werde aus Glauben allein ohne des Gesetzes Werke' [Röm 3,28], will sagen, daß nicht irgendein ihm fremdes Gesetz über ihm hänge, das er zu befolgen hat, sondern daß die innerste Seins- und Willensrichtung des Menschen

---

57 Ebd.
58 Ebd.
59 A.a.O., 752f.
60 A.a.O., 753.

über sein Leben entscheide, und daß, wer darin lauter, wahrhaftig und aufrecht stehe, das Rechte von selbst trifft."[61]

Bonus leitet daraus eine Ermächtigung seiner nationalen und völkischen Theologie ab, deren Konsequenzen, gerade vor dem Hintergrund des tobenden Weltkriegs, ihm durchaus vor Augen stehen. Autonome, religiöse Ethik auf der Grundlage lutherischer Rechtfertigungslehre bedeutet für ihn eine Freiheit von politischen Grenzen, solch „ausgehöhlten Phrasen wie Demokratie oder Militarismus".[62] Er folgert:

> „[…] wir fühlen unsre Freiheit gerade darin, daß wir uns erlauben, das Ideal einer sachlichen Volksorganisation aus selbständigem Durchdenken der Dinge, wie sie wirklich sind, zu entwickeln, statt es uns ferner aus überlebten und bis in schlimmste politische Korruption verderbten fremden Phrasen zu saugen."[63]

Wie sich dieses von Gogarten wertgeschätzte Lutherbild in einer Anthologie von Lutherworten konkret illustrieren lassen soll, erscheint herausfordernd und wird zu einer Reihe theologischer Problemanzeigen einladen.

Bereits zehn Tage nach der Zusendung seiner ersten Auswahl von Lutherworten schreibt Gogarten Bonus erneut[64]:

> „Wenn Sie mögen, ändere ich die Luther-Auswahl sehr gerne. Bezeichnen Sie mir dann die Stücke, die Ihnen ungeeignet scheinen? Sie müssten mir das Manuskript [… unleserliches Wort] schicken. [...] Hoffentlich können König u. ich noch einmal die Auswahl machen, die wir eigentlich für dieses Jahr geplant hatten, aus der aber wegen der kurzen Zeit nichts geworden ist. Mir scheint sie nötig zu sein, denn auch die neue Auswahl von Rade ist viel zu theologisch [...]."[65]

Ihr fehle, so Gogarten weiter, die nötige Witterung für Luthers ganz neue, aber nur blitzlichtartig auftauchende Gedanken.

---

61 Ebd.

62 Ebd.

63 Ebd.

64 Die Briefe von Bonus an Gogarten vom August sind erhalten und im Gogarten-Nachlass der SUB Göttingen einsehbar unter den Signaturen Cod. Ms.: F. Gogarten 400, 60 A – 55 (Brief vom 9., 10, und 13. August); 56 (Brief vom 23. August) und 59 (Postkarte vom 6. September). Sie sind für diese Studie nicht berücksichtigt worden.

65 Brief von Friedrich Gogarten an Arthur Bonus vom 26. August 1917 (LKAE, NL Arthur Bonus, Nr. 61–07, Briefwechsel Arthur Bonus mit Friedrich Gogarten, 1917).

> „Ist es nicht entsetzlich, daß man Angst haben muß, daß so gewaltige Stücke wie das letzte der Auswahl falsch verstanden werden können [?] Wie ist an Luther u. seinem Bild gesündigt worden. Ich glaube, eine Auswahl wie König u. ich sie vorhaben, könnte viel helfen. [...]"[66]

Gogarten zeigt sich hier bereit, seine Auswahl an die Kritik von Bonus anzupassen, konkret ausgewählte Stücke zu ersetzen oder zu streichen. Die Hoffnung, seinen Plan mit König für eine größer angelegte Anthologie noch einmal aufzunehmen, dominiert den Brief. Sie bringt vor allem die bereits in den vorherigen Korrespondenzen kommunizierte Unzufriedenheit mit dem gängigen Lutherbild seiner Zeit, sowohl in Bezug auf das bevorstehende Reformationsjubiläum als auch den kirchlich-theologischen Mainstream, zum Ausdruck. Martin Rade (1857–1940), der an der Erstellung einer viel gelesenen achtbändigen Lutherausgabe beteiligt war, wird hier besonders angegangen, weil er zum Jubiläumsjahr „Luther in Worten aus seinen Werken" dargestellt hat.[67] Gegen die Kritik an Rade, Luther ohne Gespür und allzu theologisch zu präsentieren, setzt er besonders das Schlussstück seiner Auswahl, auf das wir noch einzugehen haben, wenn wir uns ihr nun selbst widmen.

3. Die „Lutherworte" im Novemberheft 1917 des „Deutschen Kunstwart"

Unter den zahlreichen Lutherbeiträgen Gogartens zum Jubiläum hat das hier skizzierte Lutherbild eine wegweisende Bedeutung, insofern es den hermeneutischen Zugang Gogartens zum Reformator sehr konkret macht und dabei zugleich abbildet, welche Quellen er für seine Aneignung von Luthers Theologie zugrunde legt. Es ist zudem wohl neben den Luther-Passagen in „Religion weither" das am frühesten begonnene Produkt der Lutherstudien Gogartens, ein vielfach überarbeitetes Etappenziel der Gogarten so inspirierenden Suche nach einem Luther für seine Zeit.

Das Novemberheft des Kunstwart 1917 ist anlässlich des Jubiläums konsequent als Lutherausgabe durchkonzipiert. Das Konterfei des Reformators

---

66 Ebd.

67 Gogarten meint hier nicht die unter der Mitarbeit Rades konzipierte umfangreiche Edition *Luthers Werke für das christliche Haus* (hrsg. von Pfarrer Dr. Georg Buchwald u.a., 8 Bände, Braunschweig 1889–1905), sondern eine neue Auswahl zum Jubiläum: *Luther in Worten aus seinen Werken* (Die Klassiker der Religion), hg. von Martin Rade, Berlin 1917.

aus der Feder von Lukas Cranach ziert dementsprechend das Cover.[68] Der
Inhalt des Heftes besteht aus insgesamt zehn Beiträgen. Acht kürzere Aufsätze zu Luther bilden den Kern, unter deren Autoren Gogartens Lehrer Ernst
Troeltsch hervorragt, der „Ernste Gedanken zum Reformations-Jubiläum"[69]
beisteuert. Diese Aufsätze werden gerahmt von gleich zwei Anthologien von
„Lutherworten". Gogarten verantwortet die erste, der Herausgeber der zweiten wird nicht benannt.[70] Schauen wir uns Gogartens Beitrag im Detail an:

Der unprätentiöse Titel „Lutherworte" steht über den unkommentierten,
sechseinhalb Seiten umfassenden Florilegien Gogartens. Er hat insgesamt
13 Stücke ausgewählt und sie jeweils mit eigenen Überschriften versehen.
Gogarten skizziert hier mit Luther ein theologisches Programm mit einem
bemerkenswerten roten Faden und konstruiert eine innovative, aber durch
ihre Eklektik auch nicht unproblematische „Nussschalen-Dogmatik" Luthers, in deren Zentrum die Verhältnisbestimmung des Glaubens an Gott
den Schöpfer und seinem glaubenden Geschöpf steht. Auch weil Gogarten
sehr innovative Stücke aus Luthers Oeuvre auswählt und zu einer ganz eigenen Linienführung verbindet, ist die Erschließung der Komposition durchaus anspruchsvoll und bedarf einer genauen Lektüre. Trotz klarer Bezüge zu
Christologie und Rechtfertigungslehre werden gerade diese Kernelemente
lutherischer Theologie von Gogarten nicht expliziert, sondern entweder
schöpfungstheologisch umschrieben oder als Leerstellen offengelassen. Jesus Christus kommt – den Erinnerungen von Georg Merz an Gogartens Lutherlektüre entsprechend – an keiner Stelle vor. Dominierend ist bei all dem
die Frage nach der moralischen Lebensgestaltung im Glauben, bzw. dem
Verhältnis von Glaube und Werk.

---

68 Vgl. das Cover des Reformationsheftes in *Deutscher Wille des Kunstwarts* 31 (3/Novem-
    ber 1917), 76. Es wird von einem Abdruck eines Lutherbildnisses von Lukas Cranach
    d. A. aus dem Jahr 1526 dominiert. Auch über dem Impressum auf der letzten Seite des
    Heftes, a.a.O., 108, wird es als „Reformationsheft" bezeichnet.

69 Ernst Troeltsch, Ernste Gedanken zum Reformations-Jubiläum, in: *Deutscher Wille des
    Kunstwarts* 31 (3/November 1917), 87–91.

70 Friedrich Gogarten (Hg.), Lutherworte, in: *Deutscher Wille des Kunstwarts* 31 (3/Novem-
    ber 1917), 77–83. Bei der zweiten, ebenfalls mit „Lutherworte" überschriebenen Zusam-
    menstellung, a.a.O., 105–108, ist kein Herausgeber genannt. Es kann sich nicht um Go-
    garten handeln, weil diese Auswahl ganz anders aufgebaut ist. Bereits durch das Layout
    sind klare Unterschiede markiert. So fehlen hier die von Gogarten gesetzten Überschrif-
    ten, die Zitate sind deutlich kürzer. Je über zwei Zeilen gesetzte große Anfangsbuchstaben
    am Anfang jedes neuen Zitats gliedern die Sammlung.

Gogartens Auswahl lässt sich in vier Teile gliedern, die jeweils durch eine Erklärung des ersten Artikels des Credos voneinander abgegrenzt sind und so Gott als Schöpfer zum Leitmotiv der „Lutherworte" machen. Der erste Teil analysiert ausgehend von der Erklärung dessen, was „Wort Gottes" meint, anhand zentraler Topoi der Gottes- und Schöpfungslehre das Verhältnis von Gott und Natur (Abschnitte 1–5).[71] Der zweite Teil verbindet diese schöpfungstheologische Einleitung mit einer Bestimmung des Glaubens (Abschnitte 6–8).[72] Der aus deutlich umfangreicheren Stücken bestehende dritte Teil forciert dann die Glaubens- und Erlösungslehre auf ihre ethischen Folgen hin. Ins Zentrum der Darstellung stellt Gogarten den Glauben an Gott als Schöpfer und die aus dem Glauben resultierenden „guten Werke" im Kontrast mit den eigenmächtigen Annäherungsversuchen des Menschen an die Ethik (9–12).[73] Davon noch einmal durch eine Credo-Auslegung abgegrenzt dient der letzte Abschnitt als Konkretisierung einer auf dem Grund des Glaubens fußenden Ethik (13).[74]

---

71 Teil I: Gott und sein ewiges Wort im Verhältnis zu seiner Schöpfung, bei Gogarten, *Lutherworte* (Anm. 22), 77f.

    1. Das ewig schaffende Wort (Martin Luther, *In Genesin Declamationes* [1527], WA 24, 37; zu Gen 1).

    2. Gott (Martin Luther, *Vom Abendmahl Christi, Bekenntnis* [1528], WA 26, 339).

    3. Ewigkeit (Luther, *In Genesin Declamationes* [1527], WA 24, 24f.; zu Gen 1).

    4. Gott und Natur (Luther, *In Genesin Declamationes* [1527], WA 24, 513; zu Gen 29).

    5. Die Kreatur ist Gottes ewiges Werk (Luther, *In Genesin Declamationes* [1527], WA 24, 663; zu Gen 45).

72 Teil 2: Die Aneignung des Glaubens und der menschliche Willen, bei Gogarten, *Lutherworte* (Anm. 22), 78–80

    6. Das Evangelium (Martin Luther, *Kirchenpostille* [1522]: Evangelium in der hohen Christmesse Joh 1,1–14, WA 10 I 1,233f.).

    7. Gottes Geburt (Luther, *Kirchenpostille* [1522]: Evangelium in der Christmeß Lk 2,1–14, WA 10 I 1,73).

    8. Vom freien Willen und vom Knötlein im Gewissen (Martin Luther, Über den unfreien Willen [1524], WA 18, 783 [ST.A. Lexutt 649f.]).

    9. Der höchste Artikel (Luther, *In Genesin Declamationes* [1527], WA 24, 18–22, Vorrede [mit Auslassungen]).

73 Teil 3: Die guten Werke im Glauben, bei Gogarten, *Lutherworte* (Anm. 22), 80 – 82

    10. Glaube (Martin Luther, *Vorrede zum Römerbrief* [1522], WA.DB 7, 8 und 10).

    11. Schaffender Glaube (Luther, *In Genesin Declamationes* [1527], WA 24, 51f.; zu Gen 1).

    12. Glaubensbekenntnis (Martin Luther, *Eine kurze Form der Zehn Gebote* [1520], WA 7, 215f.).

74 Teil 4: Die Ehe als Beispiel für die ethische Konkretisierung des Glaubens, bei Gogarten, *Lutherworte* (Anm. 22), 82f.

3.1 Lutherworte Teil I: Gott und sein ewiges Wort im Verhältnis zu seiner Schöpfung

Der fünf Stücke umfassende erste Teil setzt sich vor allem aus relativ kurzen Zitaten zusammen, die Gogarten fast ausschließlich Luthers Genesisauslegung entlehnt hat, konkret den Predigten, die Luther 1523/24 gehalten hatte und die 1527 aus Nachschriften in einer deutschen und lateinischen von Luther selbst durchgesehenen und eingeleiteten Druckausgabe publiziert worden waren. Sie sind unter dem Titel *In Genesin Declamationes* ediert.[75]

Der einleitenden Abschnittsüberschrift „Das ewig schaffende Wort" folgt die Auslegung Luthers von der den ersten Schöpfungsbericht bestimmenden Wendung „Und Gott sprach [...]" (Gen 1,3 u.ö.).[76] Gottes Wort wird von Luther als ein ewig gesprochenes ausgelegt. Schöpfung ist dementsprechend eine *creatio continua* und jedes Geschöpf könne seinen zeitlichen Ursprung auf das die Geschichte tragende Wort des ewigen Gottes zurückführen.[77] Auch wenn sie nicht ausgeführt sind, drängen sich bei der Rede vom Wort Gottes natürlich christologische Anknüpfungspunkte geradezu auf. Die Schöpfungsmittlerschaft Christi und seine Wirkweise als logos ließen sich mit dem beredten Verschweigen Jesu, das von der Anfangspassage ausgehend die gesamte Lutherauswahl bestimmt, gut verbinden.

Die beiden folgenden Stücke sind diesem Einleitungsabschnitt eng zugeordnet, insofern sie zum einen „Gott" und zum anderen die „Ewigkeit" näher bestimmen.[78]. Gott erscheint hier im Stile der *via negativa* als ein Räumlichkeit, leibliche Begrenzung und Ausdehnung transzendierendes Wesen.

---

13. Aus ewigem Grund leben (Martin Luther, *Vom ehelichen Leben* [1522], WA 10 II, 295–297 [mit Auslassung]).

75 Die Predigten sind in WA 24 eingeleitet und in Form einer Synopse der lateinischen und deutschen Version ediert. Die aktuelle Forschung hat den Predigten, wohl aufgrund ihres Status als Nachschriften, wenig Beachtung geschenkt. Eine Einführung mit forschungsgeschichtlichem Überblick bietet Sabine Hiebsch, *Figura ecclesiae. Lea und Rachel in Martin Luthers Genesispredigten* (Arbeiten zur Historischen und Systematischen Theologie 5), Münster 2002, 16–25 und bes. 33–37.

76 Gogarten, *Lutherworte* (Anm. 22), 77.

77 Gogarten, ebd., bietet Luthers Überlegungen zur Ewigkeit des Gotteswortes, die aus der Ewigkeit von Gottes Wesen resultiere. Diese Ewigkeit habe allerdings dadurch eine zeitliche Brechung erfahren, dass die Geschöpfe im Sprechen Gottes einen zeitlichen Anfang erfahren hätten. Insofern aber jedes Geschöpf sein Wesen nicht aus sich selbst habe, sondern aus dem Sprechakt Gottes, dauere Gottes schöpferisches Wort so lange an, wie es die Schöpfung gebe. Vgl. Luther, *In Genesin Declamationes* (1527), WA 24, 37 (zu Gen 1).

78 Gogarten, *Lutherworte* (Anm. 22), 77.

Sodann stehe er gemäß seiner Ewigkeit auch jenseits zeitlicher Kategorien und entziehe sich so dem menschlichen Verstehen. Der die menschliche Geschichte erhaltende und begleitende Schöpfergott des ersten Abschnitts rückt damit also in die weite Ferne der Transzendenz und Ungreifbarkeit. Seine Entzogenheit sichert seine Souveränität.

Die Abschnitte vier und fünf beschreiben darum das nun erklärungsbedürftig gewordene Verhältnis dieses fernen Gottes zu seiner Schöpfung. Neben die schöpfungstheologische Perspektive tritt dazu eine sündentheologische. Damit werden die Gogartens Lutherauswahl bestimmenden ethischen Implikationen eingeführt. Gogarten präzisiert hier Schöpfung mit Luther in zweifacher Weise. Auf der einen Seite will er grundsätzlich Schöpfung und Natur gleichsetzen, auf der anderen Seite beschreibt er ein Spannungsfeld von Gottes gutem Schöpferwerk und der Sünde im Sinne der Eigenmächtigkeit der Menschennatur.[79] Luther versteht nämlich in einem von Gogarten mit „Gott und Natur" überschrieben Stück der Genesisauslegung zunächst die gut geschaffene Natur als einen ethischen Kompass, an dem sich zumindest Adam und Eva noch hätten orientieren können. In der Schöpfung wären demnach ihre richtige Entfaltung und „die allerbesten Werke"[80] bereits angelegt. Unter dem Sündenfall treten aber die Werke des Menschen dazu in Konkurrenz. Gottes Worte und letztlich die gesamte Heilsgeschichte zielten darum allein darauf, den ursprünglichen Kurs der Schöpfung in Übereinstimmung mit ihren ursprünglichen Anlagen wieder herzustellen. Und es sei vor allem diese Erkenntnis, die das „Credo" in seinem ersten Artikel mit dem Bekenntnis zum Glauben an Gott, den Vater und Schöpfer zum Ausdruck bringe. Daher bemerkt Luther zum Bekenntnis zu Gott, dem Schöpfer: „Wer es also glaubt, der weiß viel."[81]

Wenn Gogarten den folgenden Abschnitt 5 mit „Die Kreatur ist Gottes ewiges Werk"[82] überschreibt, knüpft er an dieses im Glaubensbekenntnis enthaltene Wissen an. Er hat dazu das Zitat dieses Abschnitts so arrangiert, dass es sich wie eine Weiterführung des Vorherigen liest. Beide gehören zusammen und bilden die das Ende des Abschnitts markierende Auslegung des Credos. Aus dessen erstem Artikel folge, dass man sich in seinem Handeln

---

79 Vgl. den Abschnitt „Gott und Natur" a.a.O., 77f., und den Abschnitt „Die Kreatur ist Gottes ewiges Werk" a.a.O., 78.

80 A.a.O., 77f.

81 A.a.O., 78.

82 Vgl. ebd.

an der Natur ausrichten könne.[83] Luther illustriert das mit einer Reihe von
Beispielen dafür, dass der Natur zu folgen ein schöpfungsgemäßes Handeln
bedeute: Augen sehen, Hände arbeiten, das Herz der Mutter drängt zur Für-
sorge für die Kinder. In diesem Sinne sei das richtige Werk in der Natur der
Geschöpfe angelegt, so dass man sich an ihr orientieren, die Natur als Gottes
Reich „bleiben" lassen und nicht „brechen" solle.

3.2 Lutherworte Teil 2: Die Entstehung und Aneignung des Glaubens und das Problem des menschlichen Willens

Im Spannungsfeld von gefallener Schöpfung und gut angelegter Natur dominiert in Gogartens Auswahl des ersten Teiles der Optimismus: Die Schöpfung erscheint prinzipiell als verlässlicher ethischer Kompass. Ausgehend
von der bereits eingeführten Sünde wird allerdings nun im zweiten und dritten Hauptteil der „Lutherworte" die Erlösungslehre zu einem entscheidenden Korrektiv. Glaube und Evangelium werden als allem menschlichen Tun
vorangestellte Voraussetzungen eingeführt und betonen die menschliche
Bindung im Glauben als unerlässliche Grundlage christlicher Ethik. Glaube
ermöglicht der Kreatur, wieder ihrer Schöpfungsanlage gemäß zu handeln,
wohingegen die Natur aufgrund der Sünde nicht mehr trage.

Die Lutherschriften, aus denen Gogarten seine Stücke auswählt, sind von
nun an durchmischt. Neben die Genesispredigten treten die Kirchenpostille
von 1522, die Vorrede zum Römerbrief aus dem Septembertestament desselben Jahres, sodann die für Gogarten zentrale Abhandlung über den unfreien
Willen und „Eine kurze Form der Zehn Gebote". Wie bereits die Frage nach
der geschöpflichen Natur implizit ethisch ausgerichtet war, insofern die Natur als moralische Leitlinie des Menschen besprochen wurde, steuert nun
alles auf den dritten Hauptteil zu, wo der Glaube in seiner moralischen Dimension im Zentrum steht. Dazu führt Gogarten zunächst in das lutherische
Glaubensverständnis allgemein ein. Die Stücke des zweiten Hauptteils, die
dazu dienen, zeichnen sich dadurch aus, dass sie, obwohl sie den Glauben
beschreiben, den Begriff explizit nicht bringen, bis es zu einer erneuten Credo-Auslegung kommt, die den Glaubensbegriff dann expliziert. Blickt man
zurück auf die hermeneutischen Leitlinien der Lutherwahrnehmung, die wir
aus Gogartens Auseinandersetzung mit Bonus konstruiert hatten, steht in

---

83 Ebd.

diesen in den Glauben einführenden Passagen die „quietistische" Perspektive, die Innerlichkeit des Glaubens, im Zentrum.

Die ersten beiden Abschnitte des zweiten Hauptteils bestehen aus kurzen Auszügen von Weihnachtspredigten aus Luthers Kirchenpostille von 1522. Unter der Überschrift „Das Evangelium" beschreibt Gogarten Luthers Vorstellung von der Entstehung und Wirkung des Glaubens, konkret sein Hervorbringen des neuen Menschen.[84] Gogarten präsentiert Luthers Darstellung von der Einwohnung des Menschen in Evangelium bzw. Wort Gottes mittels des Vertrauens auf die darin enthaltene Heilszusage: Der Mensch begibt sich vertrauensvoll in das Evangelium und wird dadurch in allen Facetten seines Daseins – so in Bezug auf Wille, Liebe, Lust, Reden, Wirken etc. – verwandelt: Er wird ein neuer Mensch.[85] Das ist der Kontrapunkt zur gefallenen Schöpfung.

Der folgende Abschnitt variiert unter der Überschrift „Gottes Geburt" das Bild der Einkehr in Gottes Wort. Luther beschreibt Glaube nun als ein innerliches Weihnachtsereignis. Die im Evangelium berichtete Geburt des (selbst hier nicht explizit genannten) Christus müsse man sich aneignen. Das geschehe dadurch, dass man sich im Glauben an Jesu Stelle versetzen lasse. Ähnlich wie beim Motiv des „fröhlichen Wechsels" der Freiheitsschrift fordert Luther dazu auf, seine Rolle mit Jesus zu vertauschen. Im Glauben lerne man sich selbst als das Kind Marias sehen. Dieser Glaube sei lebenslange Übungsaufgabe und die Voraussetzung aller guten Werke.[86]

Mit einem „Bekenntnis"[87] Luthers aus „De servo arbitrio" vertieft Gogarten abschließend die Bedeutung des vertrauensvollen Glaubens, indem er ihm in der Überschrift die verhängnisvolle Alternative „Vom freien Willen und Knötlein im Gewissen"[88] entgegenstellt. Luther bekennt in Gogartens Auswahlzitat, dass er unter keinen Umständen einen freien Willen erstreben würde. Zum einen wären Teufel und Anfechtungen so mächtig, dass man sich aus eigener Kraft nicht dagegen wehren könnte, zum anderen sei

---

84 Vgl. ebd.

85 Die hier betonte Deutung von Glaube als ein vertrauensvolles Glauben von Gottes Zusage findet sich auch bei Martin Luther, *Von der Freiheit eines Christenmenschen* (1520), WA 7, 25 (Abschnitt 11).

86 Vgl. Gogarten, *Lutherworte* (Anm. 22), 78, mit Luther, *Kirchenpostille* 1522: Evangelium in der Christmeß Lk 2,1–14, WA 10 I 1,73. Vgl. zum fröhlichen Wechsel Luther, *Von der Freiheit eines Christenmenschen* (1520), WA 7, 25f. (Abschnitt 12).

87 Die Passage wird eingeleitet mit „Ich will das für mich bekennen: [...]". Gogarten, *Lutherworte* (Anm. 22), 78.

88 Vgl. a.a.O., 78f.

die Ungewissheit quälend, in seinem freien Wollen und Tun letztlich doch hinter Gottes Ansprüchen zurückbleiben zu müssen. Das „Knötlein im Gewissen" besteht in der Frage, ob man Gottes Voraussetzungen für das Heil tatsächlich genüge. Das macht für Luther die Last der Werkgerechtigkeit aus, die unlösbar mit dem freien Willen verknüpft ist. Vor dem Hintergrund dieses Stücks erscheint die zuvor entfaltete Abhängigkeit des Menschen vom Vertrauen auf das Evangelium (Abschnitt 6) und dem „fröhlichen Wechsel" in Christi Geburt (Abschnitt 7) als heilsame Befreiung.

Gogarten ist mit der Hinführung über diese drei wegbereitenden Abschnitte des zweiten Teils nun zum Zentrum seiner Lutherdogmatik vorgedrungen. Abschnitt 9 greift noch einmal auf die Genesispredigten zurück und bietet die Credo-Auslegung dieses Hauptteils. Das Bekenntnis zu Gott als Vater und Schöpfer erweist sich für Luther hier als „Der höchste Artikel" – so lautet auch Gogartens Überschrift –, weil der darin zum Ausdruck gebrachte Glaube bereits vollständig wäre, ja der Wiederherstellung des praelapsarischen Zustands Adams entspräche.[89] Eine echte Annahme von Gott als Schöpfer enthielte bereits alle Aspekte des Glaubens. Denn der erste Artikel des Credos bedeute nach Luther die Erkenntnis der völligen Abhängigkeit der Welt und des menschlichen Seins und Tuns von Gott, und zwar bis in den kleinsten Aspekt gerade auch der eigenen Existenz hinein. Erkannt wird dabei zuvorderst die Grundordnung der Schöpfung: Gott ist Gott, Kreatur ist Kreatur. Bekanntlich ist die Durchbrechung dieser Ordnung durch den Menschen, der qua Sünde Gott nicht Gott sein lassen kann, für Luther ein Synonym für Unglaube.[90] Dem entsprechend rücken hier nun auch explizit die Widersprüche von der (gefallenen) Natur zum Glauben antithetisch in den Vordergrund: „Wenn Du das nun alles fühlest, so wirst du müssen erschrecken, denn die Natur kann es nicht leiden; tröstlich aber ist es denen, die im Glauben stehen."[91] Diesen Trost im Glauben führt Luther ausführlich vor. Er entsteht durch die völlige Unabhängigkeit von den Mächten innerhalb der Schöpfung, seien es weltliche oder himmlische, durch die Orientierung allein am Schöpfer.

---

89 Vgl. a.a.O., 79f.
90 Vgl. z.B. Martin Luther, *Disputatio contra Scholasticam Theologiam* (1517), WA 1, 225: „Non potest homo naturaliter velle deum esse deum, Immo vellet se esse deum et deum non esse deum."
91 Gogarten, *Lutherworte* (Anm. 22) 79.

3.3 Lutherworte Teil 3: Die guten Werke im Glauben

Was nun den Glauben selbst ausmacht und wie er wirkt, erklärt Gogarten im schlicht mit „Glaube" überschriebenen zehnten Abschnitt anhand eines längeren Zitats aus Luthers Vorrede zum Römerbrief aus dem Septembertestament.[92] Luther benennt hier zunächst die Gefahr, den Glauben mit Werkgerechtigkeit zu vertauschen. Man warte auf die lebensverändernde Wirkung des Glaubens, von der man gehört habe, und beginne, weil sie sich nicht einstelle, mehr und mehr seinen Glauben über Werke zu definieren und ihn sich aktiv über einen *syllogismus practicus* zu beweisen: die Falle des Moralismus. Dem hält Luther den Glauben als göttliches Werk im Menschen entgegen, das den Menschen verwandle. Nach Werken würde dann nicht mehr gesucht werden müssen, sie würden schlicht getan. Glaube sei insofern immer ein tätiger Glaube und seine Werke vollzögen sich mit absoluter Konsequenz geradezu automatisch. Für die Gabe dieses tätigen Glaubens verweist Luther streng auf das Gebet.

Gogarten präzisiert die Gnade des Glaubens im nächsten Stück weiter als „Schaffende[n] Glauben".[93] Der Glaube bringe demnach gute Werke so spontan und unbewusst hervor wie der Rausch: Im Glauben handle man wie ein Betrunkener scheinbar ohne zu denken. Von außen wirke es so, als ob den Glaubenden seine Natur zu den guten Werken brächte, tatsächlich beschreibt Luther sie aber als Wirkung des Geistes.

Als „Glaubensbekenntnis" präsentiert Gogarten dann zum dritten Mal eine Auslegung des ersten Artikels des Apostolikums, dieses Mal aus Luthers „Eine kurze Form der Zehn Gebote" (1520). Es sind hier sehr kleinschrittig spirituelle und ethische Konkretionen des Glaubens an den Schöpfer affirmativ in der ersten Person Singular listenartig aufgezählt. Das Bekenntnis setzt damit einen spirituellen Schwerpunkt auf die Glaubenspraxis und verbindet diesen mit dem ersten Artikel des Credos.[94]

---

92 Vgl. a.a.O., 80.

93 Vgl. a.a.O., 80f.

94 Dazu gehören z.B. die Absage an Abgötterei und Teufel, das Bekenntnis zu einem alleinigen und kontinuierlichen Vertrauen auf Gott statt auf andere Menschen, sich selbst oder andere Mächte oder Güter innerhalb der Schöpfung, die Bekräftigung und der Trost des Glaubens gegenüber Anfechtungsmächten, Verfolgung, Armut oder der eigenen Sündhaftigkeit etc. Die Aufzählung beinhaltet auch den Verzicht auf Zeichen, die Bereitschaft zum Warten auf Gottes Handeln und Aushalten des Ausbleibens von Gottes Handeln sowie in mehreren Variationen das Festhalten am Glauben gegen Zweifel und Anfechtungserfahrungen. Der Abschnitt mündet in einer Bekräftigung der Glaubensgewissheit

3.4 Lutherworte Teil 4: Die Ehe als Beispiel für die ethische Konkretisierung des Glaubens

Im letzten Abschnitt seiner „Lutherworte" greift Gogarten auf Luthers Eheschrift (1522) zurück. Christliche Lebensführung wird hier am Beispiel der Ehe als Resultat des Glaubens vorgestellt und unter das Motto „Aus gutem Grund leben" gestellt.[95] Das sehr konkrete Beispiel der Eheführung bekommt hier die Funktion, exemplarisch gute Werke als ethische Konsequenz aus dem Glauben zu veranschaulichen, und zwar – passagenweise geradezu modern anmutend – gegen gesellschaftliche Erwartungshaltungen und Rollenklischees. Das Stück fügt sich so sehr stimmig in den bisherigen Duktus der Darstellung und rundet Gogartens Leitthema „Glaube und Werke" mustergültig ab. Die Bonus gegenüber angekündigte Sorge, dass gerade dieses Stück falsch verstanden werden könne, macht es umso wichtiger, es in den von Gogarten vorgezeichneten rechtfertigungstheologischen Kontext einzuordnen: Die befreiende Beziehung zum Schöpfer stellt den „guten Grund" dar, aus dem heraus der Christenmensch leben kann und dieses Leben ethisch gestaltet.

Gogarten lässt Luther mit einer Warnung beginnen. Es sei ein Fehler, Gottes Werk nicht nach Gottes Willen, sondern nach menschlichem Fühlen und Streben zu beurteilen. Daraus resultieren für Luther folgenreiche Fehlurteile über das menschliche Leben. Die Beurteilung von Gegebenheiten als gut oder böse werde dadurch vertauscht, ebenso die Bewertung guter und schlechter Handlungen mit Lust oder Unlust. Die Ehe dient im Lutherzitat nun der Veranschaulichung dieses Zusammenhangs. Die „kluge Hure" Vernunft würde davon abraten, eine Familie zu gründen. Denn sie verweise auf die immensen Belastungen durch *Care*-Arbeit und Verantwortung für Frau und Kind. Diese niedrigen Tätigkeiten verbinde die Vernunft mit Unlust und rate dazu, sich lieber freizuhalten, ja notfalls eher ins Kloster zu gehen, als sich diesen Sorgen auszusetzen. Dem stellt Luther die Perspektive des Glaubens entgegen, der erkennt, dass diese Werke Gottes Wohlgefallen finden und damit ganz anders zu bewerten seien. Ausführlich schildert Luther, wie Mann und Frau im Glauben dankbar dafür seien, von Gott dieser Werke überhaupt für würdig befunden zu werden. Der glaubenden Mutter

---

über das Verhältnis von Schöpfer und Vater zu Geschöpf bzw. Kind und vertieft so die hier gesammelten Auslegungen des ersten Artikels des Credos. Vgl. a.a.O., 81f.

95 Vgl. a.a.O., 82f.

wird zugesagt, selbst die Lebensgefahr der Geburt als ein Gott wohlgefälliges Werk sehen zu können, während der Vater im Glauben sich nicht vom gesellschaftlichen Spott über die patriarchal als weiblich codierte *Care*-Arbeit davon abbringen lasse, Windeln zu waschen.

4. Gogartens Lutherbild von 1917 in der Gesamtschau

Gogarten lässt das Lutherzitat – und damit seine Lutheranthologie – mit der Erkenntnis enden, welch große Gnade es sei, wenn jemand bei seinem Tun Gottes Wort auf seiner Seite hat. Im Zwiegespräch mit Gott kann der glaubende Mensch vorbringen, dass Gott selbst dieses Tun als ihm wohlgefällig bezeichnet habe. Gesellschaftlicher Spott und menschliche Urteile ließen sich dadurch völlig relativieren. Diese Relativierung mag als Echo auf die These von Bonus zu verstehen sein, dass das reformatorische Grundprinzip in der menschlichen Selbstverantwortung in der Orientierung an Gottes Wort bestehe, und auf das verweisen, was er als eine autonome und gerade darin religiöse Ethik entfaltet hatte. Die vermeintlichen menschlichen Konventionen und moralischen „Phrasen" wären entkräftet durch eine lebendige und selbstverantwortliche Auseinandersetzung mit dem Glauben. Unbestreitbar widmet sich Gogarten der von Bonus her vorgezeichneten Frage nach dem Verhältnis reformatorischen Glaubens und der Moral von Luther aus. Anders als Bonus bietet Gogarten in seiner Lutherauswahl allerdings über die Kategorien der Schöpfung und Natur ordnungstheologische Orientierungspunkte für die Konkretisierung der Ethik, die der rechtfertigungstheologischen Freiheit, die in Bonus' Aufsatz durch ihre Einseitigkeit eine problematische Schlagseite bekommen hatte, an die Seite gestellt werden. So gehört auch die Familie aus seinem Abschlussbeispiel zu den wichtigsten Elementen der Schöpfungsordnung, die für Gogarten bis zu seiner Politischen Ethik 1932[96] und seiner Auseinandersetzung mit dem NS-Staat ab 1933[97] bestimmend für seine mit Luther entfaltete eigene Theologie bleiben wird. In den Lutherworten wird allerdings der Schöpfungsordnung und der Frage nach christlichen Werken der Glaube nicht nur als Präzisierung, sondern zugleich als ein weiteres Korrektiv gegenüber der menschlichen Selbstverantwortung bei Bonus vorgeschaltet. Bei allem Eigenwert der Natur als gut angelegter Schöpfung ist diese doch durch die Sünde korrumpiert und eignet

---

96 Vgl. Friedrich Gogarten, *Politische Ethik. Versuch einer Grundlegung*, Jena 1932.
97 Vgl. bes. Friedrich Gogarten, *Einheit von Evangelium und Volkstum?*, Hamburg 1933.

sich als moralischer Kompass ohne den Glauben nicht. Sie sträubt sich vielmehr gegen die im Glauben aufleuchtende Grundunterscheidung von Gott und Kreatur. Dementsprechend kann sie auch nicht so frei mit Gottes Wort umgehen, wie Bonus es verkürzt zugespitzt hatte. Anders als Bonus enthält Gogarten sich zudem in seinem Lutherbild völlig einer völkisch-nationalistischen Engführung.[98] Der „deutsche Luther", der im Reformationsjubiläum von 1917 durchaus dominiert[99] und den auch Diederichs, König und Bonus gerne stark machen,[100] klingt bei Gogarten nicht einmal an. Der Luther von Gogarten ist – bei aller Kritik gegenüber Kirche und Theologie – demgegenüber sehr „theologisch", d.h. inhaltlich über sein eigenes Denken eingespielt. Bewusst werden unbekanntere Texte ausgewählt, die nicht dem Mainstream der Lutherrezeption zuzurechnen sind. Bewusst lässt sich Gogarten im Jubiläumsjahr, in dem er befürchtet, dass zu viel über Luther gesagt würde, auf eine inhaltliche Tiefenbohrung ein.

Dabei fehlt allerdings der explizite Christus-Bezug – die Leerstelle springt allerdings gerade durch die Rede vom Wort Gottes und in den Stücken des zweiten Abschnitts so deutlich ins Auge der Leserschaft, dass sie geradezu Verweischarakter hat. Vielleicht lädt sie dazu ein, sich selbst gemäß der von Gogarten angeführten Auslegung Luthers von der lukanischen Weihnachtsgeschichte an die Stelle Jesu zu setzen. So hätte das Verschweigen eine spirituelle Funktion, die im Sinne der von Bonus dem Geist Luthers zugeschriebenen Innerlichkeit entsprechen könnte, dem „Quietismus" des Einswerdenwollens mit und des Zurruhekommens in Gott. Das Selbst- und Weltverhältnis des Glaubenden wird äußerlich durch den immer präsenten Schöpfergott rahmend konstituiert, aber im Zentrum steht der nicht explizierte, geradezu ehrfürchtig verschwiegene Christus, der dieses Verhältnis

---

98 Das trifft, wie Kroeger, *Gogarten* (Anm. 2), 184 (mit Anm 102) feststellt, auch auf die anderen Jubiläumsbeiträge Gogartens zu. Allerdings unterschlägt diese Feststellung eine Ausnahme, nämlich Friedrich Gogarten, Das Mittelalter, Luther und unsere Zukunft. Bemerkungen zu den Schriften von Richard Benz, in: *Die Tat* 9 (1917), 600–615.

99 Vgl. für eine Darstellung des Lutherbildes während des Reformationsjubiläums von 1917 bes. Günter Brakelmann, *Lutherfeiern im Epochenjahr 1917* (Studienreihe Luther 16), Bielefeld 2017.

100 Bei Bonus ist die Germanisierung des Christentums ein beständiges Leitthema. Vgl. dazu König, *Kulturprotestantismus* (Anm. 12), bes. Kapitel 2 und 3. Karl König, *Vom Geiste Luthers des Deutschen*, Jena 1917, hat den nationalen Bezug bereits in den Titel seines Jubiläumsbuches aufgenommen. Vgl. für den Luther sonst eher skeptisch gegenüberstehenden Diederichs seinen völkisch geprägten Jubiläumsbeitrag: Eugen Diederichs, 400 Jahre Reformation, in: *Die Tat* 9 (1917), 578–581.

gegen die menschliche Sündenverzerrung korrigiert und eine Orientierung in diesem Rahmen erst ermöglicht. Über die Leerstelle wird die im Mittelteil verhandelte Christusaneignung als menschliche Möglichkeiten übersteigende Herausforderung des Christseins und als Gnadengabe unterstrichen. Über das Zusammenspiel von Sünde, Glaube und Werken ist das Zentrum von Gogartens „Lutherworten" eine Auslegung der Rechtfertigungslehre, die ohne Christus, ob genannt oder ungenannt, nicht auskommt. Wenn Gogarten, den Erinnerungen von Merz folgend, 1917 noch auf der Suche danach gewesen sein mag, wer Christus ist, nimmt er seine Leser*innen jedenfalls mit auf diese Suche und zeichnet sie in seine Lutherentdeckungen ein, die mit den „Lutherworten" ein erstes Ergebnis erbracht haben, das sich in Gogartens vielfältigen Beiträgen zum Reformationsjubiläum von 1917 weiter ausdifferenzieren lässt.

Rezensionen / Reviews

Rezensionen / Reviews

Kenosis. The Self-Emptying of Christ in Scripture and Theology, hg. von Paul T. Nimmo und Keith L. Johnson, Grand Rapids, MI 2022.

Dieses Buch ist eine Sammlung von 17 Aufsätzen zum Thema Kenosis. Auf der ersten Seite des Buches steht „For Bruce L. McCormack – scholar, teacher, colleague, friend". McCormack hat in seinem Buch „The Humility of the Eternal Son" (2021) einen Vorschlag zur Modifizierung des christologischen Dogmas von Chalkedon vorgelegt. Dabei kommt er zu einer neuen Form der kenotischen Christologie, die in der reformierten Tradition steht und insbesondere auf der späteren Theologie Karl Barths aufbaut. McCormack stimmt mit zahlreichen zeitgenössischen Kritikern von Chalkedon darin überein, dass dieses Dogma der Menschlichkeit Christi nicht wirklich gerecht wird. Anders als viele will er sich aber auch nicht von Chalkedon distanzieren. Er will das Dogma neu interpretieren und revidieren und kommt dabei zu einer Art umgekehrter Enhypostase. Das Wirken Christi geht nicht vom Logos, sondern von dem Menschen Jesus aus; der Logos ist vielmehr rezeptiv. Der Logos wird durch das konkrete Leben, die konkrete Geschichte Jesu Christi auf Erden substantiell erfüllt.

Derjenige, der sich in der hier besprochenen Sammlung von Aufsätzen am direktesten mit McCormack auseinandersetzt, ist Christoph Schwöbel. In seinem Aufsatz „The Generosity of the Triune God and the Humility of the Son" (267–288) fasst Schwöbel die Argumentation McCormacks zusammen und bettet sie anschließend in die gesamte Gotteslehre ein. Dabei geht Schwöbel von einigen Texten Luthers aus und verbindet sie mit der relationalen Gotteslehre, die das Wesen Gottes als Liebe definiert. Dies führt zu einer Erweiterung der „ontological receptivity" Gottes des Sohnes, von der McCormack spricht. „The ontological receptivity of the eternal Son is thus one exemplification of what constitutes the life of the Trinity as a whole. [...] The relationship of Jesus to God the Father in the Spirit is the self-manifestation of the relationship of the eternal Son to the Father in the Spirit and as such cannot be excluded from the reciprocal communication which constitutes the life of the eternal Trinity." (286)

Es ist unmöglich, in dieser Rezension alle anderen 16 Aufsätze zu behandeln. Die ersten vier Aufsätze befassen sich mit dem Begriff der „Kenosis" im Neuen Testament und in der Thora. Dann folgen acht Aufsätze, die in chronologischer Reihenfolge wichtige Momente der Dogmengeschichte untersuchen. Es werden die Theologien von Origenes, Augustinus, Kyrill, Thomas von Aquin, Luther, Schleiermacher, der britischen kenotischen Christologie des 19. Jahrhunderts und Karl Barth untersucht. Daran schließen sich vier Aufsätze an, die hauptsächlich dogmatischer und ontologischer Natur sind. Schließlich werden in einem Epilog die Auswirkungen einer kenotischen Christologie auf die Praxis des Glaubens untersucht. Ich wähle einige Aufsätze aus, auf die ich näher eingehen möchte. Sehr zum Nachdenken anregend ist der reichhaltige Aufsatz von Rinse Reeling Brouwer, „The Divine Name as a Form of Kenosis in Both Biblical Testaments" (59–76). Sein Aufsatz ist Teil eines größeren Projekts, in dem er versuchen wird, eine Art christliche Dogmatik und Ethik auf der Grundlage der Thora zu schreiben. Für Reeling Brouwer steht die Thora über den Propheten und dem übrigen Kanon, da die Thora die „doctrine" liefert, während die Propheten „contextual theology" bieten (63). In diesem Aufsatz zeigt er in Anlehnung an K.H. Miskotte und andere, dass „Kenosis" kein ausschließlich neutestamentliches Konzept ist, sondern dass sich JHWH bereits in der Thora als entäußerte, herabsteigende Gottheit offenbart. Dies ist nicht losgelöst von der Gestalt des Mose. Mose als Person spiegelt die Kenosis JHWHs wider. Reeling Brouwer

sieht dies in der Wahl des Mose für sein Volk, gegen den Reichtum Ägyptens, und darin, dass er der Mund des Herrn ist. Auch die Sünde des Mose ist teilweise, wie die des Christus, um des Volkes willen geschehen. Auch Mose wird „zur Sünde gemacht" (70). Mose und Gott bilden eine einzigartige Einheit, in der Mose nicht nur Diener, sondern auch Spiegel ist, in dem Gott sich selbst betrachtet und zur Ordnung gerufen wird. Dieses Kapitel verdient eine sorgfältige Lektüre und Reflexion. Die Fokussierung auf das Alte Testament als Hauptteil der Schrift, das nicht nur exegetisch, sondern auch systematisch durchdacht werden muss, scheint mir von großer theologischer und ökumenischer Bedeutung zu sein, auch wenn mich der Autor noch nicht davon überzeugt hat, dass wir dabei mit Israel auch die Thora so sehr über die Propheten stellen sollten. Kann man auf diese Weise der Tatsache, dass das Alte Testament ja auch eine „Geschichte des Scheiterns" ist, tatsächlich ausreichend gerecht werden? Ich erwähne auch den Aufsatz von John Barclay zu Philipper 2 (7–23). Barclay liest die Perikope nicht vom Anfang oder von der Mitte her, wie es oft getan wurde, sondern vom Ende her, indem Jesus Christus der Name über alle Namen gegeben wird. Dann ist nicht die Kenosis das Ziel oder der

Kern, auch nicht der ethische Appell, sondern die Erlösung und der Lobpreis. Katherine Sonderegger schreibt einen Aufsatz über Kyrill, „Cyril of Alexandria and the Sacrifice of Gethsemane". Wie Kyrill betont sie, dass es Gott ist, der in Jesus Christus handelt. Wie Kyrill will sie aber auch dem Opfer und dem Tod von Gethsemane und Golgatha voll gerecht werden. Und gleichzeitig ist sie der Meinung, dass wir der Transzendenz Gottes nicht mehr gerecht werden können, wenn wir Gott das Leiden zuschreiben: „a God who suffers becomes conceptually part of the world" (131). Tatsächlich scheint sie am Ende dogmatisch mehr mit Thomas von Aquin als mit Kyrill übereinzustimmen. Der Essay bleibt etwas unvollendet. M.J.A. Bruce schreibt über Luther (157–175): Luther sei in seiner Bearbeitung von Philipper 2 innovativ, weil er den inkarnierten Christus und nicht den Logos asarkos als Subjekt der Kenosis verstehe. Dies erlaube ihm auch, eine engere Verbindung zwischen Christus und dem Christen herzustellen. Die Kenosis ist auch die Grundlage des christlichen Lebens, die Art und Weise, wie der Mensch einem anderen wie ein Christus sein kann. David Fergusson schreibt über die anglikanische kenotische Christologie des 19. Jahrhunderts (194–211). Auch er will, wie Schwöbel, die Kenosis nicht so sehr als christolo-gisches Thema sehen, sondern als einen Aspekt des gesamten Wesens und Handelns Gottes. „[…] kenosis should be regarded as an enduring expression rather than as a conce-alment of divine love" (211). Im Hintergrund spielt hier der deutsche Idealismus eine wichtige Rolle. Auf andere Weise und aus anderen theologischen Interessen heraus betont auch Hanna Reichel in ihrem Aufsatz über „The End of Humanity and the Beginning of Kenosis" die Kenosis weniger als christologisches Konzept, sondern als Teil des Wesens Gottes. Sie ordnet den Begriff in die (post)moderne Diskussion um Partikularität und Universalität ein. Sie will das Dogma der Inkarnation nutzen, um die Unterschiede zwischen Menschen und zwischen dem Menschen und anderen Geschöpfen zu relativieren. Kenosis bedeutet, dass Gott grundsätzlich Grenzen überschreitet und verbindet.

Die Betonung der Kenosis als Eigenschaft Gottes und nicht als spezifisches Merkmal Christi, die wir in mehreren Aufsätzen finden, wirft die dogmatische Frage auf, ob Gott der Vater und der Sohn dann noch hinreichend unterschieden werden können, und vor allem, ob Paulus in Philipper 2 nicht eine solche wesentliche Unterscheidung zwischen Vater und Sohn voraussetzt. Sicherlich scheint es Paulus wichtig zu sein, dass nicht der Vater oder die Gottheit im Allgemeinen Mensch geworden ist und sich erniedrigt hat, sondern nur der Sohn; womit gerade durch die Kenosis die Unterscheidung zwischen Vater und Sohn entsteht oder vergrößert wird. Es wäre interessant, wenn diese Fragen auch weiter aufgegriffen würden.

Alles in allem handelt es sich um eine Sammlung hervorragender Aufsätze. Wer sich z.B. nach der Lektüre von McCormacks Monographie in das Thema Kenosis vertiefen möchte, findet hier einen guten Einstieg.

W. M. Dekker

Verzeichnis der Autorinnen und Autoren

Prof. Dr. Dr. h.c. Aleida Assmann, Professorin im Ruhestand für englische Literatur und Allgemeine Literaturwissenschaft, aleida.assmann@uni-konstanz.de

Dr. Willem Martin Dekker. Pfarrer in Waddinxveen / Niederlande, ds.w.m.dekker@hgpknwaddinxveen.nl

Dr. Kai-Ole Eberhardt, Wissenschaftlicher Mitarbeiter, Institut für Theologie, Universität Hannover, kai-ole.eberhardt@theo.uni-hannover.de

Prof. Dr. Marco Hofheinz, Professor für Systematische Theologie, Institut für Theologie, Universität Hannover, marco.hofheinz@theo.uni-hannover.de

Dr. Niklaus Peter, Pfarrer em. am Fraumünster und ehemaliger Dekan Pfarrkapitel Zürich, niklaus.e.peter@gmail.com

Prof. Dr. Arne Rasmusson, Professor für Systematische Theologie, Universität Göteborg, arne.rasmusson@lir.gu.se

Prof. Dr. Siegfried Weichlein, Professor für Europäische und Schweizerische Zeitgeschichte an der Universität Freiburg (CH), siegfried.weichlein@unifr.ch

Dr. Ellen Ueberschär, Vorständin der Stephanus-Stiftung, Berlin, dr.ueberschaer@snafu.de

Ingolf U. Dalferth

**Die Krise der
öffentlichen Vernunft**

Über Demokratie,
Urteilskraft und Gott

336 Seiten | Hardcover
13 x 21,5 cm
ISBN 978-3-374-07056-5
EUR 25,00 [D]

Das neue Buch des Theologen und Religionsphilosophen Ingolf U. Dalferth thematisiert die Gefährdung der Demokratie in den westlichen Gesellschaften. Beispielhaft dafür ist die Krise der »öffentlichen Vernunft«. Sie zeigt, dass die deliberative Demokratie in Habermas' Sinn wohl immer schon eine soziale Fiktion war. Internet und Soziale Medien zersetzen die politische Öffentlichkeit. Gesinnung und Emotionen verdrängen Argumente, Gleichheit und Gerechtigkeit werden zu populistischen Leerformeln und kritische Urteilskraft schwindet oder wird diffamiert.
Dalferths differenzierte Diskussion dieser Themen steht in einer radikal-demokratischen Klammer: der kritischen Zurückhaltung gegenüber dem Prinzipiellen und Dogmatischen.

EVANGELISCHE VERLAGSANSTALT
Leipzig   www.eva-leipzig.de

Volker Gerhardt
Rochus Leonhardt
Johannes Wischmeyer
Friedensethik in Kriegszeiten

184 Seiten | Paperback
12 x 19 cm
ISBN 978-3-374-07337-5
EUR 24,00 [D

Drei Tage nach dem Überfall Russlands auf die Ukraine hat Bundeskanzler Olaf Scholz in einer Regierungserklärung von einer »Zeitenwende in der Geschichte unseres Kontinents« gesprochen. Es gehe um die Frage, »ob Macht das Recht brechen« dürfe. Sofern das Verhältnis von Macht und Recht zu den zentralen Problemstellungen der Friedensethik gehört, markiert das Stichwort »Zeitenwende« auch für diesen Bereich der angewandten Ethik eine Zäsur: In Kriegszeiten steht die Friedensethik – namentlich die christliche – unter Realismus-Druck. Der theologische und kirchliche Mainstream des deutschen Protestantismus hat in den letzten Jahrzehnten vorrangig auf Kriegsprävention gesetzt und die Frage ausgeblendet, wie gehandelt werden kann, wenn Prävention scheitert.

Die drei Autoren dieses Bandes wollen auf den verstärkten Realismus-Druck reagieren, indem sie die friedensethischen Entwürfe Martin Luthers und Immanuel Kants vorstellen sowie maßgebliche friedensethische Positionen des deutschen Protestantismus einer kritischen Revision unterziehen.

EVANGELISCHE VERLAGSANSTALT
Leipzig   www.eva-leipzig.de